Zecharia Sitchin wurde in der UdSSR geboren und wuchs in Palästina auf, wo er Alt- und Neuhebräisch, weitere semitische und europäische Sprachen lernte, das Alte Testament sowie die Geschichte und Archäologie des Nahen Ostens studierte. Nach einem Studium an der London School of Economics war er viele Jahre als einer der führenden Journalisten in Israel tätig. Heute lebt und arbeitet er als anerkannter Altertumsforscher in den USA.

Von Zecharia Sitchin sind außerdem erschienen:

»Stufen zum Kosmos« (Band 3946)
»Der zwölfte Planet« (Band 3947)
»Die Kriege der Menschen und Götter« (Band 4805)
»Am Anfang war der Fortschritt« (Band 4828)
»Das erste Zeitalter« (Band 77108)

Dieses Buch wurde auf chlor- und säurefreiem Papier gedruckt.

Deutsche Erstausgabe April 1992

Titel der Originalausgabe »The Lost Realms«

Originalverlag Avon Books, New York
Umschlaggestaltung Manfred Waller, Reinbek
Umschlagabbildung Avon Books und Manfred Waller
Satz MPM, Wasserburg
Druck und Bindung Ebner Ulm
Printed in Germany 5 4 3
ISBN 3-426-04827-2

Zecharia Sitchin

Versunkene Reiche

Der Ursprung der Zivilisation im Reich der Maya und Inka

Aus dem Amerikanischen von Ursula von Wiese

Knaur

Inhalt

Vorwort

In der europäischen Geschichte trägt das Kapitel, das von der Entdeckung der Neuen Welt handelt, den Titel »El Dorado« — es handelt von der rastlosen Suche nach Gold. Aber die spanischen Eroberer ahnten nicht, daß sie auf der Erde in diesem Land nur eine Suche wiederholten, die Äonen früher schon einmal stattgefunden hatte!

Begraben unter den Berichten und Schilderungen von Habgier, Plünderung und ruchloser Zerstörung, die der neugefundene Reichtum ausgelöst hatte, lagen die Zeugnisse jener Zeit. Wie erstaunt die Europäer gewesen waren, als sie auf Zivilisationen stießen, die es mit denen der Alten Welt aufnehmen konnten: Königreiche und fürstliche Höfe, Städte und heilige Stätten, Kunst und Dichtung, himmelhohe Tempel, Priester, das Symbol des Kreuzes und der Glaube an einen Schöpfer des Alls. Es gab aber auch Legenden von bärtigen weißen Göttern, die das Land verlassen, jedoch versprochen hatten, wiederzukommen.

Die Geheimnisse der Mayas, Azteken, Inkas und ihrer Vorgänger sind den Gelehrten und Laien fünf Jahrhunderte später noch immer so rätselhaft wie damals den Eroberern.

Wie, wann und warum entstanden derartige Zivilisationen in der Neuen Welt? Ist es bloßer Zufall, daß sie, je mehr man von ihnen weiß, um so stärker den Zivilisationen im alten Nahen Osten nachempfunden zu sein scheinen?

Meines Erachtens lassen sich diese Fragen nur beantworten, wenn man die Anwesenheit der Anunnaki — »Die vom Himmel auf die Erde kamen« — nicht als Mythos abtut, sondern als Tatsache gelten läßt.

Dieses Buch liefert den Beweis.

1
El Dorado

Heute ist Toledo eine stille Provinzstadt, eine Autostunde südlich von Madrid entfernt. Kaum ein Tourist, der Spanien bereist, versäumt es, sie zu besichtigen, denn innerhalb ihrer Mauern sind Denkmäler verschiedener Kulturen und geschichtlicher Ereignisse bewahrt geblieben.
Ihr Anfang reicht, wie die Sage erzählt, zwei Jahrtausende vor die christliche Zeitrechnung zurück; ihre Gründung wird den biblischen Nachkommen Noahs zugeschrieben. Ihr Name stammt, wie angenommen wird, von dem hebräischen Wort *toledoth* (»Generationsgeschichten«) ab. Die prächtigen alten Gebäude zeugen von der Christianisierung Spaniens, vom Aufstieg und Niedergang der Mauren und vom jüdischen Erbe.
Für Toledo, für Spanien und für alle anderen Länder war das Jahr 1492 in dreifacher geschichtlicher Hinsicht entscheidend. Alle drei Ereignisse spielten sich in Spanien ab, damals Iberien genannt. Die einzige Erklärung für diesen Namen ist in dem Wort *Ibri* (»Hebräer«) zu finden, wie die ersten Siedler wahrscheinlich genannt worden waren. Nachdem der größte Teil der Halbinsel an die Moslime gefallen war, vereinigten sich die zersplitterten Königreiche erstmals, als Ferdinand von Aragonien sich 1469 mit Isabella von Kastilien vermählte. Von der vereinigten spanischen Monarchie wurden die Mauren bekämpft und Spanien unter das Banner des Katholizismus gezwungen. Im Januar 1492 waren die Mauren mit der Eroberung von Granada endgültig besiegt worden. Im März unterschrieb das königliche Paar das Edikt, das vom 31. Juli an alle Juden aus Spanien verbannte, die inzwischen nicht zum Christentum be-

kehrt worden waren. Und am 3. August stach Christoph Kolumbus unter spanischer Flagge in See, um eine westliche Route nach Indien zu suchen.

Am 12. Oktober 1492 sichtete er Land. Im Januar 1493 kehrte er nach Spanien zurück. Als Beweis für seinen Erfolg brachte er vier »Indianer« mit und als Rechtfertigung für eine zweite, größere Expedition unter seinem Kommando Goldschmuck, den er in einer Stadt erhalten hatte, wo die Leute Goldreifen an den Armen und Fußgelenken trugen, Hals, Ohren und Nase mit Gold zierten, und all dies Gold stammte aus einem legendären Bergwerk in der Nähe der Stadt.

Von dem ersten Gold, das auf diesem Weg aus dem neuen Land nach Spanien gelangte, ließ Isabella — die so fromm war, daß sie »die Katholische« genannt wurde — ein erlesenes Reliquienkästchen anfertigen, das sie der Kathedrale von Toledo schenkte, dem überlieferten Sitz des katholischen Klerus Spaniens. So wird ein Tourist, der heute die Kathedrale besichtigt, in einem vergitterten Raum nicht nur die kostbaren Schätze, die der Kirche im Lauf der Jahrhunderte geschenkt worden sind, sehen können, sondern auch das erste Gold, das Kolumbus nach Spanien gebracht hat.

Es gilt als erwiesen, daß Kolumbus mit seiner ersten Expedition nicht nur das Ziel verfolgte, einen neuen Weg nach Indien zu finden. Höchstwahrscheinlich war Christoph Kolumbus — für die Spanier Cristóbal Colón — ein zwangsweise konvertierter Jude. Seine ebenfalls konvertierten Geldgeber können in dem Unternehmen einen Fluchtweg in freie Länder gesehen haben. Ferdinand und Isabella stellten sich unter der Entdeckung die Flüsse des Paradieses und ewige Jugend vor. Kolumbus selbst hegte einen geheimen Ehrgeiz, von dem er nur wenig seinem Tagebuch anvertraute. Er sah sich als Erfüller alter Prophezeiungen, die von einem neuen Zeitalter erzählten, das mit der Entdeckung neuer Länder »am äußersten Ende der Erde« beginnen sollte.

Aber er war realistisch genug, zu erkennen, daß von all seinen Berichten über die erste Reise die Erwähnung des Goldes das größte Interesse erregte. Mit der Versicherung, daß der Herr ihm den Fundort des Goldes zeigen werde, gelang es ihm, Ferdinand und Isabella zu überreden, daß sie ihm für eine zweite Expedition und dann für eine dritte eine viel größere Flotte zur Verfügung stellten. Inzwischen aber hatten die Monarchen verschiedene Administratoren ausgesandt, Männer, die sich weniger von Visionen leiten ließen, sondern zur Tat schritten; sie beaufsichtigten den Admiral und mischten sich in seine Unternehmungen. Die unvermeidlichen Konflikte führten dazu, daß Kolumbus unter dem Vorwand, er habe einige seiner Leute mißhandelt, in Ketten nach Spanien zurückgebracht wurde. Der König und die Königin sprachen ihn zwar sofort frei und boten ihm als Entschädigung Geld an, vertraten aber die Anschauung, er sei zwar ein guter Admiral, jedoch ein schlechter Gouverneur und bestimmt ungeeignet, von den Indianern die Lage der Goldstadt zu erfahren.

Kolumbus reagierte auf alles mit noch größerem Vertrauen auf alte Prophezeiungen und biblische Zitate. Er faßte sämtliche Texte in einem *Buch der Prophezeiungen* zusammen, das er dem Königspaar vorlegte. Es sollte Ferdinand und Isabella überzeugen, daß Spanien dazu bestimmt war, über Jerusalem zu herrschen, und daß er dazu auserwählt sei, dies zu erreichen, indem er als erster den Ort fand, wo das Gold »geboren ward«.

Da Ferdinand und Isabella selbst fest an die Heilige Schrift glaubten, ließen sie Kolumbus nochmals ziehen, vor allem überzeugt durch sein Argument, der Fluß, dessen Mündung er entdeckt hatte (heute der Orinoco), sei einer der vier Ströme des Paradieses. Und da in der Bibel stand, einer dieser Ströme umfließe das Land Hewila, »daselbst sich das Gold findet«. Diese letzte Reise brachte noch mehr Bedrängnis und Unglück als die vorherigen.

Gequält von Arthritis, nur noch ein Schatten seiner selbst,

kehrte Kolumbus am 7. November 1504 nach Spanien zurück. Vor Ende des Monats starb Königin Isabella. Obwohl Ferdinand immer noch eine Schwäche für Kolumbus hegte, beschloß er, andere gemäß dem von Kolumbus zusammengestellten Bericht, der die Beweise für die Goldquelle in dem neuen Land enthielt, handeln zu lassen.

»Hispaniola (Kleinspanien) wird Euren unbesiegbaren Majestäten alles benötigte Gold liefern«, schrieb Kolumbus über die Insel Haiti und die heutige Dominikanische Republik. Dort ließen spanische Siedler einheimische Indianer als Sklaven arbeiten. Tatsächlich förderten sie unglaubliche Goldmengen: In weniger als zwei Jahrzehnten erhielt das spanische Schatzamt aus Hispaniola Gold im Wert von fünfhunderttausend Dukaten.
Wie sich herausstellte, sollte sich die Erfahrung in Hispaniola immer wieder in diesem ungeheuren Erdteil wiederholen. In zwei kurzen Jahrzehnten starben die Eingeborenen aus oder flohen, und die Goldminen erschöpften sich. Die Euphorie der Spanier schlug in Enttäuschung und Verzweiflung um, und in ihrer Gier legten sie an unbekannten Küsten auf der Suche nach Reichtum an. Eines der ersten Ziele war die Halbinsel Yukatán. Die ersten Spanier, die im Jahr 1511 dort landeten, waren Schiffbrüchige. 1517 segelte eine Flotte von drei Schiffen unter dem Kommando von Francisco Hernandez de Córdoba von Kuba nach Yukatán, um Sklaven zu rekrutieren. Zu ihrer Verwunderung stießen sie auf Steingebäude, Tempel und Götzenbilder. Zum Unglück der Einheimischen, die sich, wie die Spanier feststellten, *maya* nannten, fanden sie auch »gewisse goldene Gegenstände, die sie an sich nahmen«.
Der Bericht von der Ankunft der Spanier und ihrer Eroberung der Halbinsel wurde 1566 von Friar Diego de Landa unter dem Titel *Relación de las cosas de Yucatán* geschrieben. Demgemäß entdeckten Hernandez und seine Leute auf dieser Expedition eine große Stufenpyramide, Standbilder von

Idolen und Tieren und eine große Stadt im Landesinneren. Aber die Indianer, die sie gefangennehmen wollten, boten ihnen heftigen Widerstand, ungeachtet des Kanonenfeuers der Schiffe. Die schweren Verluste — Hernandez selbst wurde verwundet — zwangen die Spanier zum Rückzug. Doch nach der Rückkehr nach Kuba empfahl Hernandez weitere Expeditionen zu dem Land, »das wegen seines Goldes gut und reich war«.
Ein Jahr später startete die zweite Expedition von Kuba aus, die auf der Insel Conzumel landete. Entdeckt wurden Nueva España (Neuspanien), Pánuco und die Provinz Tabasco, so benannt von den Spaniern. Die Spanier, die nicht nur mit Waffen, sondern diesmal auch mit Tauschwaren ausgerüstet waren, trafen sowohl feindliche als auch freundlich gesinnte Indianer. Sie entdeckten noch mehr Steingebäude und Monumente, bekamen den Stich von Pfeilen und Speeren zu spüren, deren Spitze aus scharfem Obsidian bestand, und untersuchten kunstvoll hergestellte Gegenstände. Viele waren aus gewöhnlichem Stein gefertigt, andere schimmerten golden, entpuppten sich aber bei näherer Prüfung als kupfern. Es gab, entgegen den Erwartungen, nur sehr wenige goldene Gegenstände, und Goldminen oder andere Bergwerke waren in diesem Land nicht zu finden.
Woher stammte das wenige Gold? Sie hätten es eingehandelt, sagten die Mayas. Es stamme aus dem Nordwesten, dort, im Lande der Azteken, komme es in Hülle und Fülle vor.
Die Entdeckung und Eroberung des Reichs der Azteken, im Hochland von Mexiko, ist mit dem Namen Hernando Cortés historisch verknüpft. 1519 stach er als Kommandant einer Flotte von elf Schiffen, mit etwa sechshundert Mann Besatzung und vielen hochwertigen Pferden von Kuba aus in See. Langsam, mit zahlreichen Aufenthalten, segelte er an der Golfküste von Yukatán entlang. Im Grenzgebiet, wo die Herrschaft der Azteken begann, errichtete er ein Basislager, das er Veracruz nannte.

Hier wurden die Spanier zu ihrer großen Verwunderung von den Abgesandten des aztekischen Herrschers mit Willkommensgrüßen und erlesenen Geschenken empfangen. Laut dem Augenzeugen Bernal Díaz del Castillo (*Historia verdadera de la conquista de la Nueva España*, englische Übersetzung von H. P. Mandslay) war unter den Geschenken »eine Scheibe gleich der Sonne, groß wie ein Wagenrad, mit vielen Bildern darauf, das Ganze aus feinem Gold und wundervoll anzusehen, von dem diejenigen, die es später wogen, sagten, es sei über zehntausend Dollar wert«. Ein anderes, noch größeres Rad »bestand aus glänzendem Silber, dem Mond nachgemacht«. Auch ein bis zum Rand mit Goldkörnern gefüllter Helm war darunter sowie Kopfschmuck aus Federn des seltenen Urwaldvogels Quetzal (immer noch zu sehen im Wiener Museum für Völkerkunde).
Es seien, so erklärten die Abgesandten, Geschenke ihres Herrschers Montezuma für ihren Gott Quetzalcoatl, die Federschlange, der vor vielen Jahren vom Kriegsgott gezwungen worden sei, das Land der Azteken zu verlassen. Mit einer Anhängerschar war er nach Yukatán gegangen und dann nach Osten gesegelt, aber mit dem Versprechen, an seinem Geburtstag zu seinem Volk zurückzukehren. Nach dem aztekischen Kalender vollendet sich der Jahreszyklus alle zweiundfünfzig Jahre, und darum konnte das Jahr der verheißenen Rückkehr in zweiundfünfzig Jahren nur einmal vorkommen. Nach dem Julianischen Kalender waren dies die Jahre 1363, 1415, 1467 — und 1519, genau das Jahr, in dem Cortés vom Meer im Osten des Tores zum aztekischen Reich erschien. Bärtig und behelmt wie Quetzalcoatl (manche glaubten auch, der Gott sei weißhäutig), schien Cortés die Prophezeiung zu erfüllen.
Die Geschenke des aztekischen Herrschers waren nicht willkürlich ausgewählt, sondern symbolträchtig. Die Goldkörner wurden angeboten, da Gold ein göttliches Metall war, das den Göttern gehörte. Die Silberscheibe, die den Mond darstellte, war dabei, weil Quetzalcoatl zum Himmel zu-

rückgekehrt war und den Mond zu seinem Wohnsitz gemacht hatte. Den Federkopfschmuck und die reichgeschmückten Gewänder sollte der wiedererschienene Gott tragen. Die goldene Scheibe war ein heiliger Kalender, auf dem der Jahreszyklus zweiundfünfzig und das Jahr der Rückkehr abgebildet waren. Dies weiß man, weil solche Kalender, allerdings aus Stein, in Mexiko gefunden worden sind (Abb. 1).

Abb. 1

Ob die Spanier die Symbolik verstanden, ist nicht verzeichnet. Wenn ja, dann achteten sie sie nicht. Für sie bedeuteten die Gegenstände nur eines: den Beweis, daß sie im Aztekenreich mit Reichtümern rechnen konnten. Diese unvergleichlichen Gegenstände waren unter den kunstvollen Schätzen, die am 9. Dezember 1519 in Sevilla eintrafen, an Bord des ersten Schiffes, das Cortés nach Spanien zurückschickte. Der spanische König Karl I., Ferdinands Enkel, der als Kaiser Karl V. über das Heilige Römische Reich Deutscher Nation herrschte, hielt sich damals in Flandern auf, und das Schiff wurde nach Brüssel umgeleitet. Der Schatz umfaßte auch goldene Figurinen von Enten, Hunden, Tigern, Löwen und Affen sowie einen Bogen und Pfeile aus Gold. Am überwältigendsten war die »Sonnenscheibe«, deren Durchmesser 234 Zentimeter betrug, und die so dick war wie vier Münzen. Albrecht Dürer, der den aus dem »neuen Goldland« gekommenen Schatz sah, schrieb darüber: »Diese Dinge waren so kostbar, daß ihr Wert hunderttausend Gulden entsprach. Aber nie im Leben habe ich etwas gesehen, das mein Herz so sehr erfreute wie diese Dinge. Denn ich sah darunter Kunstgegenstände, und ich staunte über die sinnreiche Erfindungsgabe der Menschen in fernen Landen. Ja, ich kann nicht genug über die Dinge sagen, die ich da vor Augen hatte.«

Doch welchen einzigartigen künstlerischen, religiösen, kulturellen oder historischen Wert »diese Dinge« auch gehabt hatten, für den König bedeuteten sie in erster Linie Gold — Gold, mit dem er seine Kämpfe gegen Aufständische im Land und seine Kriege finanzieren konnte. Ohne Zeit zu verlieren, befahl Karl, diese und alle zukünftigen Gegenstände aus kostbarem Metall sogleich nach der Ankunft einzuschmelzen und daraus Gold- und Silberbarren zu gießen.

In Mexiko vertraten Cortés und seine Leute dieselbe Meinung. Sie überwanden, langsam vorrückend, mit ihren überlegenen Waffen, mit Diplomatie und durch Verrat jeglichen Widerstand, dem sie begegneten, und gelangten im November 1519 in die aztekische Hauptstadt Tenochtitlán, dem heutigen Mexico City. Die Stadt lag inmitten eines Salzsees auf der mexikanischen Hochebene und konnte nur über leicht zu verteidigende Dämme erreicht werden. Aber auch Montezuma und alle Edlen waren durch die Prophezeiung vom zurückkehrenden Gott in Ehrfurcht versetzt worden und kamen herbei, um Cortés und seine Gefolgsleute zu begrüßen. Nur Montezuma trug Sandalen; alle übrigen waren barfuß, um dem weißen Gott ihre Demut zu bezeigen. Er hieß die Spanier in seinem prächtigen Palast willkommen. Hier war alles aus Gold, sogar das Tafelgeschirr, und man zeigte ihnen einen Lagerraum voller goldener Gebrauchsgegenstände.

Durch eine List nahmen die Spanier Montezuma gefangen und forderten Lösegeld in Gold. Die Edelleute schickten daraufhin Läufer durchs ganze Reich, um das Lösegeld zu beschaffen. Die goldenen Gegenstände, die ausgehändigt wurden, genügten, ein Schiff zu füllen, das nach Spanien zurücksegelte. (Es wurde allerdings von den Franzosen gekapert, und dies löste einen Krieg aus.)

Nachdem Cortés die Azteken durch Betrug und wachsendes Mißtrauen geschwächt hatte, wollte er Montezuma befreien und ihn als »Marionettenherrscher« auf den Thron zurückbringen. Aber sein Stellvertreter verlor die Geduld und ordnete die Ermordung zahlreicher aztekischer Adliger und Befehlshaber an. In dem Gemetzel wurde auch Montezuma getötet, und die Spanier sahen sich einer ausgewachsenen Schlacht gegenüber. Unter schweren Verlusten zog sich Cortés aus der Stadt zurück und betrat sie erst, mit Verstärkung aus Kuba, nach langen Kämpfen im August 1521 wieder. Die Azteken wurden von den Spaniern unwiderruflich besiegt; Gold im Wert von sechshunderttausend Pesos wurde ihnen entwendet und in Barren gegossen.

Mexiko war, als es erobert wurde, tatsächlich ein Goldland; doch nachdem die in Jahrhunderten, wenn nicht in Jahrtausenden, angehäuften goldenen Gegenstände weggeschafft worden waren, wurde es offensichtlich, daß Mexiko nicht das biblische Land Hewila war, und Tenochtitlán nicht die legendäre Goldstadt. So wurde die Suche nach Gold, die weder Könige noch Abenteurer aufgeben wollten, in andere Gebiete der Neuen Welt verlagert.

Die Spanier errichteten in Panama eine Basis und schickten von dort aus Expeditionen und Agenten nach Mittel- und Südamerika. Hier hörten sie die Sage von El Dorado, eigentlich *el hombre dorado*, das heißt: der Vergoldete Mann. Er war ein Häuptling, dessen Gebiet so reich an Gold war, daß er jeden Morgen mit Öl eingerieben und von Kopf bis Fuß mit Goldstaub bestreut wurde. Abends wurde er in den See getaucht und das Gold abgewaschen. Das wiederholte sich täglich. Er herrschte in einer Stadt mitten in einem See auf einer goldenen Insel.
Laut der Chronik *Elejias de Varones Illustres de Indias* wurde Francisco Pizarro die Sage von El Dorado in Panama von einem seiner Kapitäne folgendermaßen erzählt: »Ein kolumbianischer Indianer hörte von einem Land, das reich an Smaragden und Gold war. Dort herrschte der Brauch, den Häuptling zu entkleiden und auf einem Floß zu einer Insel mitten im See zu bringen, um den Göttern zu opfern. Sein königlicher Leib wurde mit wohlriechendem Öl eingerieben und von der Fußsohle bis zur höchsten Braue mit Gold bepudert, so daß er glänzte wie ein Sonnenstrahl. Um dem Ritual beizuwohnen, kamen viele Pilger und brachten den Göttern Opfer dar, indem sie goldene Gegenstände und Smaragde in den geheiligten See warfen.«
Nach einer anderen Version, derzufolge der geheiligte See irgendwo in Nordkolumbien lag, trug der vergoldete Häuptling haufenweise Gold und Smaragde in die Mitte des Sees und warf den Schatz unter dem Jubel der Menschenmenge am Ufer und bei Musikbegleitung ins Wasser, als Opfergabe für seinen Gott. In einer dritten Fassung heißt die Stadt Manoa und liegt im Lande *biru*, von den Spaniern Peru genannt.
Wie ein Lauffeuer verbreitete sich die Geschichte von El Dorado unter den Europäern in der Neuen Welt und auch in Europa, zuerst mündlich überliefert, dann in Schriften und Büchern, die den See, die Stadt und den von keinem erblickten Herrscher beschrieben, und natürlich auch das tägliche Vergolden des Königs (Abb. 2).

Abb. 2

Während einige wie Cortés nach Kalifornien gingen und andere nach Venezuela, verließen sich Francisco Pizarro und seine Offiziere ganz auf die Berichte der Indianer. Er machte sich auf zur Eroberung von Peru. In Kolumbien war der See von Guatavitas ein bevorzugtes Ziel; denn dort stand ein Tempel, vor dem Gold und Edelsteine geopfert wurden.

Pizarro unternahm von Panama aus zwei Expeditionen zur Küste des Stillen Ozeans, die genug Goldgegenstände einbrachten, so daß er überzeugt war, ein größeres Unternehmen in Peru würde sich lohnen. Nachdem er von der spanischen Regierung bereits zum Oberbefehlshaber und Statthalter von Peru ernannt worden war, obwohl das Land erst noch erobert werden mußte, segelte er im Jahr 1530 mit zweihundert Männern nach *biru*.

Wie konnte er erwarten, mit einer so kleinen Gruppe ein großes Land zu erobern, das Tausende von Kriegern schützten, die ihren Herren, den Inkas, treu ergeben waren, da sie in ihnen Götter sahen. Pizarro gedachte, die von Cortés be-

nutzte erfolgreiche Strategie zu wiederholen: Er wollte den Herrscher überlisten, gefangennehmen und ihn nach Erhalt des Lösegeldes als »spanische Marionette« freilassen.
Die Tatsache, daß die Inkas, wie das Volk später genannt werden sollte, in einen Bürgerkrieg verwickelt waren, als die Spanier landeten, war ein unerwarteter Glücksfall. Sie fanden heraus, daß nach dem Tod des Herrschers sein erstgeborener Sohn von einer Nebenfrau die Erbfolge des Sohnes der Hauptfrau anfocht. Als die Nachricht von den heranrückenden Spaniern den Herausforderer Atahualpa erreichte, beschloß er, die Eindringlinge ins Land zu lassen (weg von ihren Schiffen und der Verstärkung), während er die Hauptstadt Cuzco besetzte. Von einer größeren Stadt in den Anden aus schickten die Spanier Gesandte, die Geschenke und Friedensverhandlungen anboten. Die beiden Führer sollten sich auf dem Hauptplatz der Stadt treffen, und zwar unbewaffnet und ohne militärische Begleitung, als Zurschaustellung guten Willens. Atahualpa erklärte sich einverstanden. Als er aber auf dem Platz erschien, griffen die Spanier ihn an und nahmen ihn gefangen.
Als Lösegeld forderten sie nicht wenig: Ein Raum sollte so hoch mit Gold angefüllt werden, wie der emporgestreckte Arm eines Mannes reichte. Atahualpa willigte ein. Auf seinen Befehl hin wurden aus den Tempeln und Palästen goldene Gegenstände gebracht — Pokale, Kannen, Serviertel-ler, Vasen aller Größen und Formen, nachgebildete Tiere und Pflanzen und Platten, mit denen die Wände öffentlicher Gebäude verziert waren. Wochenlang dauerte es, bis der Raum gefüllt war. Dann aber forderten die Spanier, das Zimmer müsse mit massivem Gold gefüllt werden, nicht mit Kunstgegenständen, und wieder verging ein Monat, bis die Goldschmiede alles Gold geschmolzen und in Barren gegossen hatten.
Atahualpa erlitt das gleiche Schicksal wie Montezuma. Pizarro wollte ihn als »Marionettenherrscher« freilassen, aber Offiziere und Kirchenvertreter erhoben gegen Atahualpa

eine Anklage, und in einem Scheinverfahren wurde er wegen Götzenanbetung und Ermordung seines Halbbruders, der ihm den Thron streitig gemacht hatte, zum Tode verurteilt.

Das als Lösegeld erhaltene Gold hatte ein Gewicht von 1 326 539 Pesos — das waren ungefähr zwanzigtausend Kilogramm. Diesen Reichtum teilte Pizarro mit seinen Gefolgsleuten, nachdem ein Fünftel für den spanischen König abgezogen worden war. Obwohl das die kühnsten Träume der Männer überstieg, bedeutete es nichts im Vergleich zu dem, was noch kommen sollte.

Als die Conquistadoren in der Hauptstadt Cuzco ankamen, sahen sie Tempel und Paläste, die buchstäblich von Gold überzogen waren. Im Hauptpalast waren drei Räume mit goldenen Möbeln ausgestattet und fünf mit silbernen. Hunderttausend Goldbarren, jeder im Gewicht von etwa fünf Pfund, warteten darauf, zu kostbaren Gegenständen geschmiedet zu werden. Der goldene Thron, eine Sänfte, wog etwa einhundertzwanzig Kilogramm; sogar die Tragstangen waren vergoldet. Überall waren die Kapellen und Grabkammern zu Ehren der Toten mit goldenen Tierfigurinen und Brustharnischen angefüllt. In dem großen Tempel, den die Spanier Sonnentempel nannten, waren die Wände mit dicken Goldplatten bedeckt. Dazu gehörte ein künstlicher Garten, in dem alles — Bäume, Sträucher, Blumen, Vögel und ein Brunnen — aus Gold bestand. Im Hof gab es ein Maisfeld; die Kolben waren aus Gold, die Stengel aus Silber — sechstausend Quadratmeter goldener Mais!

In Peru erlebten die Spanier binnen kurzem, daß ihre anfänglichen leichten Siege von erbitterten Kämpfen abgelöst wurden, und daß der Goldwert einer Inflation ausgesetzt war. Wie für die Azteken war das Gold für die Inkas kein Zahlungsmittel, sondern es gehörte den Göttern. Nie benutzten sie es als Geld. Für die Spanier hingegen war es ein Mittel, alles zu erwerben, was das Herz begehrte. Darin sahen sie sich nun getäuscht, denn bald mußten sie sechzig Pesos

für eine Flasche Wein, hundert für einem Mantel und zehntausend für ein Pferd bezahlen.
In Europa aber ließ der Import von Gold, Silber und Edelsteinen das Goldfieber und die Spekulationen über El Dorado anwachsen. Mochten auch Schätze ins Land kommen, man hielt an der Überzeugung fest, das eigentliche Goldland sei noch nicht gefunden worden; mit Hartnäckigkeit, Glück und wirklichem Verständnis für die Hinweise der Indianer ließe es sich finden. Deutsche Forscher meinten, die Goldstadt liege am Oberlauf des Orinoco in Venezuela oder vielleicht in Kolumbien. Wohl am romantischsten war der Brite Sir Walter Raleigh, der 1595 von Plymouth aus in See stach, um die sagenhafte Stadt Manoa zu finden und goldglänzenden Ruhm der Herrschaft Königin Elisabeths hinzuzufügen. Im Geiste sah er Manoa so:

> »Herrliches Dorado, mit goldenen Dächern!
> Schatten, an die sich trotz Angst vor dem Ungewissen,
> vor dem Ausbruch launischer Unglücksfälle
> die Menschen mit sehnsüchtiger Hoffnung klammern,
> die niemals vergehen wird.«

Wie andere vor und nach ihm sah er in El Dorado — dem Herrscher, der Stadt, dem Land — einen Traum, der sich verwirklichen könnte, »eine sehnsüchtige Hoffnung, die nie vergehen würde«. Insofern waren alle, die auf die Suche nach El Dorado gingen, ein Glied in der Kette, die vor den Pharaonen begann und sich bis in die heutige Zeit fortsetzt.
Doch gerade diese Träumer und Abenteurer waren es, die mit ihrer Goldgier die Menschen im Abendland mit den unbekannten Völkern und Kulturen von Amerika bekannt machten. Damit enthüllten sie, ohne es zu wissen, Verbindungen, die es in bereits vergessener Zeit gegeben hat.
Warum wurde die Suche nach El Dorado sogar nach der Entdeckung der unglaublichen Gold- und Silberschätze in Mexiko und Peru — von den weniger geplünderten Ländern gar nicht zu reden — so lange und so intensiv fortgesetzt?

Dies lag größtenteils an der Überzeugung, daß die *Quelle* all dieser Reichtümer noch nicht gefunden worden war.
Unablässig befragten die Spanier die Eingeborenen nach dem Ursprung der angehäuften Schätze und folgten jedem Hinweis. Es wurde ihnen bald klar, daß weder die Karibik noch Yukatán die Quelle sein konnte; denn die Mayas deuteten an, daß sie das Gold zum größten Teil durch den Handel mit ihren Nachbarn im Süden und Westen erhalten hätten, und erklärten, die Goldschmiedekunst hätten sie von früheren Bewohnern ihres Landes gelernt. (Heute weiß man, daß dies die Tolteken gewesen waren.) »Aber woher hatten die anderen das Gold?« fragten die Spanier, und die Mayas antworteten: »Von den Göttern.« In ihrer Sprache hieß Gold *teocuitlatl*, wörtlich übersetzt »Ausscheidung der Götter«, nämlich Schweiß und Tränen.
In der aztekischen Hauptstadt erfuhren die Spanier, daß Gold als Eigentum der Götter betrachtet wurde und Diebstahl als Kapitalverbrechen galt. Cortés schrieb in seinen Berichten an den spanischen König, er habe den aztekischen Häuptling Montezuma nach der Herkunft des Goldes befragt. Montezuma habe gesagt, das Gold stamme aus drei Provinzen seines Reiches, einer an der Küste des Stillen Ozeans, einer an der Golfküste und einer im Inland im Südwesten, wo die Minen lägen. Cortés entsandte Leute, die angegebenen Orte zu suchen. In allen drei Gebieten stellten sie fest, daß die Indianer in den Flußläufen Gold fanden oder Goldklümpchen sammelten. »Bearbeitete Minen waren nicht vorhanden«, schrieb Cortés in seinem Bericht. Im Südwesten, wo es tatsächlich Minen gab, waren sie stillgelegt, und keiner der Indianer, die dort angetroffen wurden, erinnerte sich, wer dort gearbeitet hatte. Nur die Goldkörner und der Goldstaub im Schlamm der Flußbetten spielten eine Rolle. Dieses Gold wurde in kleinen Töpfen geschmolzen und in Barren gegossen, die man in die Hauptstadt beförderte, wo sie den Göttern zurückgegeben wurden, denen das Gold gehörte.

Minenexperten und Metallurgen lassen diese Erklärungen gelten, aber damit ist das Thema keineswegs erschöpft. Sowohl die spanischen Eroberer als auch später nachfolgende Bergwerksingenieure sprachen hartnäckig von vorgeschichtlichen Goldminen, die man in Mexiko gefunden habe. Da es undenkbar ist, daß die früheren Siedler in Mexiko — wie etwa die Tolteken, die man bis einige Jahrhunderte vor das christliche Zeitalter zurückverfolgen konnte — über eine bessere Abbautechnik verfügt haben als die nachfolgenden (und wahrscheinlich fortschrittlicheren) Azteken, hielten die Forscher die »vorgeschichtlichen Minen« für Schächte, die von den spanischen Eroberern gebaut und dann aufgegeben worden sind. So schrieb der Engländer Alexander del Mar 1886 in seiner *Geschichte der Edelmetalle*: »Wenn man bedenkt, daß die Azteken kein Eisen kannten, muß angenommen werden, daß sie vom Bergbau keine Ahnung hatten. Gewiß, moderne Schürfer haben in Mexiko alte Schächte und Überreste von uralten Bergwerksanlagen gefunden, aber dabei dürfte es sich um Anlagen handeln, die mit vulkanischen Eruptionen zusammenhingen, mit Veränderungen durch Lava, die für sehr alt gehalten wurde.«
Davon haben die Azteken jedoch nichts gesagt. Sie schrieben ihren Vorläufern, den Tolteken, sowohl das Wissen um den verborgenen Schatz als auch die Fähigkeit zu, diesen aus dem Felsgestein herauszuschürfen. In einer alten aztekischen Schrift, genannt *Codice matritense de la Real Academia* (Bd. VIII), werden die Tolteken folgendermaßen geschildert:
»Die Tolteken waren geschickte Menschen; alle ihre Arbeiten waren gut, alle waren genau, alles tadellos und bewundernswert gemacht... Maler, Bildhauer, Steinschneider, Federkünstler, Töpfer, Spinner, Weber zeigten Geschick bei dem, was sie taten. Sie entdeckten den kostbaren grünen Stein, den Türkis; sie kannten den Türkis und sein Vorkommen. Sie entdeckten, daß die Berge Gold und Silber, Kupfer, Zinn und das Metall des Mondes bargen.«

Die Tolteken sind nach fast einhelliger Meinung der Historiker in den Jahrhunderten vor der christlichen Zeitrechnung ins Hochland von Mexiko gekommen, mindestens tausend, vielleicht tausendfünfhundert Jahre vor dem Erscheinen der Azteken. Wie war es möglich, daß sie den Bergbau kannten und Gold, Silber sowie kostbare Edelsteine wie den Türkis gewinnen konnten, wohingegen die Azteken, die ihnen folgten, nur Goldkörner vom Erdboden aufzusammeln vermochten? Wer hatte den Tolteken das Geheimnis der Goldgewinnung enthüllt?
Es war Quetzalcoatl, die gefiederte Schlange.
Das Rätsel der angehäuften Goldschätze einerseits und das des Unvermögens der Azteken, Gold zu gewinnen, andererseits wiederholte sich bei den Inkas. Wie in Mexiko kamen auch die Eingeborenen in Peru zu Gold, indem sie es wuschen oder die von den Bergen heruntergespülten Goldkörner auflasen. Aber diese Art der Ernte erklärte keineswegs die ungeheure Goldmenge, über die auch die Inkas verfügten. Der unermeßliche Schatz ist aus den Berichten der spanischen Eroberer zu ersehen, die in einem Archiv in Sevilla liegen. In fünf Jahren — von 1521 bis 1525 — hatten sie von Mexiko 134 000 *pesos de oro* herübergebracht. In den nächsten fünf Jahren betrug die Beute über eine Million Pesos. Von 1531 bis 1535, als Peru hinzugekommen war, erhöhte sich der Ertrag etwa auf eineinhalb Millionen Pesos. Von 1536 bis 1540 war Peru der Hauptlieferant; das erbeutete Gold wog knappe vier Millionen Pesos, in den Jahren um 1550 elf Millionen Pesos.
Einer der führenden Chronisten der damaligen Zeit, Pedro de Cieza de León, berichtet, daß die spanischen Eroberer dem Inkareich in den folgenden Jahren jährlich sechs Millionen Unzen Gold und zwanzig Millionen Unzen Silber entzogen (1 Unze = 28,3 g)! Obwohl Cieza de León die genaue Zeitdauer nicht angibt, kann man sich eine Vorstellung davon machen, welche Unmengen an Gold und Silber die Spanier im Inkaland geplündert haben.

Nach der Lösegelderpressung vom Inkaherrscher, der Plünderung der Reichen in Cuzco und der Zerstörung des heiligen Tempels in Pachácamac an der Küste wurden die Spanier wahre Experten in der Kunst, den Provinzen Gold in großen Mengen zu »entziehen«. Im ganzen Inkareich waren die Tempel und Paläste reich mit Gold geschmückt. Die Spanier erfuhren, daß es bei den Inkas Sitte war, die Paläste verstorbener Herrscher und Adliger zu versiegeln und den Mumien alle Kostbarkeiten, die sie im Leben besessen hatten, zu überlassen. Sie vermuteten — durchaus richtig —, daß die Indianer die Goldschätze weggeschafft hatten. Sie waren in Höhlen versteckt, vergraben oder in die Seen geworfen worden. Und es gab die *huacas*, geheiligte Stätten für den Götzendienst, wo man das Gold gesammelt und den wahren Eigentümern, den Göttern, zurückgegeben hatte.
In den Berichten ist die Rede von Funden, die in den fünfzig Jahren nach der Eroberung dadurch gemacht wurden, daß man die Indianer folterte, damit sie die Verstecke verrieten; das geschah sogar noch im 17. und 18. Jahrhundert. Auf diese Weise fand Gonzalo Pizarro den verborgenen Schatz eines Inka-Königs, der ein Jahrhundert früher geherrscht hatte. Ein gewisser Garcia Gutiérrez de Toledo fand mehrere Erdhügel, unter denen geheiligte Schätze lagen, die über eine Million Pesos wogen und zwischen 1566 und 1592 ausgegraben wurden. Erst im Jahr 1602 entdeckte Escobar Corchuelo in der *huaca* La Tosca Gegenstände, die sechzigtausend Pesos wert waren. Als der Fluß Moche abgeleitet wurde, kam ein Schatz im Wert von sechshunderttausend Pesos zum Vorschein; darunter befand sich, wie die Chronisten berichten, »ein großes goldenes Götzenbild«.
Vor anderthalb Jahrhunderten, also den Ereignissen viel näher als heutzutage, beschrieben die Forscher Don Mariano de Ribero und Johann Jakob von Tschudi in ihrem Buch *Peruanische Antiquitäten* (1851) die Lage folgendermaßen: »In der zweiten Hälfte des 16. Jahrhunderts exportierten die Spanier im kurzen Zeitraum von fünfundzwanzig Jah-

ren vierhundert Millionen Gold- und Silberdukaten von Peru in ihr Mutterland, und wir können sicher sein, daß nur neun Zehntel davon die Beute der Conquistadoren war. Bei dieser Schätzung sind die ungeheuren Mengen von kostbarem Metall nicht berücksichtigt, die die Eingeborenen vor der Habgier der fremden Eindringlinge versteckt haben, wie die berühmte Goldkette, die der Inka Huayna Capac zur Feier der Geburt seines erstgeborenen Sohnes Inti Cusi Huallapa Huáscar anfertigen ließ, und die, wie man sagt, in den Urcos-See geworfen worden ist.« (Diese Kette soll über zweihundert Meter lang und armdick gewesen sein.) »Nicht berücksichtigt sind auch die mit elftausend goldgefüllten kostbaren Vasen beladenen Lamas, mit denen der unglückselige Atahualpa sein Leben und seine Freiheit erkaufen wollte. Diesen Schatz vergruben die Lamatreiber in der Puna, als sie hörten, zu welcher Strafe ihr verehrter Herrscher verräterischerweise verurteilt worden war.«
Daß diese ungeheuren Mengen von Plünderungen herrührten, nicht aus der laufenden Goldgewinnung, geht nicht nur aus den Chroniken hervor, sondern wird auch durch die Zahlen bestätigt. Nachdem die sichtbaren und versteckten Schätze sich innerhalb einiger Jahrzehnte erschöpft hatten, gelangten nur noch sechs- bis siebentausend Pfund Gold jährlich nach Sevilla. Hierauf setzten die Spanier die Eingeborenen als Minenarbeiter ein, die eiserne Werkzeuge benutzten. Die Plackerei erforderte einen derartigen Zoll an Menschenleben, daß das Land am Ende des Jahrhunderts fast entvölkert war und der spanische Hof der Ausbeutung Beschränkungen auferlegte. Große Silbervorkommen wurden entdeckt und abgebaut, zum Beispiel in Potosí, aber nur so wenige Goldadern, daß sie den vor der Ankunft der Spanier angesammelten Goldschätzen nicht entsprachen und deren Herkunft nicht erklärten.
Ribero und von Tschudi, die das Rätsel zu lösen versuchten, schrieben darüber: »Die Peruaner besaßen mehr Gold als irgendein anderes Land; es war ihr bevorzugtes Metall. Wenn

man die Fülle zur Zeit der Inkas mit der Menge vergleicht, die die Spanier im Verlauf von vier Jahrhunderten aus den Flüssen und Minen gewannen, ist es klar, daß die Indianer eine Quelle kannten, die die Conquistadoren und ihre Nachkommen nie aufzuspüren vermochten.« Sie sagten auch voraus: »Der Tag wird kommen, an dem Peru den Schleier von seinem Busen nimmt, der wundervollere Reichtümer bedeckt, als bisher in Kalifornien gefunden worden sind.« Als Europa im späten 19. Jahrhundert von einem neuen Goldfieber ergriffen wurde, vertraten viele Minenexperten die Ansicht, das sogenannte »Mutterlager«, die eigentliche Goldquelle auf Erden, werde in Peru gefunden werden.
Auch in bezug auf die Andenländer — wie zuvor bei Mexiko — nahm man allgemein an, das von den Spaniern erbeutete Gold sei aus den Flüssen gewaschen worden, da keine Minen gefunden wurden. Das schrieb auch Del Mar. Es trifft zwar sowohl auf die Inkas in den Anden als auch auf die Azteken in Peru zu, aber die Frage eines *vorgeschichtlichen* Bergbaus kam nicht zur Sprache.
Die Möglichkeit, daß lange vor den Inkas jemand Zugang zu den Goldadern hatte (an Orten, die die Inkas nicht verrieten oder nicht kannten), ist eine einleuchtende Erklärung für die angesammelten Schätze. Ja, in einer der besten zeitgenössischen Studien (*Inca Treasure As Depicted by Spanish Historians* von S. K. Lothrop) steht zu lesen: »Moderne Minen werden an Orten betrieben, wo früher Eingeborene gearbeitet haben. Alte Schächte werden oft erwähnt, und es ist primitives Werkzeug gefunden worden, sogar die sterblichen Überreste verschütteter Arbeiter.«
Die Goldanhäufung der Indianer wirft noch eine grundlegende Frage nach dem Sinn und Zweck auf.
Die Chronisten und die heutigen Forscher stimmen darin überein, daß das Gold nur dazu benutzt wurde, die Tempel und die Herrscher im Namen der Götter zu schmücken. Die Azteken legten es den Spaniern buchstäblich zu Füßen, in dem Glauben, sie seien die zurückgekehrten Götter. Die In-

kas, die zuerst auch glaubten, ihre Götter seien ihrem Versprechen gemäß übers Meer zurückgekehrt, konnten später nicht verstehen, warum die Spanier gekommen waren und so versessen auf ein Metall waren, für das der Mensch keine praktische Verwendung hatte. Alle Gelehrten waren sich darin einig, daß weder die Azteken noch die Inkas das Gold als Zahlungsmittel benutzten und ihm keinen kommerziellen Wert beimaßen. Dennoch verlangten sie von ihren Untertanen einen Goldtribut. Warum?

In den Ruinen der Vor-Inka-Kultur in Chimu an der peruanischen Küste entdeckte der Forscher Alexander von Humboldt, der ursprünglich Bergbauingenieur war, zu Beginn des neunzehnten Jahrhunderts in Gräbern eine Menge Gold. Er fragte sich, warum den Toten gerade Gold, das doch gar keinen praktischen Wert gehabt hatte, mitgegeben worden war. Hatte man vielleicht geglaubt, sie könnten es im Leben nach dem Tod gebrauchen? Oder daß sie es nach der Begegnung mit ihren Ahnen so verwenden könnten wie jene?

Wer hatte diese Sitte oder diesen Glauben eingeführt und wann? Wer hatte bewirkt, daß das Gold in diesem Sinne bewertet wurde, und vielleicht den Ursprung gesucht?

Die einzige Antwort, die den Spaniern gegeben wurde, lautete: »Die Götter.« Mit dem Hinweis auf die Götter wiederholten die Indianer, ohne es zu wissen, die Worte des biblischen Herrn durch den Mund des Propheten Haggai über den Wiederaufbau des Tempels:

> »Mein ist das Silber,
> und mein ist das Gold,
> spricht der Herr der Heerscharen.«

Diese Worte enthalten den Schlüssel zur Entschleierung der Rätsel von den Göttern, den Menschen und den alten Kulturen in Amerika.

tas, die Zutaten [illegible] [illegible] [illegible] [illegible] [illegible] [illegible] [illegible] [illegible] [illegible] [illegible] [illegible] [illegible] [illegible] [illegible] [illegible] [illegible] um die Skulptur [illegible] [illegible] [illegible] [illegible] [illegible] [illegible] [illegible] [illegible] [illegible] [illegible] [illegible] [illegible] [illegible] Verwendung [illegible] [illegible] Goldbarren [illegible] [illegible] [illegible] [illegible] [illegible] [illegible] [illegible] [illegible] Gold der Zahlungsmittel [illegible] [illegible] [illegible] [illegible] [illegible] [illegible] [illegible] [illegible] [illegible] [illegible] [illegible] wenn auch Gold erst. Wohl [illegible]

In den Ruinen der [illegible] Kultur in Chan Chan [illegible] der Begegnung mit ihren Ahnen [illegible] [illegible] [illegible] [illegible] [illegible]

[illegible] der Wissenschaftler des Tempels:

[illegible] [illegible] Sonne
und [illegible] das Gold,
[illegible] der Herr der [illegible]

Diese Worte [illegible] [illegible] [illegible] [illegible] [illegible] [illegible] Rätsel von den [illegible] [illegible] [illegible] [illegible] [illegible] in Amerika.

2
Kains untergegangenes Reich?

Die aztekische Hauptstadt Tenochtitlán zeigte sich bei der Ankunft der Spanier als eindrucksvolle Metropole. Ihre Berichte beschreiben sie als ebenso groß, wenn nicht noch größer als die meisten damaligen europäischen Städte, als gut angelegt und verwaltet. Ihr Name bedeutet »Fels des Nopals« (einer Kaktusart, die im mexikanischen Wappen vorkommt). Sie lag auf einer Insel im Texcoco-See im zentralen Tal des Hochlands und war von Kanälen durchzogen — ein Venedig der Neuen Welt. Die langen und breiten Dämme, die sie mit dem Festland verbanden, machten bei den Spaniern ebenso großen Eindruck wie die zahlreichen Kanus auf den Kanälen, die von Menschen wimmelnden Straßen und die Marktplätze, wo unzählige Waren angeboten wurden. Der Palast des Herrschers bestand aus vielen Räumen, war dekoriert mit Kostbarkeiten und umgeben von Gärten mit einem Vogelhaus und einem Tierpark. Eine große Plaza, auf der es betriebsam zuging, war für Festlichkeiten und Paraden bestimmt.

Aber das Herz der Stadt und des ganzen Reiches war das ausgedehnte religiöse Zentrum: ein riesiges Rechteck, dessen Mauern sich windenden Schlangen glichen. Innerhalb des Rechtecks befanden sich zahlreiche Gebäude; die hervorragendsten waren der Große Tempel mit zwei Türmen und der teilweise runde Tempel des Gottes Quetzalcoatl. Die heutige Plaza von Mexico City und die Kathedrale nehmen Teile des alten, geheiligten Bezirks ein, außerdem einige der angrenzenden Straßen und Gebäude. Bei Ausgrabungen im Jahr 1978 wurden zufällig wichtige Teile des Großen Tempels gefunden, die man heute besichtigen kann, und man hat inzwischen so viel in Erfahrung gebracht, daß

Karte

es möglich wurde, ein kleines Modell des Bezirks in seiner Glanzzeit nachzubauen.

Der Große Tempel hat die Form einer Stufenpyramide. Er war über fünfzig Meter hoch; seine Basis maß zweitausendfünfhundert Quadratmeter. Er bildete den Höhepunkt mehrerer Bauphasen: Ähnlich wie bei der russischen Holzpuppe wurde über die erste Struktur eine größere gebaut und darüber eine noch größere. Im ganzen umhüllten sieben Konstruktionen einander. Archäologen konnten die Schichten bis Tempel II abtragen, der um das Jahr 1400 n. Chr. erbaut wurde und bereits, wie der oberste Tempel, zwei Türme hatte.

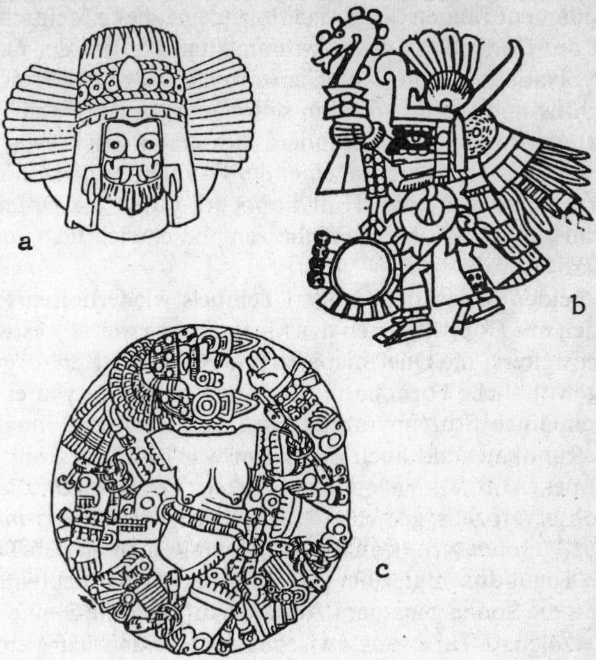

Abb. 3 a, b und c

Der Große Tempel war nicht nur *einer* Gottheit geweiht. Der nördliche Turm, ein Schrein, gehörte Tlaloc, dem Gott der Stürme und Erdbeben (Abb. 3 a), der südliche dem aztekischen Haupt- und Kriegsgott Huitzilopochtli. Auf den meisten Abbildungen trägt er die Feuerschlange genannte, magische Waffe (Abb. 3 b), mit der er vierhundert geringere Götter besiegt hat.

Zwei monumentale Treppen führten auf der Westseite hinauf, eine zum rechten Schrein, die zweite zum linken. Jede war am Fundament mit zwei aus Stein geschnitzten Federschlangenköpfen geschmückt; die eine war Huitzilopochtlis Feuerschlange, die andere Tlalocs Wasserschlange. Am

Fundament fanden die Archäologen eine dicke Steinscheibe mit der Darstellung des verstümmelten Körpers der Göttin Coyolxauhqui (Abb. 3 c). Sie war eine Schwester Huitzilopochtlis und wurde von ihm selbst umgebracht, weil sie in den Aufstand der vierhundert Götter verstrickt war. Es scheint, daß ihr Schicksal einer der Gründe für den Glauben der Azteken war, daß Huitzilopochtli durch die Opferung herausgerissener Menschenherzen beschwichtigt werden müsse.

Zu beiden Seiten des Großen Tempels wiederholten Pyramiden mit Doppeltürmen das Motiv, etwas weiter westwärts zwei weitere, die Quetzalcoatls Tempel flankierten, der eine ungewöhnliche Form hatte: Auf der Vorderseite war er eine regelmäßige Stufenpyramide, auf der Rückseite hingegen ein Rundbau, und auch der Turm war rund mit konischer Kuppel (Abb. 4). Viele meinen, dieser Tempel habe als Solarobservatorium gedient. A. F. Avenie (*Astronomy in Ancient Mesoamerica*) stellte 1974 fest, daß man an den Tagen der Tagundnachtgleiche (21. März und 21. September), wenn die Sonne genau am Äquator aufgeht, die Sonne vom Quetzalcoatl-Turm aus zwischen den beiden Türmen des Großen Tempels aufgehen sehen konnte. Das war nur möglich, weil die Erbauer des geheiligten Ortes die Achse der

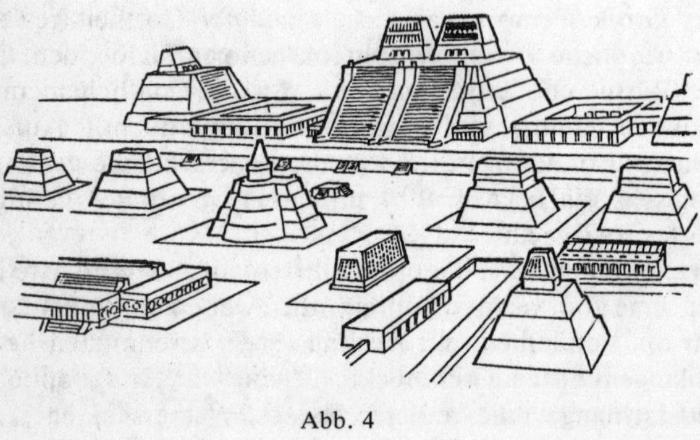

Abb. 4

Tempel nicht genau nach den Kardinalpunkten ausgerichtet, sondern um siebeneinhalb Grad verschoben hatten. Dadurch wurde die geographische Stellung von Tenochtitlán nördlich vom Äquator berücksichtigt und damit der Anblick des Sonnenaufgangs ermöglicht.

Davon wußten die Spanier wohl nichts, aber in ihren Berichten drücken sie ihr Erstaunen darüber aus, daß sie nicht nur ein Kulturvolk vorfanden, sondern auch eine Zivilisation, die ihrer eigenen ebenbürtig war. Hier gab es jenseits des Ozeans einen Staat, dem wie in Europa ein König vorstand. Edelleute, Funktionäre, Höflinge bildeten so etwas wie einen Königshof. Gesandte kamen und gingen. Vasallenstämme zahlten Tribut, treue Bürger Steuern. Es gab Archive mit Aufzeichnungen von Stammesgeschichten und Dynastien; es gab eine Armee mit hierarchischer Struktur und vollkommenen Waffen. Bildende Kunst, Handwerk, Musik und Tanz wurden gepflegt. Es gab Feste, die den Jahreszeiten zugeordnet waren, und Feiertage, die wie in Europa von der Staatsreligion bestimmt wurden. Und es gab einen heiligen Bezirk mit Tempeln und Residenzen, der wie der Vatikan in Rom von einer Mauer umgeben war, und wie im damaligen Europa hüteten die Priester nicht nur die Religion, sondern auch die Geheimnisse der Wissenschaften, unter denen Astrologie, Astronomie und die Wissenschaft der Zeitrechnung eine hervorragende Stellung einnahmen.

Einige spanische Chronisten waren bemüht, die verwirrenden positiven Eindrücke von diesen Eingeborenen, die eigentlich Wilde hätten sein müssen, zu unterschlagen, und betonten, Cortés habe Montezuma vorgeworfen, »Götzen anzubeten, die keine Götter seien, sondern böse Dämonen«. Deswegen habe er auf der Pyramide einen Schrein mit dem Kreuz und einem Abbild der Madonna errichtet (Bernal Díaz del Castillo, *Historia verdadera*). Aber zur Verwunderung der Spanier kannten die Azteken sogar das Symbol des Kreuzes, das für sie ein himmlisches Symbol war und als Emblem auf Quetzalcoatls Schild abgebildet wurde (Abb. 5).

Abb. 5

Überdies war im Pantheon der zahlreichen Götter der Glaube an einen obersten Gott, einen allmächtigen Schöpfer, verbreitet. Manche Gebete an ihn klangen vertraut, wie etwa der hier zitierte Vers eines aztekischen Gebets, das die Spanier aus der Nahuatl-Sprache übersetzt haben:

»Du bewohnst die Himmel,
du hältst die Berge aufrecht.
Du bist überall, ewig.
Dich bitten wir und flehen dich an.
Deine Macht ist über alles erhaben.«

Trotz der Ähnlichkeiten bestand zu der aztekischen Kultur ein merkwürdiger Unterschied. Es war nicht nur die »Götzenanbetung«, aus der die spanischen Priester einen *casus belli* machten, auch nicht die barbarische Sitte, bei lebendigem Leib das Herz herauszureißen und Huitzilopochtli zu opfern (eine Praxis, die Montezumas Vorgänger erst 1486 eingeführt haben soll); es war eher die gesamte Skala dieser Zivilisation, die das Ergebnis eines Fortschritts zu sein schien, der in seiner weiteren Entwicklung plötzlich aufgehalten worden war.
Die Gebäude waren eindrucksvoll und genial konstruiert, aber aus zusammengewürfelten Feldsteinen und Ton erbaut.

Der Handel war lebhaft, aber es gab nur Tauschgeschäfte. Tribute wurden in Sachwerten gezollt, die Steuer mit persönlichen Diensten abgegolten — Geld war unbekannt. Stoffe wurden mittels eines rudimentären Webstuhls angefertigt, Baumwolle mit Tonspindeln gesponnen; ähnliche Stoffe hat man in der Alten Welt gefunden, und zwar in den Ruinen von Troja (zweites Jahrtausend v. Chr.) und in Palästina (drittes Jahrtausend v. Chr.). Werkzeug und Waffen der Azteken waren vergleichbar denjenigen im Steinzeitalter, nicht aus Metall, obwohl das Goldschmiedehandwerk bekannt war. Als Schneidewerkzeug dienten Splitter des glasähnlichen Obsidians; vorherrschend war das Obsidianmesser, das zum Herausschneiden der Herzen benutzt wurde.
Im Gegensatz zu anderen Völkern in Amerika, die keine Schrift kannten, waren die Azteken in dieser Hinsicht fortschrittlicher. Doch die Schrift war weder alphabetisch noch phonetisch strukturiert, sondern es war eine Bilderschrift, ähnlich den Comics ohne Sprechblasen (Abb. 6 a). Wenn man es mit dem alten Nahen Osten vergleicht: Dort begann die Bilderschrift in Sumer etwa 3800 v. Chr., entwickelte sich rasch durch Stilisierung zur Keilschrift, dann zu einer phonetischen, bei der die Zeichen Silben bedeuteten, bis gegen Ende des zweiten Jahrtausends v. Chr. ein vollständiges Alphabet vorlag. In Ägypten entstand die Bilderschrift zu Beginn des Königtums ungefähr 3100 v. Chr. und wurde zu einem Hieroglyphensystem weiterentwickelt.
Die Studien der Fachleute (Amelia Hertz, *Revue de Synthèse Historique*, Bd. 35) ergaben, daß die Bilderschrift der Azteken im Jahr 1500 n. Chr. der frühesten ägyptischen Schrift, wie der auf der Steintafel des Königs Narmer (Abb. 6 b) ähnelte, den manche für den Begründer der ersten ägyptischen Dynastie halten — viereinhalbtausend Jahre früher. Amelia Hertz fand noch eine andere merkwürdige Ähnlichkeit zwischen dem aztekischen Mexiko und der frühen Dynastie in Ägypten: In beiden Weltteilen sollte sich die Kupfermetallurgie erst entwickeln, aber die Goldschmiedekunst war schon

so fortgeschritten, daß die Handwerker imstande waren, Türkise in Gold einzulegen (ein Edelstein, der in beiden Ländern geschätzt wurde).

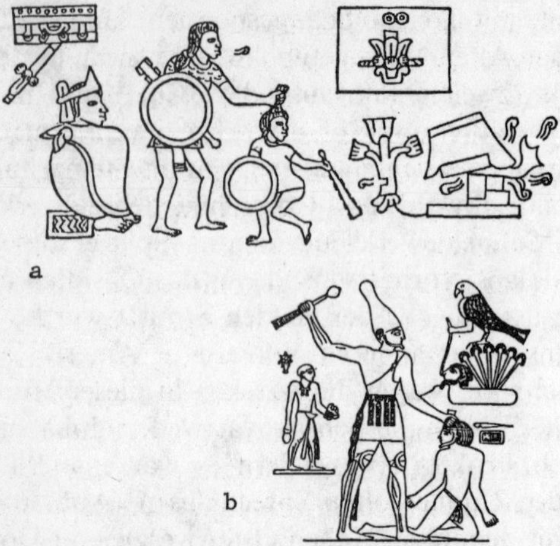

a

b

Abb. 6 a und b

Das Museum für Anthropologie in Mexiko City — gewiß eines der besten dieses Gebiets — beherbergt das archäologische Erbe des Landes in einem U-förmigen Gebäude. Es besteht aus mehreren, miteinander verbundenen Sälen, wo man durch Zeit und Raum geführt wird, vom vorgeschichtlichen Ursprung zu der Zeit der Azteken sowie von Süden und Norden nach Osten und Westen. Der Mittelteil ist den Azteken gewidmet, die sich selbst *mexica* nannten, und damit nicht nur der Hauptstadt (an derselben Stelle errichtet wie einst Tenochtitlán), sondern auch dem ganzen Land den Namen gaben.

Der Mexica-Saal, wie er heißt, gilt als der wichtigste: »Seine grandiosen Dimensionen bilden einen würdigen Rahmen für die Kultur des mexikanischen Volkes.« Zu den monumentalen Steinskulpturen gehören der ungeheure Kalenderstein (s.

Abb. 1), der fünfundzwanzig Tonnen wiegt, riesige Statuen verschiedener Götter und Göttinnen und eine dicke Steinscheibe. Kleinere Stein- und Tonfiguren, Tonutensilien, das Modell des geheiligten Bezirks, Waffen und Goldornamente füllen diesen eindrucksvollen Saal.

Der Gegensatz zwischen primitiven Ton- und Holzgegenständen und grotesken Plastiken einerseits und mächtigen Steinschnitzereien andererseits ist augenfällig. Er läßt sich nicht erklären, wenn man bedenkt, daß die Azteken sich nur knapp vier Jahrhunderte in Mexiko aufhielten.

Wie kann es zu zwei solch unterschiedlichen Entwicklungen in der Zivilisationsgeschichte gekommen sein? Sucht man die Antwort auf diese Frage in der uns bekannten Geschichte, so werden die Azteken als ungehobelter Nomadenstamm beschrieben, der sich seinen Weg in ein Tal erzwang, in dem es eine fortgeschrittenere Zivilisation gab. Zuerst dienten die Azteken ihren Nachbarn als Händler. Mit der Zeit gelang es ihnen, die anderen Stämme zu überwältigen und nicht nur ihre Kultur zu übernehmen, sondern sich auch ihre Kunsthandwerker willfährig zu machen. Die Azteken, die Huitzilopochtli anbeteten, machten sich das gesamte Pantheon ihrer Nachbarn untertan, darunter den Regengott Tlaloc, den wohlwollenden Quetzalcoatl sowie die Götter der Handwerkskunst, des Schreibens, der Mathematik, Astronomie und Zeitrechnung.

Aber die Sagen, die sogenannten Mythen der Völkerwanderung, setzen die Ereignisse in ein anderes Licht; vor allem beginnt nach ihrer Datierung die Geschichte in viel früherer Zeit. Sie entspringen nicht nur mündlicher Überlieferung, sondern gehen auch auf Handschriftensammlungen zurück, die Kodizes genannt werden. Zum Beispiel erzählt der Kodex Boturini, daß die ursprüngliche Heimat des Aztekenstammes *azt-lan* (Weißer Ort) war. Dort lebte das patriarchale Paar, *Itzac-mixcoatl* (Weiße Wolkenschlange) und seine Gattin *Ilan-cue* (Alte Frau). Sie bekamen Söhne, von denen die Nahuatl-sprechenden Stämme abstammten. Auch die Tolte-

ken waren Abkömmlinge Itzac-mixcoatls, aber von einer anderen Frau; sie waren also Halbbrüder der Azteken.
Wo Aztlan lag, kann niemand mit Gewißheit sagen. Von den zahlreichen diesbezüglichen Studien (zu denen die Theorie gehört, es sei das sagenhafte Atlantis gewesen) ist eine der besten die Abhandlung des Amerikanisten Eduard Seler (geb. 1849): *Wo lag Aztlan, die Heimat der Azteken?* Die Gegend schien irgendwie mit der Zahl sieben zusammenzuhängen, denn sie wurde mitunter Aztlan mit den sieben Höhlen genannt. In den Kodizes wird sie auch als ein Ort bezeichnet, der an seinen sieben Tempeln zu erkennen ist, einer zentralen großen Stufenpyramide, die sechs kleinere Schreine umgeben.
In seiner *Historia de las cosas de la Nueva España* befaßt sich Friar Bernadino de Sahagún mit der Auswanderung einiger Stämme aus Aztlan, wobei er sich auf Texte stützt, die in der Nahuatl-Sprache nach der spanischen Eroberung geschrieben worden sind. Demnach waren es im ganzen sieben Stämme, die Aztlan auf dem Wasserweg verließen. Die Bilderschrift zeigt sie bei einer Landmarke, deren Piktograph nicht zu entziffern ist. Sahagún erwähnt verschiedene Ortsnamen, darunter »Panotlan«, aber das bedeutet bloß »Ort der Ankunft zu Wasser«; aus verschiedenen Hinweisen schließen die Forscher, dies sei das heutige Guatemala.
Die Stämme wurden von vier Weisen angeführt, die rituelle Handschriften bei sich hatten und auch die Geheimnisse des Kalenders kannten. Nach der Ankunft zerstreuten sich die Stämme. Die Tolteken und Azteken gelangten zu einem Ort namens Teotihuacan, wo zwei Pyramiden erbaut wurden, eine für die Sonne, die andere für den Mond.
In Teotihuacan regierten Könige und wurden dort auch begraben, denn von dort aus konnte man sich im Leben nach dem Tode zu den Göttern gesellen. Nach wie langer Zeit die nächste Auswanderungswelle einsetzte, ist nicht klar; aber irgendwann einmal begannen die Stämme die heilige Stadt zu verlassen. Zuerst gingen die Tolteken, um sich eine eigene

Stadt zu erbauen, Tollan. Die Azteken gingen später. Sie wanderten von einem Ort zum andern, ohne Ruhe zu finden. Bei der letzten Wanderung war ihr Führer *Mexitli*, das heißt »der Gesalbte«, der den Stammesnamen *mexica* prägte — das gesalbte Volk.

Das Signal für die letzte Wanderung wurde den Mexica von ihrem Gott Huitzilopochtli gegeben, der ihnen ein Land versprach, »wo es Häuser aus Gold und Silber, bunte Baumwolle und Kakao in mehreren Schattierungen gibt«. Sie sollten in eine bestimmte Richtung gehen, bis sie einen Adler sahen; er werde auf einem Kaktus sitzen, der aus dem Meer hervorwuchs. Dort sollten sie sich ansiedeln und sich »Mexica« nennen, denn sie seien ein auserwähltes Volk, dazu bestimmt, über andere Stämme zu herrschen.

So kam es, daß die Azteken — der Sage nach zum zweiten Mal — ins Tal von Mexiko gelangten. Sie erreichten Tollan, den »Ort der Mitte«. Obwohl die Bewohner ihre Verwandten waren, hießen sie die Azteken nicht willkommen. Fast zwei Jahrhunderte lang lebten die Azteken am sumpfigen Ufer des Zentralsees. Als sie Kraft und Wissen erworben hatten, gründeten sie endlich ihre eigene Stadt, Tenochtitlán.

Der Name bedeutet »Tenochs Stadt«. Manche meinen, die Stadt habe ihn erhalten, weil der damalige Anführer so hieß, aber neuerdings weiß man, daß die Azteken sich damals als Abkömmlinge Tenochs betrachteten, einer sagenhaften, zeitlich weit zurückzudatierenden Vaterfigur.

Die Forscher sind sich darin einig, daß die Mexica ungefähr 1140 n. Chr. in dem Tal ankamen und 1325 Tenochtitlán gründeten. Durch Verbündung mit einigen Stämmen und Kriegführung mit anderen gewannen sie an Einfluß. Etliche Gelehrte bezweifeln, daß sie ein ganzes Reich beherrschten. Aber Tatsache ist, daß sie bei der Ankunft der Spanier in Mittelmexiko eine zentrale Macht darstellten, Herren über ihre Verbündeten und über besiegte Feinde. Die Feinde waren ihre Gefangenen, die für Opferungen dienten.

Wie die biblischen Hebräer, die ihre Herkunft nicht nur zu

patriarchalischen Paaren zurückverfolgten, sondern sogar bis zur Entstehung des Menschen, so kannten auch die Azteken, Tolteken und andere Nahuatl-Stämme Legenden von einer gleichartigen Schöpfung. Aber im Gegensatz zum Alten Testament, das aus den sumerischen Göttern eine Pluralgottheit (Elojim) gemacht hat, behielten die Nahuatl-Sagen das sumerische und ägyptische Konzept mehrerer Götter bei, die entweder einzeln oder gemeinsam handelten.

Vom südwestlichen Norden der Vereinigten Staaten bis zum heutigen Nicaragua im Süden glaubten die Stämme, es habe

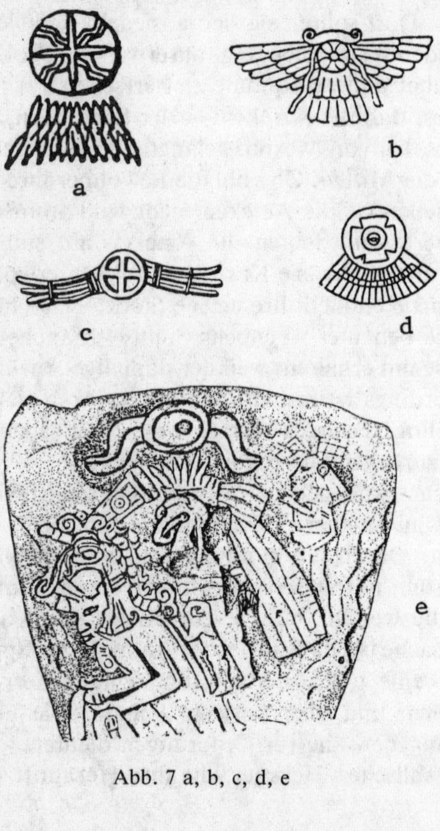

Abb. 7 a, b, c, d, e

zu Anfang nur einen Gott gegeben, den Schöpfer aller Dinge im Himmel und auf Erden, der im obersten Himmel, dem zwölften, wohnte. Sahagúns Quellen schrieben den Ursprung dieses Glaubens den Tolteken zu:

»Und die Tolteken wußten,
daß der Himmel viele sind.
Sie sagten, es gäbe zwölf übereinanderliegende Bereiche.
Dort wohnen der wahre Gott und seine Gattin.
Er ist der Himmelsgott, der Herr der Zweiheit;
seine Gemahlin ist die Herrin der Zweiheit, die Himmelsherrin.
Dies bedeutet:
Er ist König, ist Herr über die zwölf Himmel.«

Das klingt erstaunlich ähnlich wie der mesopotamische Himmelsglaube, nach dem der oberste Gott Anu (Herr des Himmels) mit seiner Gattin Antu (Herrin des Himmels) auf dem äußersten Planeten, dem zwölften Mitglied unseres Sonnensystems, wohnte. Die Sumerer stellten ihn als strahlenden Planeten dar, dessen Symbol das Kreuz war (Abb. 7 a). Dieses Symbol wurde später von allen Völkern der Alten Welt übernommen und entwickelte sich zum allgegenwärtigen Emblem der geflügelten Scheibe (Abb. 7 b und c). Quetzalcoatls Schild (Abb. 7 d) und die Abbildungen auf frühen mexikanischen Monumenten (Abb. 7 e) sind sich verblüffend ähnlich.
Die alten Götter, von denen die Nahuatl-Texte erzählen, wurden als bärtige Männer dargestellt (Abb. 8), wie es Quetzalcoatls Ahnen gebührt. Ähnlich der mesopotamischen und ägyptischen Theogonie handeln sie von göttlichen Paaren und Geschwisterehen. An oberster Stelle standen bei den Azteken die vier Brüder Tlatlauhqui, Tezcatlipoca-Yaotl, Quetzalcoatl und Huitzilopochtli, und zwar in der Reihenfolge ihrer Geburt. Sie stellten die vier Kardinalpunkte und die vier Hauptelemente Erde, Wind, Feuer, Wasser dar — ein Konzept von der »Wurzel aller Dinge«, das in der gesamten Alten Welt bekannt war. Diese vier Götter standen auch für die Farben Rot, Schwarz, Weiß und Blau sowie für die vier Ras-

sen der Menschheit, die oft (zum Beispiel auf der Titelseite des *Kodex Ferjervary-Mayer*) in den zugehörigen Farben mit ihren Symbolen, Bäumen und Tieren abgebildet wurden.
Die Kenntnis von den vier getrennten Zweigen der Menschheit ist interessant, vielleicht ebenso bedeutsam wie die mesopotamisch-biblische Unterscheidung zwischen Asiaten, Afrikanern und Europäern, die von Noahs Söhnen Sam, Ham und Japhet abstammen. Die vierte Rasse, nämlich die Rothäute, sind von den Nahuatl-Stämmen hinzugefügt worden — die Bevölkerung Amerikas.
Die Nahuatl-Sagen erzählen von Konflikten und sogar von Kriegen zwischen den Göttern. Darunter finden sich Huitzilopochtlis Sieg über vierhundert geringere Götter sowie ein Kampf zwischen Tezcatlipoca-Yaotl und Quetzalcoatl. Derartige Kriege um die Herrschaft auf der Erde oder um ihre Güter kommen in den Mythen aller alten Völker vor. Hetitische und indoeuropäische Erzählungen von den Zwisten zwischen Teschub oder Indra und seinen Brüdern gelangten über Kleinasien nach Griechenland. Die semiti-

Abb. 8

schen Kanaaniter und die Phönizier beschrieben Ba'als Krieg mit seinen Brüdern, in dem Ba'al Hunderte von »Söhnen der Götter« niedermetzelte, nachdem er sie zu einem Siegesbankett eingeladen hatte. Im Lande Hams, in Afrika, schildern ägyptische Texte, wie Osiris von seinem Bruder Seth entmannt wurde, wodurch der lange, erbitterte Kampf zwischen Seth und Horos, dem Sohn und Rächer des Osiris, entbrannte.

Waren die Götter der Mexikaner eigenständig oder Erinnerungen an den Glauben und die Mythen im Nahen Osten? Die Antwort auf diese Frage ergibt sich, wenn wir die zusätzlichen Aspekte der Nahuatl-Sagen von der Schöpfung und der Vorgeschichte überprüfen.

Der »Schöpfer aller Dinge« war ein Gott, der »Leben und Tod, Glück und Unglück gab«. Der Chronist Antonio de Herrera y Tordesillas schreibt, die Indianer »riefen ihn bei allen Anfechtungen an, wobei sie zum Himmel emporblickten, wo sie ihn wähnten«. Dieser Gott schuf zuerst den Himmel und die Erde; dann bildete er Mann und Frau aus Ton, aber sie hielten nicht stand. Nach manchen vergeblichen Versuchen wurde ein Menschenpaar aus Zunder und Metall erschaffen, das die Welt bevölkerte. Aber alle diese Männer und Frauen kamen durch eine Flut um, mit Ausnahme eines gewissen Priesters und seiner Frau, die mit Pflanzensamen und Tieren in einem ausgehöhlten Baumstamm schwammen. Der Priester entdeckte Land, indem er Vögel aussandte. Nach dem Chronist Friar Gregorio Garcia dauerte die Flut ein Jahr und einen Tag; während dieser Zeit war die Erde von Wasser bedeckt, und es herrschte Chaos.

Die vorgeschichtlichen Ereignisse, die die Menschheit und die Nahuatl-Stämme betrafen, wurden von den Sagen, den bildlichen Beschreibungen und den Steinschnitzereien — wie etwa dem Kalenderstein — in vier Zeitalter oder »Sonnen« eingeteilt. Die Zeit der Azteken war die jüngste, das Zeitalter der fünften Sonne. Alle vorausgegangenen »Sonnen« hatten durch eine Katastrophe ein Ende gefunden,

entweder durch eine Naturkatastrophe (wie die Sintflut) oder durch Kriege zwischen den Göttern.
Der große aztekische Kalenderstein (der im heiligen Bezirk gefunden wurde) beschreibt, so wird vermutet, die fünf Zeitalter. Die Symbole umgeben das Mittelstück, das Gegenstand zahlreicher Studien ist. Der erste innere Ring stellt deutlich die zwanzig Zeichen für die zwanzig Tage des aztekischen Monats dar. Die vier Rechtecke im nächsten Ring enthalten die Glyphen der Katastrophen, die jeweils einem Zeitalter ein Ende bereitet haben — Wasser, Wind, Erdbeben mit Stürmen und der Jaguar.
Die Sagen von den vier Zeitaltern gaben Auskunft über die Dauer und die hauptsächlichen Ereignisse. Es gibt zwar verschiedene Versionen, die eine lange mündliche Überlieferung vor der Schrift bezeugen, aber alle stimmen darin überein, daß das erste Zeitalter durch eine Sintflut sein Ende fand. Die Menschheit überlebte sie, weil ein Mann und eine Frau, Nene und Tata, sich in einem ausgehöhlten Baumstamm retten konnten.
Entweder war diese erste »Sonne« oder aber die zweite das Zeitalter der »weißhaarigen Riesen«. Die zweite Sonne wurde *tzoncuztique* (Goldenes Zeitalter) genannt; ihm machte die Windschlange ein Ende. Im dritten herrschte die Feuerschlange; das war das Zeitalter der rothaarigen Menschen. Laut dem Chronisten Ixtlilxochitl hatten sie die zweite »Sonne« überlebt und waren zu Schiff aus dem Osten in die Neue Welt gekommen. Sie siedelten sich an einem Ort an, den er Botonchan nennt, begegneten den Riesen, die das zweite Zeitalter ebenfalls überlebt hatten, und wurden von ihnen versklavt.
Die vierte »Sonne« war die Zeit der Schwarzköpfigen. In dieser Zeit erschien Quetzalcoatl in Mexiko — groß gewachsen, von heller Hautfarbe, bärtig, mit langer Tunika bekleidet. Sein schlangenförmiger Stab war schwarz, weiß und rot angestrichen, mit kostbaren Steinen besetzt und mit sechs Sternen geschmückt. (Vielleicht war es kein Zu-

fall, daß der Stab des Bischofs Juan de Zumárraga, des ersten Bischofs von Mexiko, sehr ähnlich aussah.) In diesem Zeitalter wurde die toltekische Hauptstadt Tollan erbaut. Quetzalcoatl, ein Meister der Weisheit und des Wissens, lehrte Handwerk, Gesetzgebung und die Zeitrechnung nach dem Zyklus der zweiundfünfzig Jahre.
Gegen Ende der vierten »Sonne« fanden die Kriege zwischen den Göttern statt. Quetzalcoatl ging nach Osten, woher er gekommen war. Der Götterkrieg zerstörte das Land; wilde Tiere griffen die Menschen an, und Tollan wurde aufgegeben. Fünf Jahre später kamen die Azteken, und die fünfte »Sonne«, das aztekische Zeitalter, begann.
Warum hießen die Zeitalter »Sonnen«, und wie lange dauerten sie? Der Grund für die Namensgebung ist unklar, und die Dauer der Zeitalter wird unterschiedlich angegeben. Die Version des *Kodex Vaticano-Latino 3738* ist allerdings einleuchtend, wie wir noch sehen werden. Danach dauerte die erste »Sonne« 4008 Jahre, die zweite 4010, die dritte 4081. Die vierte »Sonne« begann vor 5042 Jahren, doch wird nicht gesagt, wann sie endete. Wie dem auch sein mag, es gibt eine Darstellung, die besagt, daß die Zeit vor der Berichterstattung 17141 Jahre zurückreicht.
Das ist eine ganz schöne Zeitspanne für das Erinnerungsvermögen angeblich rückständiger Menschen, und die Wissenschaftler, die sich zwar einig sind, daß die vierte »Sonne« geschichtliche Tatsachen enthält, stufen aber die früheren »Sonnen« als reine Mythen ein. Wie erklärt man dann, daß diese »Mythen« den Geschichten von Adam und Eva, von der Sintflut, die ein einziges Paar überlebt haben soll, und von der babylonischen Kosmogonie so ähnlich sind? Manche Forscher meinen, die Nahuatl-Texte spiegelten nur das, was die Indianer bereits von den bibelkundigen Spaniern gehört hätten. Aber da nicht alle Kodizes nach der Eroberung entstanden sind, lassen sich die Ähnlichkeiten zu biblischen und mesopotamischen Geschichten nur damit er-

klären, daß die mexikanischen Stämme mesopotamische Urahnen gehabt haben.
Außerdem verzeichnet die mexikanische Nahuatl-Zeittafel die Begebenheiten mit einer erstaunlichen wissenschaftlichen und historischen Genauigkeit. Die Sintflut hat danach am Ende der ersten »Sonne« stattgefunden, 13133 Jahre vor der Aufzeichnung im Kodex, das heißt ungefähr 11000 v. Chr. Ich selbst habe in meinem Buch *Der zwölfte Planet* nachgewiesen, daß die Sintflut sich etwa im Jahr 11000 v. Chr. ereignet hat.
Sowohl die geschichtliche Darstellung als auch die Zeitangabe machen es deutlich, daß die aztekischen Schilderungen mehr als ein Mythos sind.
Ebenso interessant ist die Erklärung, daß die vierte »Sonne« das Zeitalter der »Schwarzköpfigen« war. (Die früheren Bewohner werden als weißhaarige Riesen und rothaarige Menschen beschrieben.) Genauso, nämlich Schwarzköpfige, heißen die Sumerer in den zeitgenössischen Texten. Besagt dies, daß die Sumerer im vierten Zeitalter auf dem Schauplatz der Menschen erschienen sind? Die sumerische Kultur begann ungefähr 3800 v. Chr., und jetzt wird wohl niemand mehr überrascht sein, wenn er erfährt, daß die Azteken, die den Beginn der vierten »Sonne« 5026 Jahre vor ihrer eigenen Zeitrechnung ansetzen, also das Jahr 3500 v. Chr. angeben.
Ist das nicht eine erstaunlich richtige Datierung für den Anfang des Zeitalters der Schwarzköpfigen? Die Erklärung, die Azteken hätten nur die Worte der Spanier nachgesprochen, hält in bezug auf die Sumerer bestimmt nicht stand: Das Abendland hat die Überreste und die Hinterlassenschaft der Sumerer erst vier Jahrhunderte nach der Eroberung ausgegraben.
All dies läßt nur einen Schluß zu: Die Nahuatl-Stämme müssen die Geschichten der biblischen Genesis von ihren eigenen Ahnen erfahren haben. Aber wie?

Diese Frage hat bereits die Spanier beschäftigt. Es verblüffte sie nicht nur, in der Neuen Welt eine Zivilisation zu finden, sondern sogar eine solche, die der europäischen sehr ähnlich war, vor allem aber die Tatsache, daß »das aztekische Garn biblische Fäden enthält«. Die Antwort schien einfach zu sein: Dies waren die Abkömmlinge der zehn verschwundenen Stämme Israels, die 722 v. Chr. von den Assyrern verstoßen worden und dann spurlos verschwunden waren. (Das Königreich Judäa blieb den beiden Stämmen Judah und Benjamin vorbehalten.)

Der erste, der darüber schrieb, war der Dominikanerpater Diego Duran, der 1542 im Alter von fünf Jahren nach Neuspanien kam. In seinem Buch *Historia de las Indias de Nueva España* zählt er die vielen Ähnlichkeiten auf und vertritt nachdrücklich die Überzeugung, daß die Bewohner dieser neuen Welt jüdischer und hebräischer Abstammung seien: »Diese Eingeborenen sind Nachkommen der zehn Stämme Israels, die der assyrische König Salmanassar I. gefangengenommen und nach Assyrien verschleppt hat.«

Er schildert seine Gespräche mit alten Indianern, von denen er Überlieferungen aus einer Zeit erfuhr, in der »Männer von monströser Gestalt erschienen waren und das Land in Besitz genommen hatten ... Diese Riesen, die den Weg zur Sonne nicht gefunden hatten, beschlossen, einen Turm zu bauen, so hoch, daß seine Spitze den Himmel erreichen würde«. Diese Episode, die der biblischen Geschichte vom Turmbau zu Babel entspricht, hat dieselbe Bedeutung wie die Darstellung von einer dem Exodus gleichenden Auswanderung.

Kein Wunder, daß angesichts derartiger Berichte die Theorie von den zehn verlorengegangenen Stämmen Israels im sechzehnten und siebzehnten Jahrhundert immer mehr Anhänger gewann, besonders an den europäischen Königshöfen. Von späteren Gelehrten wurde sie verlacht. Aber neuerdings nimmt man an, daß die ersten Menschen vor zwanzig- bis dreißigtausend Jahren von Asien aus über eine Eisverbindung nach Alaska gelangten, von wo sie sich allmählich südwärts ausbreiteten. Gegenstände, Sprachen sowie ethnologische und anthropologische Untersuchungen deuten Einflüsse von jenseits des Stillen Ozeans an — hinduistische, südostasiatische, chinesische und polynesische. Man erklärt sie sich mit der periodischen Ankunft solcher Völkerschaften in der Neuen Welt, ist jedoch sicher, daß sich dies vor dem christlichen Zeitalter vollzog, jedenfalls Jahrhunderte vor der Eroberung.

Manche Forscher spielen die Beweise für transatlantische Berührungen zwischen der Alten und der Neuen Welt immer noch herunter und erklären die der biblischen Genesis gleichenden Geschichten mit viel späteren transpazifischen Kontakten. Die Legenden von der Erschaffung des Menschen aus Lehm oder ähnlichem Material und von der Sintflut kämen in der Mythologie aller Völker vor, und sie könnten vom Nahen Osten (wo sie ihren Ursprung haben) über Asien und die Inseln im Stillen Ozean nach Amerika gelangt sein.

Aber die Nahuatl-Versionen enthalten Elemente, die auf eine viel frühere Quelle hinweisen, vor allem auf die Tatsache, daß die Nahuatl-Erzählung von der Erschaffung des Menschen auf einer sehr alten mesopotamischen Darstellung beruht, die nicht einmal Eingang in die biblische Schöpfungsgeschichte gefunden hat!

Die Bibel entstand aus zwei mesopotamischen Versionen, läßt jedoch eine dritte, wahrscheinlich die älteste, außer acht, in der der Mensch nicht aus Lehm erschaffen wird, sondern aus dem Blut eines Gottes. Diese Version, die in der Bibel nicht vorkommt, findet sich bezeichnenderweise im aztekischen Mythos. Der Text ist als *Manuskript von 1558* bekannt. Er erzählt, daß die Götter sich nach dem katastrophalen Ende der vierten »Sonne« in Teotihuacan versammelten.

> »Sobald die Götter versammelt waren, sagten sie:
> Wer soll die Erde bewohnen?
> Der Himmel ist schon errichtet worden,
> und die Erde ist errichtet worden;
> aber wer, o Götter, soll auf der Erde leben?«

Die Götter »waren betrübt«. Doch da hatte Quetzalcoatl, der Gott der Weisheit und des Wissens, eine Idee. Er begab sich nach Mictlan, dem Land der Toten, und sagte zu dem göttlichen Paar, das hier herrschte: »Ich bin wegen der kostbaren Knochen gekommen, die ihr hier aufbewahrt.« Er überwand alle Ausflüchte und Tricks, und es gelang ihm, die kostbaren Knochen zu ergattern:

»Quetzalcoatl sammelte die kostbaren Knochen.
Die Knochen eines Mannes wurden auf der einen Seite zusammengefügt,
die Knochen einer Frau wurden auf der anderen Seite zusammengefügt.
Quetzalcoatl hob sie auf und machte ein Bündel.«

Er trug die Knochen nach Tamoanchan (Ort unseres Ursprungs oder Ort, von dem wir herabgekommen sind), wo er sie der Göttin Cihuacoatl (Schlangenfrau), der Göttin der Magie, übergab.

»Sie mahlte die Knochen
und legte sie in eine irdene Schale.
Quetzalcoatl ließ sein männliches Organ darauf ausbluten.«

Während die anderen Götter zusahen, verrührte Cihuacoatl die gemahlenen Knochen mit dem Blut des Gottes, so daß eine lehmartige Mischung entstand. Die Menschheit war erschaffen!

In den sumerischen Geschichten erschaffen der Gott Ea, auch Enki genannt, ein Techniker und Metallurg, und Ninki (Die Leben gibt) den Menschen. Sie war die Göttin der Medizin, ihr Symbol die Schlange. Abbildungen auf Rollsiegeln zeigen die beiden in einer Art Laboratorium mit Flaschen und allem Zubehör (Abb. 9 a).

Es ist wirklich erstaunlich, daß alle diese Elemente in den Nahuatl-Geschichten vorkommen — ein Gott des Wissens, der gefiederte Schlange genannt wird, und eine Göttin mit magischen Kräften, die Schlangenfrau heißt, eine Tonschale, in der irdische Bestandteile mit der Essenz eines Got-

Abb. 9 a

tes (Blut) gemischt werden, so daß ein Mensch entsteht. Es gibt tatsächlich in einem Nahuatl-Kodex, der im Gebiet der Mixteken gefunden worden ist, eine Abbildung, die diese Szene zeigt. Darauf mischen ein Gott und eine Göttin in einer großen Flasche oder Vase etwas, woraus ein Mensch entsteht (Abb. 9 b).

Abb. 9 b

Die Übereinstimmung zwischen weiteren sumerischen Daten und Texten läßt kaum einen Zweifel daran, daß die ersten Menschen in sehr früher Zeit nach Amerika gekommen sind. Beim internationalen Kongreß der Amerikanisten zu Beginn unseres Jahrhunderts kam die Theorie zur Sprache, sie seien nicht von Asien über die Beringstraße im Norden, sondern über Australien/Neuseeland und über die Antarktis nach Südamerika gewandert. Diese Theorie ist kürzlich erneut aufgegriffen worden, da man in Nordchile, nahe der Grenze zu Peru, neuntausend Jahre alte Mumien gefunden hat.

Die Schwierigkeit bei beiden Theorien besteht in der Voraussetzung, daß Männer, Frauen und Kinder Tausende von Kilometern über vereiste Gebiete gezogen sein müssen. Man fragt sich, wie sie das vor zwanzig- bis dreißigtausend Jahren bewältigen konnten, und man fragt sich vor allem, *warum* sie es getan haben. Warum wanderten Männer, Frauen und Kinder kilometerweit über eine Eiswüste, wo sie anscheinend nichts anderes erwartete als noch mehr Eis — es sei denn, sie wären überzeugt gewesen, jenseits der Eiswüste läge das Gelobte Land?

Aber wie konnten sie das wissen, da vor ihnen noch niemand dort gewesen war, da sie ja erwiesenermaßen die ersten Menschen waren, die diese Überquerung des Eises unternahmen?

In der biblischen Geschichte vom Auszug aus Ägypten beschreibt Gott das Gelobte Land als »ein Land mit Weizen und Gerste, mit Weinstöcken, Feigenbäumen und Granatäpfeln ... ein Land der Olivenbäume und des Honigs ... ein Land, wo das Gestein Eisen birgt und wo du aus den Bergen Kupfer aushauen kannst«. Der aztekische Gott beschreibt das Gelobte Land als eines, wo »die Häuser aus Gold und Silber sind und wo es bunte Baumwolle und Kakao in vielen Schattierungen gibt«. Hätten die Auswanderer die mühselige Reise unternommen, wenn ihnen ihr Gott nicht beschrieben hätte, was sie zu erwarten hatten? Und wenn dieser Gott nicht bloß eine theologische Entität, sondern ein körperlich auf der Erde vorhandenes Wesen gewesen wäre, hätte er ihnen dann nicht dazu verhelfen können, die Strapazen zu überwinden?

Im Hinblick auf die Gründe und Umstände dieses beschwer-

lichen Unternehmens habe ich die Nahuatl-Geschichten von der Auswanderung und den vier Zeitaltern immer wieder gelesen. Da die erste »Sonne« mit der Sintflut endet, muß dieses Zeitalter die letzte Phase der letzten Eiszeit gewesen sein, denn die Sintflut wurde, wie ich in meinem Buch *Der zwölfte Planet* erklärt habe, dadurch verursacht, daß ein Teil des antarktischen Eises ins Meer rutschte, wodurch die letzte Eiszeit, etwa 11000 v. Chr., plötzlich ein Ende nahm. Heißt die Heimat der Nahuatl-Stämme deshalb Aztlan (Weißer Ort), weil es eine schneebedeckte Gegend war? Und war die erste »Sonne« deswegen die Zeit der »weißhaarigen Riesen«? Sprechen die aztekischen Erinnerungen, die 17141 Jahre bis zum Beginn der ersten »Sonne« zurückreichen, tatsächlich von einer Auswanderung nach Amerika ungefähr im Jahr 15000 v. Chr., als das Eis eine Landbrücke zwischen der Alten und der Neuen Welt bildete? Oder könnte die Überquerung über den Stillen Ozean erfolgt sein?
Die Nahuatl-Sagen von einer Seereise und der Ankunft an der Küste des Stillen Ozeans beschränken sich nicht auf die Mexikaner. Die Andenvölker weiter südlich kennen ähnliche Sagen. Die sogenannte Naymlap-Sage kann sich darauf beziehen, daß sich Menschen von irgendwoher an dieser Küste niedergelassen haben. Sie erzählt von der Ankunft einer großen Flotte von Balsabooten (von der Art des Floßbootes, das Thor Heyerdahl benutzt hat, um zu beweisen, daß die polynesische Kultur ihre Wurzel in Peru hatte). Im vordersten Boot befand sich ein grüner Stein, durch den der Gott des Volkes sprach und dem Anführer Naymlap den Weg zum ausgewählten Strand wies. Dieser Gott lehrte, durch den grünen Stein sprechend, die Siedler Landwirtschaft, Häuserbau und Handwerk.
In manchen Versionen wird Kap Santa Helena in Ecuador als Landungsort angegeben; dort ragt Südamerika in den Stillen Ozean hinein. Mehrere Chronisten, unter ihnen Juan de Velasco, erwähnen die Überlieferung der Eingeborenen, die ersten Siedler in diesen Gebieten seien Riesen gewesen.

Sie beteten zwölf Götter an, an deren Spitze Sonne und Mond standen. An der Stelle, wo heute die Hauptstadt Quito liegt, errichteten sie laut Velasco zwei einander gegenüberstehende Tempel. Der Tempel, der der Sonne geweiht war, hatte vor dem Tor zwei Steinsäulen, und im Hof bildeten zwölf Steinsäulen einen Kreis.

Es kam die Zeit, wo der Anführer Naymlap nach erfüllter Mission gehen mußte. Im Gegensatz zu seinen Nachfolgern starb er nicht, sondern bekam Flügel, flog fort und ward nie mehr gesehen — himmelwärts entführt von dem Gott des sprechenden Steines.

Mit ihrem Glauben, göttliche Anweisungen könnten durch einen sprechenden Stein erteilt werden, waren die Indianer nicht allein: Alle Völker in der Alten Welt glaubten an Orakelsteine. Die Bundeslade, die die Israeliten bei ihrem Auszug aus Ägypten mit sich trugen, war gekrönt vom *dvir* (Sprecher), durch den Moses die Anweisungen des Herrn vernehmen konnte. Auch Naymlaps Himmelfahrt hat eine biblische Parallele. Im fünften Kapitel der Genesis steht, daß Henoch, Adams Nachkomme in siebenter Generation durch Seth, im Alter von 365 Jahren plötzlich nicht mehr da war, denn Jahwe hatte ihn himmelwärts geführt.

Angesichts der Überquerung des Stillen Ozeans vor fünfzehn- oder zwanzigtausend Jahren stehen die Altertumsforscher vor einem Problem. Ihrer Meinung nach sei der Mensch damals noch zu primitiv gewesen, um seetüchtige Schiffe für Fahrten auf hoher See zu besitzen. Erst zur Zeit der sumerischen Zivilisation, zu Beginn des vierten Jahrtausends v. Chr., habe er über Land- und Wasserfahrzeuge für weite Reisen verfügt.

Das aber war nach der Sintflut. Laut den Texten der Sumerer gab es bereits *vor* der Sintflut auf der Erde eine hohe Kultur, eine Zivilisation, die von denjenigen stammte, die vom zwölften Planeten gekommen waren und sich in einer langen Reihe langlebiger »Halbgötter« fortpflanzten, den Abkömmlingen aus Verbindungen zwischen den Außerirdischen (in der Bibel *Nefilim*) und den »Töchtern der Menschen«. Ägyptische Historiker wie zum Beispiel der Priester Manetho sagen dasselbe. Natürlich enthält auch die Bibel Beschreibungen sowohl von ländlichem Leben (Landwirtschaft, Schafzucht) als auch von städtischer Zivilisation und Industrie (Metallurgie) vor der Sintflut. Doch all dies wurde, wie die Quellen besagen, durch die Sintflut vom Antlitz der Erde getilgt und mußte sich wieder neu entwickeln.

Das Buch der Genesis beginnt mit Schöpfungsgeschichten, die verkürzte Versionen der detaillierteren sumerischen Texte sind. Darin ist übereinstimmend von »dem Adam« (wörtlich übersetzt: Erdling) die Rede. Die Bibel aber geht dann nach dem Brudermord unvermittelt zur Genealogie des ersten Menschen über: »Dies ist das Verzeichnis der Nachkommen Adams.« Er hatte zuerst zwei Söhne, Kain und Abel. Nachdem Kain seinen Bruder umgebracht hatte, wurde er von Jahwe verbannt. »Und Adam erkannte abermals sein Weib, und sie gebar einen Sohn, den sie Seth nannte.« Von dieser Linie ausgehend, verfolgt die Bibel eine Genealogie von Patriarchen bis zu Noah, dem Helden der Geschichte von der Sintflut. Danach stehen die Asiaten, Afrikaner und Europäer im Mittelpunkt der Erzählung.

Was aber geschah mit Kain und seinem Geschlecht? Für ihn hat die Bibel nur einige wenige Verse übrig. Jahwe bestrafte ihn, indem er ihn zu einem Nomaden machte.

> »Und Kain ging fort vom Angesicht Jahwes
> und ließ sich im Lande Nod, östlich von Eden, nieder.
> Und Kain erkannte sein Weib, die ward schwanger
> und gebar Enoch.
> Und er baute eine Stadt
> und nannte sie nach seinem Sohn Enoch.«

Mehrere Generationen später wurde Lamech geboren. Er hatte zwei Frauen. Die eine gebar Jabal; er war der Stammvater der Zeltbewohner und Herdenbesitzer. Die andere gebar zwei Söhne. Der eine, Jubal, war der Stammvater aller

Saiten- und Flötenspieler. Der andere Sohn, Tubal-Kain, stellte Gegenstände aus Gold, Kupfer und Eisen her.
Die knappe biblische Auskunft wurde vom Buch der Jubiläen, einem Pseudoepigraph des Alten Testaments, etwas erweitert. Es soll im zweiten Jahrhundert v. Chr. nach früheren Quellen entstanden sein. Die Erzählung ist in das Buch der Jubiläen eingegliedert. Darin steht: »Kain nahm seine Schwester Awan zur Frau, und sie gebar ihm am Ende der vierten Jubelperiode Enoch. Und im ersten Jahr der ersten Woche des fünften Jubiläums wurden auf der Erde Häuser gebaut, und Kain baute eine Stadt, die er wie seinen Sohn Enoch nannte.«
Bibelforscher haben lange darüber nachgedacht, weshalb beide Abkömmlinge Adams, der eine durch Seth, der andere durch Kain, ihrem Sohn den Namen Enoch gaben, der Gründung bedeutet, und auch über andere Namensgleichheiten. Was immer der Grund gewesen sein mag, es ist klar, daß beide Enochs — die vielleicht ein und dieselbe historische Persönlichkeit waren — Außerordentliches vollbracht haben. In dem Buch der Jubiläen steht nämlich, daß Enoch »der erste der auf der Erde geborenen Menschen war, der schreiben konnte, Wissen und Weisheit erwarb und die Himmelszeichen gemäß ihren Monaten in ein Buch eintrug«. Diesem Patriarch wurden Mathematik, das Wissen von den Planeten und von dem Kalender während seiner Himmelsreise beigebracht, und es wurde ihm die Lage der »sieben Metallberge im Westen der Erde gezeigt«, wie es im Buch Enoch heißt.
Die vorbiblischen sumerischen Königslisten erzählen außerdem die Geschichte eines Herrschers vor der Sintflut, dem von den Göttern großes Wissen vermittelt wurde. Sein Beiname lautete Enmeduranki (Herr des Wissens von den Gründungen des Himmels und der Erde) — sehr wahrscheinlich ein Prototyp des biblischen Enoch.
Die Nahuatl-Beschreibungen von der Auswanderung, der Ankunft am Ziel, von der Niederlassung, die der Bau einer

Stadt bezeugt, von einem Patriarchen mit zwei Frauen und zwei Söhnen, deren Nachkommen Stämme bildeten, von denen einer wegen seiner metallurgischen Kenntnisse bekannt wurde, lesen sich fast wie die biblischen Geschichten. Sogar die Tatsache, daß die Zahl sieben eine Rolle spielte, spiegelt sich in den biblischen Geschichten; denn Kains siebenter Abkömmling Lamech sagt zu seinen Frauen: »Kain soll siebenfach gerächt werden, Lamech aber siebenundsiebzigfach.«

Finden wir also in den Überlieferungen von den sieben Nahuatl-Stämmen ein Echo — alte Erinnerungen — des verbannten Geschlechts von Kain und seinem Sohn Enoch?

Die Azteken nannten ihre Hauptstadt *tenochtitlán* (Tenochs Stadt) nach ihrem Vorfahren. In der Sprache der Azteken wurde vielen Wörtern der Konsonant T vorangestellt; demnach könnte Enoch gemeint sein.

Ein babylonischer Text, der nach Meinung der Forscher auf einem frühen sumerischen Text aus dem dritten Jahrtausend v. Chr. beruht, erzählt von einem mit Mord endenden Streit zwischen zwei Brüdern, von denen der eine Ackerbauer und der andere Schäfer war, genau wie die biblischen Brüder Kain und Abel. Der verbannte Mörder, der *Ka'in* hieß, wanderte in das Land Dunnu aus, wo »er eine Stadt mit zwei gleichartigen Türmen baute«.

Zwei gleichartige Türme auf den Tempelpyramiden waren ein Markenzeichen der aztekischen Architektur. Erinnerte man sich vielleicht an Ka'ins Stadt mit zwei gleichartigen Türmen? Und erhielt Tenochtitlán, »Enochs Stadt«, ihren Namen und wurde sie gebaut, weil Kain Jahrtausende früher eine Stadt gebaut und sie nach seinem Sohn Enoch benannt hatte?

Haben wir in Mesoamerika* Kains untergegangenes Reich gefunden, die Stadt, die nach Enoch benannt wurde? Diese

* Mesoamerika ist die Bezeichnung für das Gebiet präkolumbischer Hochkulturen in Mexiko und Zentralamerika. (A. d. Ü.).

Möglichkeit bietet eine einleuchtende Lösung des Rätsels vom Erscheinen des Menschen in diesem Gebiet.
Sie würde noch zwei Rätsel lösen: Das Kainsmal und die Bartlosigkeit der Indianer.
Nachdem Jahwe Kain aus den bewohnten Ländern ausgewiesen und ihn zum Nomadendasein verurteilt hatte, befürchtete Kain, daß er von Rachesuchenden umgebracht werden könnte. Um kundzutun, daß er unter dem Schutz des Herrn wanderte, brachte Jahwe an Kains Stirn ein Zeichen an, »daß niemand ihn erschlüge, wer ihn fände«. Die Bibelforscher halten dieses Zeichen für eine Tätowierung. Nach der weiteren biblischen Geschichte scheint es jedoch, daß sich Rachegedanken und Schutz bis in die siebte Generation und darüber hinaus fortsetzten. Eine Tätowierung auf der Stirn kann sich nicht vererben. Aber ein genetisches Merkmal, das sich vererbt, entspricht der biblischen Geschichte.
Da die Indianer ein besonderes genetisches Merkmal aufweisen — die Bartlosigkeit —, frage ich mich, ob diese genetische Verschiedenheit wohl »das Zeichen Kains« und seiner Nachkommen ist. Wenn meine Vermutung zutrifft, dann ist Mesoamerika der Brennpunkt, von dem aus sich die Indianer in der Neuen Welt nach Norden und Süden ausgebreitet haben, wirklich Kains untergegangenes Reich.

3
Das Reich der Schlangengötter

Als Tenochtitlán seine Größe erreicht hatte, war die toltekische Hauptstadt Tula bereits das legendäre Tollan geworden. Und als die Tolteken ihre Hauptstadt gebaut hatten, war Teotihuacan bereits von einem Mythos umgeben. Ihr Name bedeutet »Ort der Götter«, und nach den überlieferten Geschichten ist sie genau das gewesen.

Es wird erzählt, es habe eine Zeit gegeben, da wurde die Erde von Katastrophen heimgesucht, und die Erde fiel in Dunkelheit, denn die Sonne erschien nicht. Nur in Teotihuacan war es hell, weil hier eine göttliche Flamme brannte. Die besorgten Götter versammelten sich in Teotihuacan und überlegten, was zu tun wäre. »Wer soll über die Welt herrschen«, fragten sie einander, »wenn die Sonne nicht wiederkommt?« Ein Freiwilliger sollte sich melden, der in die göttliche Flamme sprang und durch dieses Opfer die Sonne zurückbrachte. Der Gott Tecuciztecatl erklärte sich dazu bereit. Er legte sein glänzendes Gewand an und ging auf die Flamme zu, aber jedes Mal, sobald er sich dem Feuer genähert hatte, verlor er den Mut und trat zurück. Da meldete sich der Gott Nanauatzin freiwillig und sprang, ohne zu zögern, in das Feuer. Beschämt folgte Tecuciztecatl seinem Beispiel. Als die beiden Götter verbrannt waren, erschienen Sonne und Mond wieder am Himmel.

Die Himmelskörper blieben jedoch bewegungslos. Laut der einen Version begann die Sonne sich zu bewegen, nachdem ein Gott einen Pfeil auf sie abgeschossen hatte; nach einer anderen nahm sie ihren Lauf wieder auf, nachdem der Windgott sie angeblasen hatte. Nun bewegte sich auch der Mond, und so war der Zyklus von Tag und Nacht wiederhergestellt, und die Erde war gerettet.

Diese Geschichte ist eng verknüpft mit Teotihuacans berühmtesten Bauten, der Sonnenpyramide und der Mondpyramide. Einerseits heißt es, die Götter hätten die Pyramiden zum Gedenken an die beiden erbaut, die sich geopfert hatten; andererseits wird erzählt, die Pyramiden seien bereits vorhanden gewesen, als das Ereignis stattfand, und die Götter seien von oben in das Feuer gesprungen.

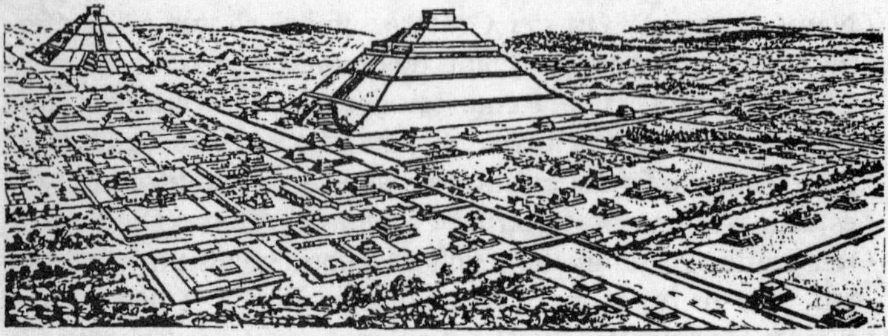

Abb. 10

Wie dem auch sei, Tatsache ist, daß die Sonnenpyramide und die Mondpyramide sich bis zum heutigen Tage majestätisch erheben. Noch vor einigen Jahrzehnten waren sie von Vegetation überwuchert, aber jetzt sind sie eine Sehenswürdigkeit für Touristen in dem Indianerdorf, das fünfundvierzig Kilometer nördlich von Mexico City liegt. Sie stehen in dem Hochtal, wo die umgebenden Berge einen Rundhorizont für eine ewige Bühne bilden (Abb. 10). Sie zwingen den Besucher, mit den Augen ihrem Kantenverlauf nach oben zu folgen, zu den Bergen dahinter und dem Himmel darüber. Sie sprechen von Kraft, Wissen, Absicht, von der bewußten Verbindung zwischen Erde und Himmel. Niemand kann sich bei ihrem Anblick dem Gefühl entziehen, daß hier eine Ehrfurcht gebietende Vergangenheit spürbar wird.

Wie weit reicht die Vergangenheit zurück? Die Archäologen nahmen zuerst an, Teotihuacan sei in den ersten Jahrhunderten der christlichen Zeitrechnung gegründet worden, aber die Datierung rückt immer weiter zurück. Aus den Untersuchungen am Ort ergibt sich, daß das Zeremonialzentrum der Stadt schon 200 Jahre v. Chr. eine Fläche von zweihundertsechzig Hektar eingenommen hat. M. Covarrubias, ein führender Archäologe, stellte zu seinem Erstaunen fest, daß die Radiocarbonmethode das Datum 900 v. Chr. ergab (*Indian Art of Mexico and Central America*). Aber weitere radiocarbonische Untersuchungen ergaben das ungefähre Datum 1470 v. Chr. Heute gilt allgemein das Jahr 1400 v. Chr.; denn damals errichteten die Olmeken, die wahrscheinlich die Monumentalbauten in Teotihuacan geschaffen haben, überall in Mexiko »Zeremonialzentren«.
Teotihuacan hat offensichtlich mehrere Entwicklungsphasen durchlaufen; die Pyramiden zeugen von frühen inneren Strukturen. Die dortigen Ruinen besagen, daß mit dem Bau der Anlage vor sechstausend Jahren begonnen wurde, im vierten Jahrtausend v. Chr. Das bestätigen die aztekischen Sagen, nach denen dieser Ort der Götter in der vierten »Sonne« bereits vorhanden war. Etwa im Jahr 1400 v. Chr. wurden dann nach dem Tag der Dunkelheit die monumentalen Pyramiden errichtet.
Die Mondpyramide steht am nördlichen Ende der Kultstätte auf einem großen Platz und wird von kleineren Opferpyramiden flankiert. Von hier führt eine breite Straße südwärts, soweit das Auge sehen kann, vorbei an kleinen Schreinen, Tempeln und anderen Bauten, die man für Grabmäler hält, weswegen sie die Straße der Toten genannt wird. Etwa siebenhundert Meter weiter südlich erhebt sich an der Ostseite der Straße die Sonnenpyramide jenseits einer Plaza mit zahlreichen Schreinen und anderen Bauten (Abb. 11).
Danach gelangt man zur *ciudadela*, einem viereckigen Hof, auf dessen östlicher Seite die sogenannte Quetzalcoatl-Pyramide steht. Man weiß heute, daß sich ihr gegen-

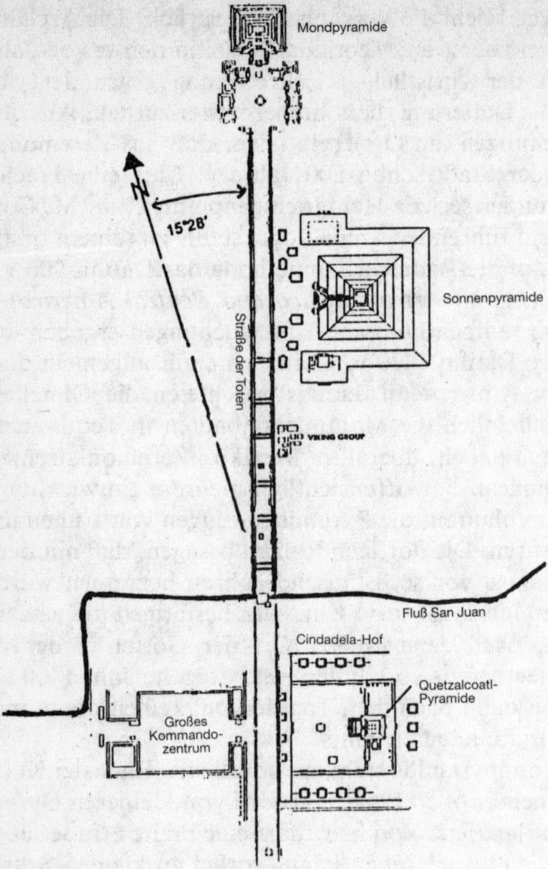

Abb. 11

über ein gleicher Hof befand, der hauptsächlich als administratives und kommerzielles Zentrum diente. Die Straße setzt sich dann weiter fort; sie erstreckt sich in nordsüdlicher Richtung fast acht Kilometer lang und ist damit länger als die längsten Pisten moderner Flughäfen. Trotzdem verläuft sie schnurgerade — eine unglaubliche Leistung für die

damalige Zeit. (Der Stadtplan von Teotihuacan wurde in den sechziger Jahren von René Millon und seinen Mitarbeitern ausgearbeitet.)
Die Ost-West-Achse verlief — rechtwinklig zur Straße der Toten — ostwärts von der Ciudadela und westwärts vom administrativen Zentrum aus. Die Kartographen fanden südlich der Sonnenpyramide eine in Fels eingeritzte Markierung in Form eines Kreuzes innerhalb von zwei Kreisen und eine gleiche etwa drei Kilometer entfernt im Westen an einem Berghang. Die Blickrichtung zwischen den beiden Markierungen entspricht genau der Ost-West-Achse, und die Querbalken der Kreuze stimmen mit der Nord-Süd-Achse überein. Daraus wird geschlossen, daß die Stadtplaner diese Markierungen benutzt haben; aber man weiß nicht, was für technische Hilfsmittel den Ureinwohnern zur Vermessung solcher Entfernungen zur Verfügung gestanden haben.
Daß die Kultstätte bewußt angelegt worden ist, beweisen noch andere Tatsachen. Erstens ist der Fluß San Juan, der das Tal durchfließt, bei dem Zusammentreffen mit dem Kommandozentrum in Kanäle umgeleitet worden, so daß er zwei rechte Winkel bildet. Zweitens weisen die beiden Achsen nicht auf die Kardinalpunkte, sondern bilden in südöstlicher Richtung einen Winkel von fünfzehneinhalb Grad. Studien haben ergeben, daß dies kein Versehen und keine falsche Berechnung der Stadtplaner war. A. F. Aveni (*Astronomy in Ancient Mesoamerica*) nennt es eine »heilige Orientierung« und weist darauf hin, daß spätere Kultstätten (in Tula und noch weiter entfernte) an dieser Orientierung festhielten, obwohl es hinsichtlich ihrer Lage und der Zeit der Erbauung keinen Sinn ergibt. Avenis Forschungen ergaben, daß diese Orientierung zur Zeit der Erbauung Teotihuacans es möglich machte, an bestimmten Tagen des Kalenders den Himmel zu beobachten.
Zelia Nuttal erklärte in einem Vortrag auf dem 22. internationalen Kongreß der Amerikanisten (Rom, 1926), die Orientierung sei abgestimmt auf den Durchgang der Sonne

am Zenit der Beobachter, der zweimal im Jahr erfolgt, wenn die Sonne sich von Norden nach Süden und wieder zurück zu bewegen scheint. Wenn die Pyramiden derartigen Himmelsbeobachtungen dienten, ergibt ihre Anlage — die Stufen, die hinaufführen — einen Sinn. Doch da die Vermutung besteht, daß wir heute nur die letzte Außenschicht sehen, könnte es sein, daß diese Stufenpyramiden ursprünglich einem ganz anderen Zweck gedient haben. Die Möglichkeit, ja die Wahrscheinlichkeit, daß die Stufen später angebaut worden sind, belegt die Tatsache, daß die erste Stufe der großen Treppe der Sonnenpyramide schief ist und nicht mit der Struktur des Baus übereinstimmt (Abb. 12).

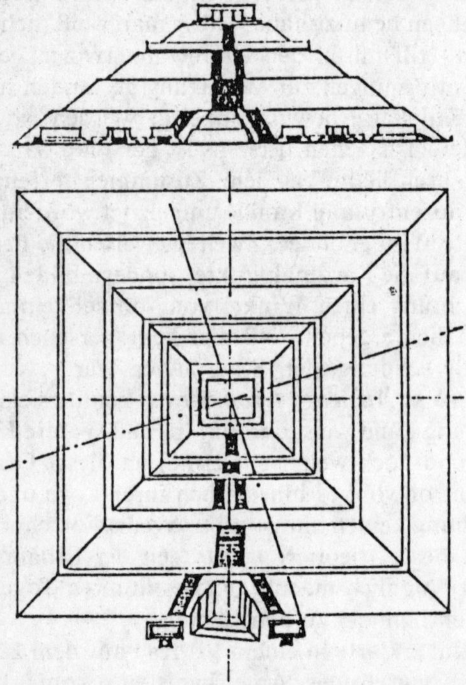

Abb. 12

Die kleinste der drei Pyramiden in Teotihuacan ist die Quetzalcoatl-Pyramide in der »Zitadelle«. Eine ältere Schicht wurde von den Archäologen teilweise abgetragen, und es wurde die ursprüngliche Stufenpyramide freigelegt. Die sichtbare Fassade weist herausgemeißelte Skulpturen auf, bei denen Quetzalcoatls Schlangensymbol vor einem Hintergrund aus Wasserwellen mit Tlalocs stilisiertem Gesicht abwechseln (Abb. 13). Diese Pyramide wird der Zeit der Tolteken zugeschrieben und gleicht vielen anderen mexikanischen Pyramiden.

Abb. 13

Im Gegensatz dazu sind die beiden größeren Pyramiden nicht dekoriert. Größe und Form sind verschieden, und sie ragen in ihrer Mächtigkeit heraus. In jeder Hinsicht gleichen sie den beiden großen Pyramiden von Giseh, die sich ebenfalls von allen späteren ägyptischen Pyramiden unterscheiden. Die Pyramiden von Giseh wurden von den »Göttern« erbaut, die übrigen von den Pharaonen. Vielleicht hat

sich ähnliches auch in Teotihuacan ereignet; in diesem Fall würden die archäologischen Erkenntnisse die Mythen von der Entstehung der Sonnen- und der Mondpyramide bestätigen.
Die beiden großen Pyramiden in Teotihuacan wurden zwar (wie die Zikkurate in Mesopotamien) mit Treppen und oben mit einer Plattform versehen, um als Observatorium zu dienen, aber zweifellos kannte der Erbauer die Pyramiden von Giseh und ahmte sie, abgesehen von der äußeren Form, nach. Eine Ähnlichkeit ist augenfällig: Obwohl die Zweite Pyramide in Giseh weniger hoch ist als die Große Pyramide, haben beide dieselbe Höhe über dem Meeresspiegel, da die Zweite Pyramide auf erhöhtem Boden steht. Das ist auch in Teotihuacan der Fall: Die Mondpyramide steht auf zehn Meter höherem Grund als die Sonnenpyramide, so daß sich beide gleich hoch über dem Meeresspiegel befinden.
Bei den großen Pyramiden ist die Ähnlichkeit besonders augenfällig. Beide stehen auf einer künstlichen Plattform. Die Seitenmaße sind fast gleich: 226 Meter in Giseh, 227 Meter in Teotihuacan; die zweitgenannte würde gut in die erste hineinpassen (Abb. 14).

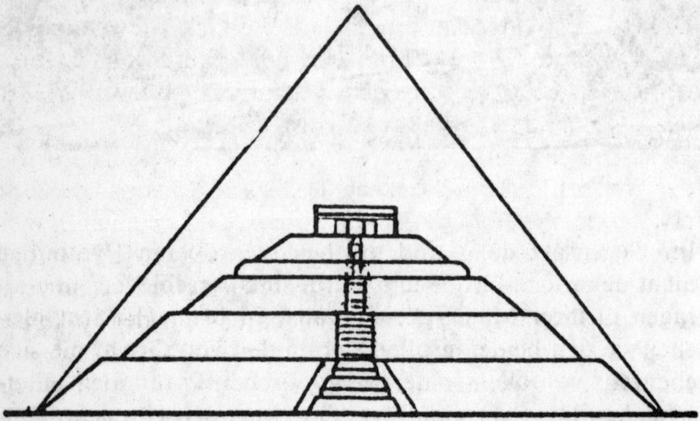

Abb. 14

Derartige Ähnlichkeiten und Entsprechungen verraten eine verborgene Verbindung zwischen den beiden Pyramidenorten, aber man darf die beträchtlichen Unterschiede nicht außer acht lassen. Die Große Pyramide von Giseh besteht aus mächtigen Steinblöcken, die ohne Mörtel zusammenhalten, und hat ein Gewicht von sieben Millionen Tonnen mit einer Masse von fast neun Millionen Kubikmetern. Die Sonnenpyramide hingegen besteht aus Lehmziegeln, Luftziegeln, Steinchen und Kies, zusammengehalten durch einen Überzug aus groben Steinen und Stuck, und ihre Masse beträgt lediglich drei Millionen Kubikmeter. Im Innern der Giseh-Pyramide befinden sich Korridore, Galerien und Kammern von komplizierter und exakter Konstruktion; die Teotihuacan-Pyramide scheint keine derartigen inneren Strukturen zu haben. Die Pyramide hatte ursprünglich eine senkrechte Höhe von 146,5 Meter; die Sonnenpyramide erreichte samt dem vormaligen höchsten Tempel nur ungefähr 84 Meter. Die Große Pyramide hat vier dreieckige Seiten, die in dem schwierigen Winkel von 52 Grad aneinandergefügt sind; die beiden Pyramiden in Teotihuacan sind in Stufen erbaut, die aufeinanderliegen und der Stabilität halber an den Seiten abgeschrägt sind und mit einem Winkel von 43,5 Grad aufsteigen.

Diese bedeutenden Unterschiede weisen auf die verschiedenen Zeiten und Zwecke hin. Aber ein weiterer Unterschied, der allen bisherigen Forschern verborgen geblieben ist, bildet den Schlüssel zur Lösung einiger Rätsel.

Der ziemlich steile Winkel von 52 Grad findet sich nur bei den Pyramiden von Giseh, die weder von Cheops noch von einem anderen Pharao gebaut worden sind (wie ich in meinen früheren Büchern der *Erdchronik* nachgewiesen habe), sondern von den Göttern des alten Nahen Ostens, und zwar als Orientierungspunkte ihres Flughafens auf der Halbinsel Sinai. Alle anderen ägyptischen Pyramiden — kleinere, verfallene oder zusammengebrochene — sind in der Tat von Pharaonen errichtet worden, allerdings erst Jahrtausende später; sie sind Nachahmungen der göttlichen »Stufen zum

Himmel«. Doch keine von ihnen weist den vollkommenen Winkel von 52 Grad auf; jeder Versuch, ihn nachzubauen, endete mit einem Fehlschlag.
Daraus wurden die Konsequenzen gezogen, als Pharao Sneferu etwa 2650 v. Chr. nach Ruhm und Glanz trachtete. In seiner brillanten Analyse dieser Vorgänge, *Das Rätsel der Pyramiden*, erklärt K. Mendelssohn, daß Sneferus' Architekten die zweite Pyramide des Pharaos in Dahschur erbauten, nachdem die erste in Maidum, bei der der Winkel von 52 Grad verwendet wurde, zusammengebrochen war. Daraufhin änderten sie den Winkel der Pyramide in Dahschur schleunigst in den stabileren Winkel von 43,5 Grad ab. Nach dieser neuen Konstruktion erhielt sie ihre Bezeichnung: die Geknickte Pyramide (Abb. 15 a). Immer noch entschlossen, eine besondere Pyramide zu hinterlassen, errichtete Sneferu in der Nähe eine dritte, die wegen der Farbe ihres Gesteins Rote Pyramide genannt wird und den Winkel von 43,5 Grad aufweist (Abb. 15 b).
Dabei griffen Sneferus Architekten auf eine Bauweise zurück, die Pharao Zoser bereits ein Jahrhundert früher (etwa 2700 v. Chr.) angewendet hatte. Seine Pyramide in Sakkara, die früheste pharaonische, die immer noch steht, ist eine Stufenpyramide mit sechs Stufen, in dem stabilen Winkel von 43,5 Grad (Abb. 15 c).

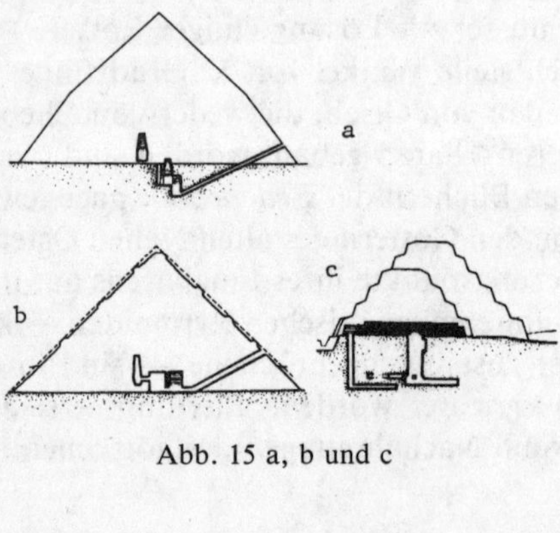

Abb. 15 a, b und c

Ist es nur Zufall, daß die Sonnenpyramide und die Große Pyramide von Giseh dasselbe Basismaß haben? Vielleicht. Ist es Zufall, daß der von Pharao Zoser angewendete genaue Winkel von 43,5 Grad in Teotihuacan benutzt wurde? Ich bezweifle es. Ein einfacher Baumeister hätte doch sicher einen Winkel von 45 Grad gewählt, nämlich einen geteilten rechten Winkel. Der Neigungswinkel von 43,5 Grad in Ägypten beruhte auf der Einbeziehung der Zahl *Pi* (π = 3,14), die das Verhältnis von Kreisumfang und Kreisdurchmesser angibt.

Der Winkel von 52 Grad bei den Pyramiden von Giseh erfordert die Kenntnis dieser Zahl. Er läßt sich dadurch errechnen, daß man die Höhe der Pyramide gleich der Hälfte der Seitenlänge ansetzt, durch Pi dividiert und dann mit vier multipliziert. Der Winkel von 43,5 Grad kommt heraus, wenn man die Höhe vom Vielfachen von vier auf ein Vielfaches von drei reduziert. In beiden Fällen muß man die Zahl π kennen, und nichts läßt darauf schließen, daß die Menschen in Mesoamerika sie kannten. Wie anders ließe sich das Vorkommen des Neigungswinkels von 43,5 Grad bei den Pyramiden in Teotihuacan erklären als damit, daß dort jemandem die Konstruktion der ägyptischen Pyramiden bekannt war?

Mit Ausnahme der einzigartigen Großen Pyramide in Giseh wiesen die ägyptischen Pyramiden nur einen unteren Gang auf (Abb. 15), der gewöhnlich am Rand der Basis oder in dessen Nähe begann und sich abwärts fortsetzte. Kann man es dem Zufall zuschreiben, daß unter der Sonnenpyramide auch solch ein Gang vorhanden ist?

Diese Entdeckung wurde 1971 nach schweren Regenfällen gemacht: Eine unterirdische Höhle war freigelegt worden. Sie enthielt alte Stufen, die sieben Meter tief zu einem horizontalen Gang führten. Nach Ansicht der Archäologen ist es eine natürliche Höhle, die man künstlich erweitert und abgesichert hat, so daß sie unter dem Fundament der Pyramide verläuft. Daß die ursprüngliche Höhle absichtlich zu einem bestimmten Zweck ausgebaut worden ist, beweist die Tatsache, daß die Decke aus schweren Steinblöcken besteht und die Wände mit Gips geglättet sind. An verschiedenen Stellen ändert dieser unterirdische Gang in scharfen Winkeln seine Richtung.

Nach etwa fünfzig Metern gehen zwei längliche Kammern ab, wie ausgebreitete Flügel; die Stelle befindet sich genau unter der ersten Stufe der Pyramide. Danach setzt sich der etwa zweieinhalb Meter hohe Tunnel noch siebzig Meter weit fort; Struktur und verwendete Materialien werden vielfältiger; es gibt Abflußrohre, die vielleicht mit einem heute ausgetrockneten Wasserlauf verbunden waren. Schließlich endet der Tunnel bei der vierten Stufe der Pyramide in einem kleeblattförmigen Raum, den Säulen aus Luftziegeln und Basaltplatten stützen.

Welchem Zweck diente diese komplizierte unterirdische Anlage? Es läßt sich unmöglich sagen, ob die Überreste von Tongeschirr, Obsidianmessern und Kohleasche im Tunnel aus den Anfangszeiten der Benutzung stammen. Aber die Frage, was in Teotihuacan, außer der Himmelsbeobachtung, noch betrieben wurde, kann aufgrund anderer Entdeckungen beantwortet werden.

Die Straße der Toten scheint sich gerade und eben von dem Platz der Mondpyramide zum südlichen Horizont zu erstrecken; aber in Wirklichkeit ist sie zwischen der Sonnenpyramide und dem Fluß San Juan von einer Senke unterbrochen, die, wie eine nähere Prüfung ergab, absichtlich in den natürlichen Fels eingeschnitten worden ist. Das Gefälle von der Mondpyramide bis zu einem Punkt hinter der Zitadelle beträgt etwa dreißig Meter. Hier hat man durch doppelte Mauern und kleine Gebäude sechs Abschnitte geschaffen. Es scheint, daß die ganze Anlage dazu diente, Wasser die Straße hinunterlaufen zu lassen; denn in Bodenhöhe der Mauern befinden sich Schleusen. Der Abfluß hat wahrscheinlich bei der Mondpyramide angefangen, bei der man einen unterirdischen Tunnel gefunden hat, der sie umgibt

und mit dem unterirdischen Tunnel der Sonnenpyramide verbunden gewesen sein muß. Das Wasser erreichte schließlich den umgeleiteten San-Juan-Kanal.
Könnte diese künstliche Kaskade der Grund sein, daß die Fassade der Quetzalcoatl-Pyramide mit Wellen geschmückt ist — an einem Ort im Landesinnern —, Hunderte von Kilometern vom Meer entfernt?
Auch eine große Steinstatue der Göttin des Wassers Chalchiuhtlicue, der Gattin des Regengottes Tlaloc (Abb. 16), legt diesen Gedanken nahe. Sie wurde mitten auf dem Platz vor der Mondpyramide gefunden und ist jetzt im Anthropologischen Museum von Mexico City ausgestellt.

Abb. 16

Ihr Name bedeutet Herrin des Wassers. Auf den Bildwerken trägt sie gewöhnlich einen mit Schneckenmuscheln verzierten Jaderock. Auf dieser Statue ist sie mit Türkisohrringen und einem Jadehalsband mit goldenem Anhänger geschmückt. Offenbar ist ein eingelegter Stein gestohlen worden, denn der Anhänger ist leer. Auf manchen Abbildungen trägt sie eine Schlangenkrone, die anzeigt, daß sie zu den mexikanischen Schlangengöttern gehört hat.
Wurde Teotihuacan als eine Art Wasserwerk angelegt und

das Wasser für ein technisches Verfahren benutzt? Bevor diese Frage beantwortet wird, sei noch auf eine andere Entdeckung hingewiesen.
Längs des dritten Abschnitts der Senke von der Sonnenpyramide aus hat man mehrere unterirdische, miteinander verbundene Kammern gefunden, deren Fußboden dick mit Mica beschichtet war, einem Mineral, das heute bei chemischen Prozessen sowie in der Nuklear- und Raumfahrttechnik benutzt wird, da es wasserabstoßend, hitzebeständig und unempfindlich gegen elektrischen Strom ist.
Die besonderen Eigenschaften von Mica hängen in gewissem Maße vom Gehalt an anderen Spurenelementen ab, also vom geographischen Vorkommen. Fachleute haben festgestellt, daß das in Teotihuacan verwendete spezifische Mica nur im fernen Brasilien vorkommt. Spuren dieses Micas fand man auch in den Stufen der Sonnenpyramide. Wozu wurde dieses Isoliermaterial in Teotihuacan benutzt?
Meiner Ansicht nach waren alle diese Entdeckungen — die Gegenwart des Wassergottes und der Wassergöttin neben der Hauptgottheit Quetzalcoatl, die abschüssige Straße, die vielen Gebäude, die unterirdischen Kammern und Gänge, der umgelenkte Fluß, die teilweise unterirdischen Bereiche mit den Schleusen und die mit Mica beschichteten Räume — Komponenten einer wissenschaftlichen Anlage für Zerlegung, Verfeinerung oder Reinigung mineralischer Stoffe.
Ob im ersten Jahrtausend v. Chr. oder — was wahrscheinlicher ist — in der Mitte des zweiten Jahrtausends v. Chr., in dieses Tal sind Wesen gekommen, die mit den Geheimnissen des Pyramidenbaus ebenso vertraut waren wie mit den Gesetzen der Physik, und aus dem hier vorhandenen Material eine raffiniert angelegte »Fabrik« schufen. Waren sie auf der Suche nach Gold, wie der Schmuck der Herrin des Wassers annehmen läßt, oder einem noch selteneren Mineral?
Wenn es keine Menschen waren, müssen es ihre Götter ge-

wesen sein, wie es auch die Sagen von Teotihuacan und der Name der Stadt bezeugen.
Wer, außer den Göttern, waren die Bewohner von Teotihuacan? Wer schleppte die Steine und den Mörtel für den Bau der ersten Pyramiden herbei? Wer kanalisierte das Wasser und bediente die Schleusen?
Diejenigen, die annehmen, daß Teotihuacan nur einige Jahrhunderte vor Christus entstanden ist, haben dafür eine einfache Antwort: die Tolteken. Diejenigen, die heute annehmen, daß es sich um eine viel ältere Stadt handelt, verweisen auf die Olmeken, ein rätselhaftes Volk, das in der Mitte des zweiten Jahrtausends vor Christus in Mesoamerika aufgetaucht ist. Aber die Olmeken selbst geben bereits zahlreiche Rätsel auf, denn es scheinen Neger gewesen zu sein, und das ist für all jene unerklärlich, die eine transatlantische Überquerung vor Jahrtausenden nicht gelten lassen.
Der Ursprung von Teotihuacan und seiner Erbauer ist zwar geheimnisvoll, aber sicher ist, daß in den Jahrhunderten vor der christlichen Zeitrechnung toltekische Stämme hier eintrafen. Zuerst verrichteten sie Schwerarbeit, doch allmählich erlernten sie die örtliche Handwerkskunst und nahmen die Kultur ihrer Herren an, indem sie sich Kenntnisse in Goldschmiedekunst, Sternkunde und Kalendariographie erwarben und auch dieselben Götter anbeteten. Etwa im Jahr 200 v. Chr. verließ der damalige Herrscher die Gegend, und Teotihuacan wurde eine toltekische Stadt. Jahrhundertelang war sie berühmt für ihr Werkzeug, ihre Waffen und Obsidiangegenstände, und sie übte kulturellen und religiösen Einfluß aus. Dann, ein Jahrtausend nach ihrem Erscheinen, zogen die Tolteken ebenfalls wieder fort. Niemand weiß, warum; aber die Abwanderung betraf alle, und Teotihuacan wurde eine verlassene Stadt.
Manche glauben, es hinge damit zusammen, daß Tollan 700 n. Chr. zur neuen toltekischen Hauptstadt erklärt wurde. Der Ort am Fluß Tula war bereits seit Jahrtausenden von Menschen bevölkert, aber nun schufen die Tolteken aus die-

ser Stadt ein Klein-Teotihuacan. Kodizes und Sagen schildern Tollan als ein Zentrum der Künste und des Handwerks, wo Paläste und Tempel von Gold und kostbaren Steinen glitzerten. Aber lange Zeit stellten die Altertumsforscher bereits ihre bloße Existenz in Frage. Jetzt weiß man zweifelsfrei, daß es Tollan gegeben hat, und zwar war es das heutige Tula, fünfundsiebzig Kilometer nordwestlich von Mexico City.

Tollan wurde gegen Ende des neunzehnten Jahrhunderts von dem französischen Reiseschriftsteller Désiré Charnay (*Les anciennes villes du nouveau monde*) wiederentdeckt. Erst in den vierziger Jahren unseres Jahrhunderts wurde hier mit den Ausgrabungen begonnen. Im Mittelpunkt standen, unter der Leitung des mexikanischen Archäologen Jorge R. Acosta, die Ausgrabung und die Wiederherstellung der Anlage der Kultstätte, die Tula Grande genannt wird. Später setzte eine Gruppe von der Universität Mississippi die Arbeiten in größerem Umfang fort.

Die Entdeckungen bestätigten nicht nur das Vorhandensein der alten Stadt, sondern auch die Schilderungen der Kodizes, vor allem der sogenannten *Anales de Cuauhtitlan*. Man weiß heute, daß Tollan von einer Dynastie von Priesterfürsten regiert wurde, die behaupteten, Abkömmlinge von Quetzalcoatl zu sein; sie trugen nicht nur ihren Eigennamen, sondern auch den Namen des Gottes als Patronym — eine Sitte, die bei den ägyptischen Pharaonen herrschte. Einige dieser Priesterfürsten waren Krieger, die danach trachteten, die toltekische Herrschaft auszudehnen; andere befaßten sich mehr mit dem Glauben. In der zweiten Hälfte des zehnten Jahrhunderts nach Christus herrschte Ce Acatl Topiltzin-Quetzalcoatl. Name und Zeit sind bekannt, weil immer noch ein Porträt von ihm zu sehen ist, das mitsamt der Jahreszahl, die dem Jahr 968 n. Chr. entspricht, in einen Felsen eingeritzt ist, von dem aus man die Stadt überblicken kann.

Zu seiner Zeit brach zwischen den Tolteken ein Religionskrieg aus, denn ein Teil der Priesterschaft wollte Menschenopfer einführen, um den Kriegsgott zu beschwichtigen. Im Jahr 987 n. Chr. verließen Topiltzin-Quetzalcoatl und seine Anhänger Tollan und wanderten ostwärts weiter, dem Beispiel des Gottes Quetzalcoatl folgend, und ließen sich in Yucatán nieder.

Zwei Jahrhunderte später zwangen Naturkatastrophen und Kriege mit anderen Stämmen die Tolteken in die Knie. Die Naturkatastrophen wurden als Zeichen göttlichen Zornes gedeutet, die den Untergang der Stadt voraussagten. Der Chronist Sahagún berichtet, daß der damalige Herrscher Huemac, der ebenfalls den Beinamen Quetzalcoatl trug, die Tolteken überzeugte, daß Tollan aufgegeben werden müsse. »Und so verließen sie die Stadt auf seinen Befehl, obwohl sie dort viele Jahre gelebt und schöne, große Häuser und ihre Tempel und Paläste gebaut hatten ... Zuletzt mußten sie gehen, ihre Häuser, ihr Land, ihre Stadt und ihre Reichtümer aufgeben, und da sie ihre Reichtümer nicht mitnehmen konnten, vergruben sie viele Dinge, und sogar heute noch wird einiges aus dem Boden hervorgeholt, nicht ohne Bewunderung wegen der Schönheit und Kunstfertigkeit.«

So wurde Tollan im Jahr 1168 n. Chr. dem Verfall überlassen. Als der erste aztekische Herrscher die Ruinen erblickte, soll er bitterlich geweint haben. Nicht nur die Kräfte der Natur hatten der Stadt Schaden zugefügt, sondern auch Plünderer und Räuber hatten die Tempel entweiht, Monumente umgestoßen und alles andere zerstört. Und so wurde die Stadt Tollan, dem Erdbogen gleichgemacht und vergessen, zu einer Sage.

Acht Jahrhunderte später wurde der Name der Stadt, der »Ort der vielen Nachbarschaften«, bestätigt, denn es scheinen mehrere Bezirke dazu gehört zu haben, die sich auf fünfzehn Quadratkilometer ausbreiteten. Wie in Teotihuacan (das die Stadtplaner nachahmten) bildete ein heiliger Bezirk das Zentrum mit einer langen Nord-Süd-Achse. Auch hier

gab es ein leichtes Gefälle, obwohl dies in astronomischer Hinsicht keinen Sinn ergibt.
An der Nordgrenze des heiligen Bezirks wurden die Überreste eines ungewöhnlichen Bauwerks gefunden. Die Vorderfront scheint eine regelrechte Stufenpyramide zu sein, aber die Rückseite ist ein Rundbau, den wahrscheinlich ein Turm überragt hat. Es könnte als Observatorium gedient haben; gewiß ist es das Modell für den späteren aztekischen Quetzalcoatl-Tempel in Tenochtitlán und für andere runde Observatoriumspyramiden in Mexiko.
Die zentrale Kultstätte, etwa anderthalb Kilometer weiter südlich, wurde rund um einen großen Platz angelegt, in dessen Mitte der Große Altar stand. Der Haupttempel erhob sich auf einer großen fünfstufigen Pyramide an der Ostseite des Platzes. Eine kleinere fünfstufige Pyramide an der Nordseite bildete die Plattform eines anderen Tempels, flankiert von Gebäuden mit vielen Räumen; hier hat man Feuerspuren entdeckt, so daß anzunehmen ist, daß es sich um eine Fabrikanlage handelt. Die Südseite wurde von langgestreckten Gebäuden oder Hallen gesäumt, deren Dach auf Säulen ruhte, die beide Pyramiden verbanden. Im Westen befand sich ein Hof für das heilige *tlachtli*-Ballspiel (Abb. 17, Rekonstruktion des Archäologen P. Salazar Ortegon).

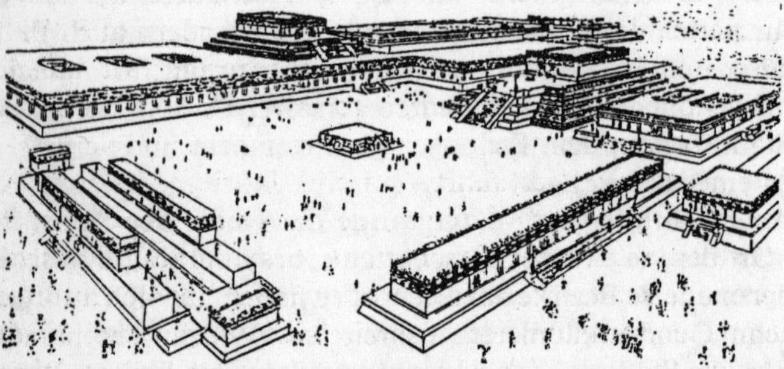

Abb. 17

Zwischen der Tula Grande und dem Nordrand des Bezirks gab es noch mehr Gebäude; hier hat man einen zweiten Sportplatz ausgegraben. Überall wurden verhältnismäßig viele Steinstatuen gefunden, nicht nur Tierstatuen, wie dem bekannten Kojoten und einem unbekannten Tiger, sondern auch die des halb liegenden Halbgottes Chac-mool, dem Mittler zwischen Göttern und Menschen (Abb. 18).

Abb. 18

Die Tolteken schufen auch Bildwerke ihrer Häuptlinge; die Skulpturen sind meist von kleiner Gestalt. Einige tragen Kriegerkleidung und halten in der linken Hand die Waffe *atl-atl* (einen Krummspeer oder Speerwerfer) wie auf der eckigen Säule, die Abbildung 19 a im Profil und Abbildung 19 b von hinten zeigt.

Als in den vierziger Jahren unseres Jahrhunderts mit den Ausgrabungen unter Leitung von Jorge R. Acosta begonnen wurde, richtete sich das Augenmerk auf die Große Pyramide, die offenbar astronomischen Beobachtungen diente. Zuerst wunderten sich die Archäologen, daß die ansässigen Indianer den Hügel *el tesoro* (Der Schatz) nannten; doch als mehrere goldene Gegenstände ausgegraben

a b

Abb. 19 a und b

wurden, waren die Arbeiter überzeugt, die Pyramide stünde auf einem »Goldfeld«, und sie weigerten sich, weiterzugraben. »Mag es Wirklichkeit oder Aberglaube gewesen sein«, schrieb Acosta, »das Ergebnis war, daß die Ausgrabung nicht fortgesetzt wurde.«

Deshalb wurde an der kleineren Pyramide weitergearbeitet, die zuerst als Mondpyramide, dann als Pyramide B und schließlich als Quetzalcoatl-Pyramide bezeichnet wurde. Die Eingeborenen nannten den Hügel »Herr des Morgensterns«; wahrscheinlich war dies einer der Beinamen Quetzalcoatls. Aus den Überresten der farbigen Stukkatur und der Reliefs an den Stufen ist zu ersehen, daß die reiche Dekoration vom Motiv der gefiederten Schlange beherrscht wurde. Die Archäologen glauben, daß auch die beiden Säulen am Eingang zum Tempel auf der Pyramide gemeißelte Abbildungen der gefiederten Schlange aufgewiesen haben. Den größten archäologischen Fund machte die Acosta-Gruppe, als sich herausstellte, daß die Nordseite dieser Pyramide in vorspanischer Zeit zerstört worden ist. Auf dieser Seite führte in der Mitte eine Art Rampe, keine Treppe, abwärts. Hier wurde ein Einschnitt gefunden, der ins Innere reichte, und dazu benutzt worden war, zahlreiche Steinskulpturen zu vergraben. Als sie ausgegraben und wieder zusammengesetzt worden waren, entpuppten sie sich als zwei runde und vier eckige Säulen, auf denen wahrscheinlich das Tempeldach ruhte, sowie vier farbige Kolossalstatuen, viereinhalb Meter groß, die man *Atlanten* nennt (Abb. 20). Vermutlich haben sie ebenfalls als Karyatiden gedient. Nach der Restaurierung wurden sie wieder auf die Pyramide gestellt.

Jeder der Atlanten besteht aus vier zusammengesetzten Teilen (Abb. 21). Den obersten Teil bildet der Kopf mit riesigem Kopfschmuck aus Federn, die ein mit Sternsymbolen verziertes Band zusammenhält; die Ohren sind mit einem länglichen Gegenstand bedeckt. Die Gesichtszüge konnten, was die Rassenzugehörigkeit betrifft, noch nicht identifiziert werden, aber obwohl alle vier Gesichter denselben entrückten Ausdruck haben, sind sie doch in den Details verschieden und individuell.

Der Torso besteht aus zwei Teilen. Den Brustharnisch, den oberen Teil, hat man mit der Form eines Schmetterlings verglichen. Der untere Teil des Torsos ist auf der Rückseite besonders ausgearbeitet; er stellt eine Scheibe mit einem Menschengesicht in der Mitte dar, umgeben von unentzifferbaren Symbolen, in denen manche Forscher einen »Kranz« von zwei verschlungenen Schlangen sehen. Den vierten Teil bilden die Hüften und Beine und die in Sandalen steckenden Füße. Bänder halten diese Körperteile zusammen. Arm- und Knöchelreifen sowie ein Lendentuch vervollständigen die Aufmachung.

Abb. 20

Wen stellen diese beiden Riesenstatuen dar? Die Entdecker nannten sie Idole, in der Gewißheit, daß es Götter seien. Volksschriftsteller bezeichneten sie als *Atlanten*, was einerseits besagt, sie könnten Abkömmlinge der Göttin Atlantona (Die im Wasser glänzt) gewesen sein oder andererseits vom legendären Atlantis kommen. Die weniger einfallsreichen Fachgelehrten sehen in ihnen einfach toltekische Krieger, die in der linken Hand ein Bündel Pfeile halten und in der rechten einen *atl-atl*. Aber diese Deutung kann nicht stimmen, denn die »Pfeile«

Abb. 21

sind krumm, und wir wissen, daß der *atl-atl* in der linken Hand getragen wurde. Außerdem ist die in der rechten Hand gehaltene Waffe nicht gebogen, wie sie es sein müßte, wenn sie ein *atl-atl* wäre (Abb. 22 a). Was ist es also?
Das Instrument sieht eher wie eine Pistole in ihrem Halfter aus, die von zwei Fingern festgehalten wird. Die Theorie, daß es keine Waffe ist, sondern ein Werkzeug, zum Beispiel eine Spritzpistole, wurde von Gerardo Levet (*Mision Fatal*) vorgebracht. Er entdeckte auf einem der eckigen Pfeiler die Abbildung eines toltekischen Häuptlings (Abb. 22 b), der einen Rucksack trägt und das fragliche Werkzeug in der Hand hat. Er benutzt es gleichsam als Flammenwerfer, um einen Stein zu formen (Abb. 22 c). Das Werkzeug ist fraglos das gleiche Instrument, das die Riesen in der rechten Hand halten. Levet meint, es sei eine »Pistole« mit großer Energie, die zum Schneiden und Schnitzen benutzt wurde, und er weist darauf hin, daß man in moderner Zeit Thermo-Jet-Fackeln gebraucht hat, um die Riesenmonumente der Präsidenten aus dem Stone Mountain im amerikanischen Staat Georgia her-

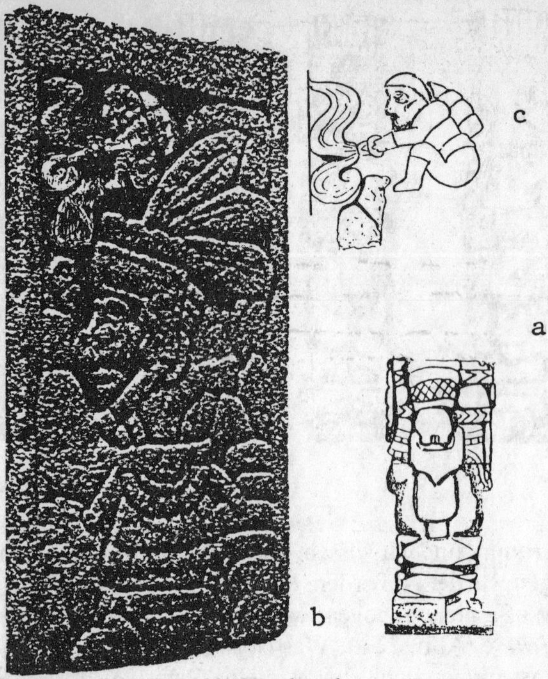

Abb. 22 a, b und c

auszumeißeln. Die Bedeutung seiner Entdeckung geht noch über seine eigene Theorie hinaus. Da in ganz Mesoamerika Bildsäulen und Schnitzereien gefunden worden sind, alles Erzeugnisse eingeborener Künstler, ist es nicht nötig, hochtechnisches Werkzeug zu suchen, um die Steinschnitzereien zu erklären. Allerdings kann das abgebildete Werkzeug zur Erklärung eines anderen rätselhaften Aspekts von Tollan dienen. Als die Archäologen nach der Entfernung des Rampenbodens die Tiefe der Pyramide untersuchten, stellten sie fest, daß sie eine kleinere Pyramide ummantelte, in der sie etwas Außergewöhnliches fanden, nämlich ein Steinrohr von vierzig Zentimeter Durchmesser, dessen einzelne Teile nahtlos ineinandergefügt waren (Abb. 23). Das Rohr war mit derselben Nei-

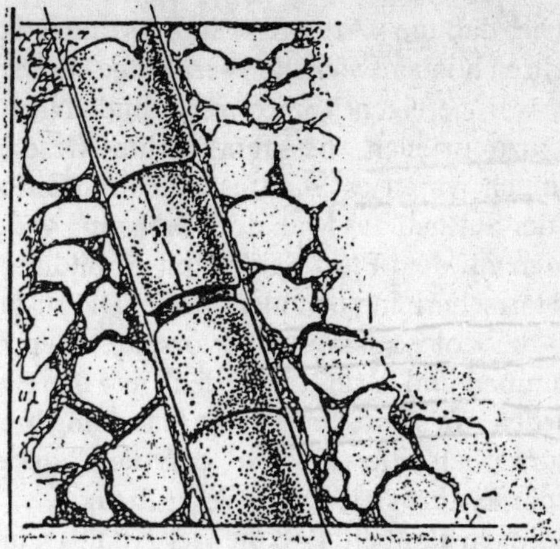

Abb. 23

gung angebracht, die die Pyramide gehabt hatte, und reichte bis zur Spitze. Die Entdecker nahmen an, es habe als Abfluß von Regenwasser gedient; aber dazu hätte es keiner so kunstvollen inneren Installation bedurft, sondern es wäre mit einfachen Tonrohren zu bewerkstelligen gewesen. Lage und Neigung dieser ungewöhnlichen, wenn nicht einzigartigen Leitung deuten an, daß sie Teil eines Gesamtplanes war. Die Tatsache, daß die Überreste der mehrstöckigen, geräumigen Gebäude auf ein industrielles Gewerbe schließen lassen, und auch die Tatsache, daß der Tula in alter Zeit so umgelenkt wurde, daß er an den Gebäuden vorbeifloß, lassen darauf schließen, daß an diesem Ort, genau wie in Teotihuacan, bereits in einer sehr frühen Periode Metallurgie betrieben wurde.

Das hat mich auf einen Gedanken gebracht. Diente das rätselhafte Werkzeug vielleicht nicht zum Meißeln der Steine, sondern zu ihrer Zertrümmerung, weil sie Gold enthielten? Mit anderen Worten: War es ein ausgeklügeltes Goldgewinnungswerkzeug?

Die Tatsache, daß die »Atlanten« in Zentralmexiko vor über tausend Jahren hochentwickelte Werkzeuge besaßen, führt zu der Frage, wer sie eigentlich gewesen sind. Nach ihren Gesichtszügen zu urteilen, bestimmt keine Mesoamerikaner. Wahrscheinlich waren es »Götter«, keine Menschen, wenn die Größe der Statuen das Maß der Verehrung andeutet; denn sonst standen auf dem Platz Säulen mit Abbildungen von toltekischen Herrschern in normaler Größe. Die zusätzliche Tatsache, daß die Kolossalstatuen in vorspanischer Zeit auseinandergenommen und sorgfältig in der Tiefe der Pyramide begraben wurden, weist auf eine heilige Handlung hin. Sie bestätigt Sahagúns oben zitierte Worte, daß die Tolteken vor dem Verlassen der Stadt »viele Dinge vergruben«.
Die Archäologen glauben, daß die vier Atlanten ursprünglich auf der Quetzalcoatl-Pyramide standen und das Tempeldach so stützten, als ob sie das Himmelsgewölbe festhielten. Das ist die Rolle, die nach dem Glauben der alten Ägypter die vier Söhne des Horos spielten, die den Himmel an den vier Kardinalpunkten festhielten. Nach dem ägyptischen »Totenbuch« begleiteten diese vier Götter, die Himmel und Erde verbanden, die verstorbenen Pharaonen zu einer heiligen Treppe, auf der sie zum ewigen Leben in den Himmel emporstiegen. Diese

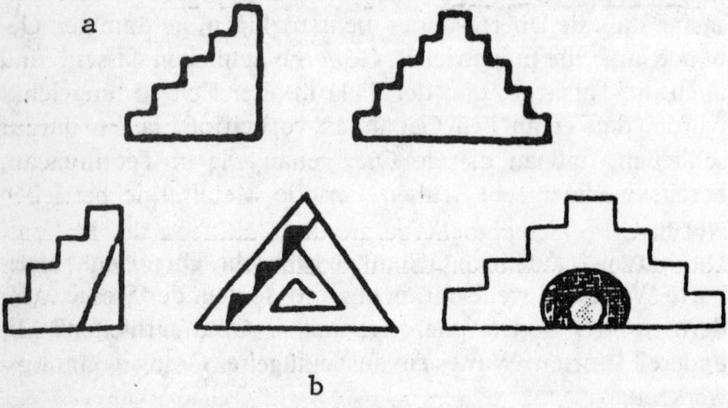

Abb. 24 a und b

»Stufen zum Himmel« wurden hieroglyphisch entweder als Einzel- oder als Doppeltreppe dargestellt. Die Stufenpyramide symbolisierte die Doppeltreppe (Abb. 24 a). War es nur Zufall, daß das Treppensymbol die Wände der Pyramide in Tollan schmückte und ein aztekisches ikonographisches Symbol wurde (Abb. 24 b)?

Im Mittelpunkt der Symbolik und des Glaubens stand bei allen Nahuatl-Völkern ihr Heldengott Quetzalcoatl — die gefiederte Schlange —, dem sie all ihr Wissen zu verdanken hatten. Was aber ist, wenn man fragen darf, eine »gefiederte« Schlange anderes als eine Schlange, die Flügel hat und fliegen kann?

Folglich ist die Vorstellung von Quetzalcoatl als einer gefiederten Schlange dasselbe wie die Vorstellung der Ägypter von der geflügelten Schlange (Abb. 25), die den verstorbenen Pharao ins Reich der unsterblichen Götter versetzte.

Abb. 25

Neben Quetzalcoatl beherbergte das Pantheon der Nahuatl noch andere Gottheiten, die mit Schlangen zusammenhingen. Cihuacoatl war das »Schlangenweibchen«, Coatlicue »Die mit dem Schlangenrock«, Chicomecoatl »Schlange Sieben«, Ehecacoamixtli die »Wolke der Windschlangen« und so weiter. Der große Gott Tlaloc wurde häufig mit der Maske einer Doppelschlange abgebildet.

Mythologie, Archäologie und Symbolik führen also — mag es auch pragmatischen Gelehrten unannehmbar erscheinen — zu der unausweichlichen Folgerung, daß Zentralmexiko, wenn nicht ganz Mesoamerika, das Reich der Schlangengötter war — der Götter Altägyptens.

4
Die Himmelsbeobachter im Urwald

Maya — der Name beschwört Geheimnisse, Rätsel, Abenteuer herauf. Eine Kultur, die es gegeben hat, ist dahin, ist verschwunden, obwohl ihre Menschen überlebt haben. Verlassene Städte sind vom Urwald überwuchert, himmelhohe Pyramiden, die als Begegnungsort mit den Göttern gedacht waren, kunstvoll geschnitzte und dekorierte Monumente mit Glyphen, deren Bedeutung der Nebel der Zeit immer noch verhüllt.
Die Maya-Mystik weckte die Einbildungskraft und Neugier der Europäer von dem Augenblick an, als die Spanier den Fuß auf die Halbinsel Yucatán setzten und die Überreste der im Urwald verborgenen Städte erblickten. Es war alles so unglaublich, doch sie waren da: Stufenpyramiden, Tempel auf einer Plattform, geschmückte Paläste, verzierte Steinsäulen. Und während die Europäer die erstaunlichen Überreste betrachteten, lauschten sie den Erzählungen der Eingeborenen von Monarchien, Stadtstaaten und einstigem Glanz. Einer der bekanntesten spanischen Priester, die während und nach der Eroberung über Yucatán und die Mayas schrieben, war Pater (später Bischof) Diego de Landa (*Relación de las cosas de Yucatán*), der berichtete: »In Yucatán gibt es viele Gebäude von großer Schönheit, die über alle Entdeckungen hinausragen. Sie sind aus Stein erbaut und fein verziert, obwohl hierzulande kein Metall zum Schneiden gefunden worden ist.«
Da die Spanier andere Interessen verfolgten, nämlich die Suche nach Schätzen und die Bekehrung der Indianer zum Christentum, dauerte es fast zwei Jahrhunderte, bis sie sich mit den Ruinen befaßten. Erst 1785 besichtigte eine königliche Kommission die damals entdeckten Ruinen von Palenque. Zum Glück fand eine Kopie des illustrierten Berichts der Kommission den Weg nach London. Durch die

Veröffentlichung wurde ein reicher Adliger, Lord Kingsborough, auf das Maya-Rätsel aufmerksam. Da er fest überzeugt war, die Einwohner von Mesoamerika seien Abkömmlinge der zehn verlorenen Stämme Israels, verbrachte er den Rest seines Lebens damit — und gab sein ganzes Vermögen dafür aus —, die alten Monumente und die Schriften von Mexiko zu erforschen. Seine *Antiquities of Mexico* (1830—1848) sowie Landas *Relación* sind unschätzbare Informationsquellen der Geschichte der Mayas.

Aber nach allgemeiner Ansicht gebührt die Ehre, die archäologische Entdeckung der Maya-Kultur vorangetrieben zu haben, einem Amerikaner aus New Jersey, John L. Stephens. Er war Gesandter der Vereinigten Staaten von Zentralamerika und reiste mit seinem Freund Frederick Catherwood, einem vortrefflichen Maler, ins Maya-Land. Die beiden Bücher, die Stephens geschrieben und Catherwood illustriert hat, *Incidents of Travel in Central America, Chiapas, and Yucatán* und *Incidents of Travel in Yucatán*, sind anderthalb Jahrhunderte nach der ersten Veröffentlichung (1841 und 1843) immer noch lesenswert. Catherwoods eigenes Buch, *Views of Ancient Monuments of Central America, Chiapas and Yucatán*, fachte das Interesse noch mehr an. Wenn man Catherwoods Zeichnungen mit heutigen Fotografien vergleicht, staunt man über die Genauigkeit seiner Arbeit.

Die ausführlichsten Berichte der beiden handeln von den großen Städten Palenque, Uxmal, Chichén Itzá und Copán. Um in Copán ungehindert zeichnen und forschen zu können, kaufte Stephens das Gelände dem Besitzer für fünfzig Dollar ab. Alles in allem erforschten die beiden fast fünfzig mexikanische Städte. Die große Zahl ließ sie nicht daran zweifeln, daß der Urwald nicht nur ein paar verlorene Außenposten verbarg, sondern eine ganze Zivilisation. Besonders wichtig war die Erkenntnis, daß einige der gemeißelten Symbole und Glyphen auf den Monumenten das Datum ihrer Entstehung angaben, so daß die Maya-Kultur zeitlich eingeordnet werden konnte. Die Maya-Schrift ist zwar noch längst nicht voll-

ständig entziffert, aber man kennt die Datenangaben, so daß man sie in die Daten unseres Kalenders umrechnen kann.
Wir könnten von den Mayas viel mehr durch ihre eigene umfassende Literatur wissen, das heißt durch Bücher, deren Papier aus Baumrinde bestand, das mit Kalk bestrichen und mit Tinte beschrieben wurde. Aber diese Schriften sind zu Hunderten von den spanischen Priestern systematisch vernichtet worden, am rigorosesten von dem besagten Bischof Landa, der diese »Dämonen des Teufels« von getreuen Schülern einsammeln ließ, jedoch in seinen eigenen Schriften viel von dem »Heidentum« der Nachwelt vermittelt hat.
Nur drei Kodizes (Bildbücher) sind übriggeblieben (falls echt, noch ein vierter). Besonders interessant sind die Kapitel, die sich mit Astronomie befassen. Außerdem gibt es zwei literarische Werke, die neu geschrieben worden sind; entweder sind es Abschriften, oder sie beruhen auf mündlicher Überlieferung. Sie sind in der Sprache der Eingeborenen verfaßt, aber in lateinischer Schrift.
Zum einen handelt es sich um die *Bücher von Chilam̃ Balam*, die die Orakel und Aussprüche des Priesters Balam enthalten. Viele Dorfbewohner in Yukatán besaßen ein Exemplar. Das Exemplar, welches am besten erhalten und übersetzt wurde, ist *Das Buch von Chilam̃ von Chumayel.* Der Maya Balam scheint eine Art »Edgar Cayce«* gewesen zu sein. Das Buch erzählt von der mythischen Vergangenheit, von Riten und Astrologie, enthält Prophezeiungen und medizinische Ratschläge.
Das Wort Balam bedeutet Jaguar; es hat die Altertumsforscher verwirrt, weil es nichts mit Orakeln zu tun hat. Ich finde es jedoch interessant; denn im alten Ägypten trugen die sogenannten *Schem*-Priester Leopardenfelle (Abb. 26a). Sie weissagten nicht nur, sondern sprachen auch bei gewis-

* Edgar Cayce war ein berühmter amerikanischer Hellseher und Hypnotiseur, dem seine Medien von früheren Verkörperungen auf Erden berichteten (A. d. Ü.).

sen Zeremonien geheime Formeln, die dazu dienten, »den Mund zu öffnen«, damit der verstorbene Pharao sich im nächsten Leben zu den Göttern gesellen konnte. Man hat Abbildungen von ähnlich gekleideten Maya-Priestern gefunden. Da es in Amerika keine Leoparden gibt, kann es nur ein Jaguarfell gewesen sein (Abb. 26 b). Damit ist nicht nur die Bedeutung des Namens Balam erklärt (Jaguar), sondern wir haben auch wieder einmal einen Hinweis auf einen ägyptischen rituellen Einfluß.

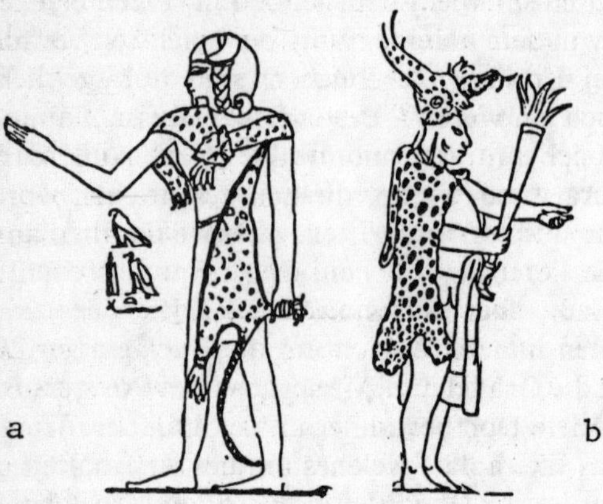

Abb. 26 a und b

Noch interessanter ist die Ähnlichkeit zwischen dem Namen des Orakelpriesters der Maya und dem Seher Balaam, der im Alten Testament vom Moabiter-König berufen wird, die Israeliten zu verfluchen, statt dessen ihnen aber eine herrliche Zukunft verheißt. Ist das nur Zufall?

Das andere Buch ist *popolvuh*, ein Lehrbuch der Hochland-Mayas. Es enthält eine Darstellung des göttlichen und menschlichen Ursprungs sowie fürstliche Genealogien. Kosmogonie und Schöpfungsgeschichte sind ähnlich wie bei den Nahuatl-Völkern; die Überlieferungen beruhen also wohl auf derselben Quelle. In bezug auf den Ursprung der

Mayas heißt es im *popolvuh*, sie seien »von jenseits des Meeres gekommen«. Landa schreibt, die Indianer hätten »von ihren Vorfahren gehört, dieses Land habe ein Volk bewohnt, das aus dem Osten gekommen sei. Gott habe es geführt und ihm zwölf Wege durchs Meer geöffnet«.
Diese Darstellungen entsprechen der sogenannten Votan-Sage der Mayas. Mehrere spanische Chronisten erzählen sie, besonders Friar Ramon Ordóñez y Aguiar und Bischof Nuñez de la Vega. Sie wurde später vom Abbé E. C. Brasseur de Bourbourg aus verschiedenen Quellen zusammengefaßt (*Histoire de nations civilisée du mexique*). Nach der Berechnung der Chronisten kam »der erste Mensch, den Gott gesandt hatte, dieses Gebiet zu bevölkern, das jetzt Amerika heißt«, etwa im Jahr 1000 v. Chr. nach Yucatán. Er hieß Votan (Bedeutung unbekannt), sein Emblem war die Schlange. »Er stammte von den Wächtern ab, der *can*-Rasse. Seine Heimat hieß *chivim*.« Er unternahm insgesamt vier Reisen. Nach der ersten Landung errichtete er in der Nähe der Küste eine Niederlassung. Nach einiger Zeit zog er ins Inland und »bei der Mündung eines Nebenflusses in einen großen Strom gründete er eine Stadt, die Wiege der Zivilisation, die er *Nachan* nannte, daß heißt ›Ort der Schlangen‹«.Bei der zweiten Reise besichtigte er das neugegründete Land, prüfte die unterirdischen Zonen und Wege, von denen einer durch einen Berg in der Nähe von Nachan führen sollte. Als er das vierte Mal nach Amerika kam, fand er Zwist und Rivalitäten unter den Bewohnern vor. Darum teilte er das Gebiet in vier Domänen, die alle eine Hauptstadt hatten. Palenque wird als eine von ihnen erwähnt; eine andere scheint an der Küste des Stillen Ozeans gelegen zu haben. Die anderen sind unbekannt.
Nuñez de la Vega war überzeugt, daß das Land, aus dem Votan gekommen war, an Babylonien grenzte. Ordoñez folgerte, Chivim sei das Land der Hewiter, die im Alten Testament als Nachkommen Kanaans, Verwandte der Ägypter, erwähnt werden. Die Altertumsforscherin Zelia Nuttal von

der Universität Harvard weist in den *Papers of the Peabody Museum* darauf hin, daß das Maya-Wort für Schlange, *Can*, mit dem hebräischen *Kanaan* verwandt ist. Demnach könnte die Maya-Sage, nach der Votan vom Geschlecht Cans abstammt und die Schlange als Symbol hat, besagen, daß er aus Kanaan kam. Ich frage mich nun, ob Nachan, »Ort der Schlangen«, identisch ist mit dem hebräischen *Nachash*, das ebenfalls Schlange bedeutet.

Derartige Sagen bekräftigen die Ansicht der Gelehrten, die in der Golfküste die Gegend sehen, wo die Zivilisation der Halbinsel Yucatán begonnen hat, nicht nur zur Zeit der Mayas, sondern bereits bei den Olmeken. Dann müßte einem Ort viel mehr Aufmerksamkeit geschenkt werden, den Mexiko-Reisende kaum kennen, der aber, nach den Ausgrabungen zu schließen, den Beginn der Maya-Kultur zwischen 2000 bis 1000 Jahre v. Chr. verlegt. Dieser Ort heißt Dzibilchaltun und liegt in der Nähe der Hafenstadt Progreso an der nordwestlichen Küste von Yucatán. Die Überreste, die sich über ein Gebiet von etwa fünftausend Quadratkilometer erstrecken, zeigen, daß diese Stadt aus den Uranfängen stammt. Die Gebäude wurden mehrmals neu gebaut und umgebaut. Außer ungeheuren Tempeln und Pyramiden ist das auffallendste Merkmal eine mit Kalkstein gepflasterte Straße, die über zwei Kilometer lang ist und die Ost-West-Achse der Stadt bildet.

Eine Kette von größeren Maya-Städten erstreckt sich über die Nordspitze von Yucatán. Ihre Namen sind bekannt: Uxmal, Izamal, Mayapan, Chichén Itzá, Tulum — um die berühmtesten zu erwähnen. Jede hat in der Geschichte der Mayas eine Rolle gespielt. Mayapan war das Zentrum einer Allianz von Stadtstaaten; Chichén Itzá wuchs durch den Zustrom der Tolteken. Jede von ihnen könnte die Hauptstadt gewesen sein; laut dem spanischen Chronisten Diego Garcia de Palacio hat ein Maya-Fürst aus Yucatán das südliche Hochland erobert und hier das Maya-Zentrum Copan gebaut. Alles sei, wie Garcia erklärt, in einem Buch beschrieben, das ihm die Indianer von Copan gezeigt hätten, als er sich dort aufhielt.

Ungeachtet all dieser legendären und archäologischen Beweise glaubt eine andere Schule, daß die Maya-Kultur — oder zumindest die Mayas selbst — ihren Ursprung im südlichen Hochland hätten (im heutigen Guatemala) und sich von dort aus nordwärts ausgebreitet haben. Aufgrund von Untersuchungen der Maya-Sprache verlegt man ihren Ursprung »auf eine Proto-Maya-Ansiedlung, die vielleicht um 2600 v. Chr. im Bezirk Huehuetenango im Nordwesten von Guatemala bestanden hat« (D. S. Morales, *The Maya World*).

Aber wo und wie sich die Maya-Zivilisation auch entwickelt haben mag, die Altertumsforscher betrachten das zweite Jahrtausend vor Christus als die »vorklassische Phase« und verlegen den Beginn der »klassischen Phase« in das Jahr 200 n. Chr.; im Jahr 900 n. Chr. habe sich das Reich der Mayas von der Küste des Stillen Ozeans bis zum Golf von Mexiko und zur Karibik erstreckt. In diesen vielen Jahrhunderten bauten die Mayas zahlreiche Städte, deren Überfülle an Pyramiden, Tempeln, Plätzen, Stelen, Skulpturen, Inschriften und Ausschmückungen sowohl die Gelehrten als auch die Touristen überwältigt. Sie staunen gleichermaßen über die Vielfalt und Schönheit, gar nicht zu reden von der Größe und der einfallsreichen Architektur. Abgesehen von einigen ummauerten Ortschaften waren die Maya-Städte eigentlich offene Kulturzentren, umgeben von den Behausungen der Administratoren, der Künstler und Kaufleute und einer weitläufigen ländlichen Bevölkerung. Diesen Zentren fügte jeder neue Herrscher weitere Gebäude hinzu oder vergrößerte die alten, indem er wie Zwiebelschalen andere darüber baute.

Dann aber, fünf Jahrhunderte vor der Ankunft der Spanier, gaben die Mayas aus unbekannten Gründen ihre heiligen Städte auf und überließen sie dem wuchernden Urwald.

Palenque, eine der frühesten Maya-Städte, liegt nahe der mexikanisch-guatemaltekischen Grenze und ist von der modernen Stadt Villahermosa aus erreichbar. Im siebenten Jahrhundert nach Christus bezeichnete diese Stadt die westliche Grenze des Gebiets der Mayas. Die Europäer kennen sie seit 1773, aber erst seit den zwanziger Jahren unseres Jahrhunderts beschäftigen sich die Archäologen mit den ausgegrabenen Tempeln und Palästen, auch mit den reichen Ausschmückungen und Glyphen. Ruhm und Reiz nahmen zu, als Alberto Ruiz Lhuillier entdeckte, daß die Stufenpyramide, die »Tempel der Inschriften« genannt wird, im Innern eine bis zum Fundament hinabführende Geheimtreppe enthielt. Mehrere Jahre dauerte es, bis Erde und Schutt entfernt waren. Dann machte man eine aufregende Entdeckung: eine Grabkammer (Abb. 27).

Am Ende der Wendeltreppe verdeckte ein dreieckiger Stein den Eingang durch die glatte Mauer, der immer noch von Kriegerskeletten bewacht wurde. Dahinter befand sich eine

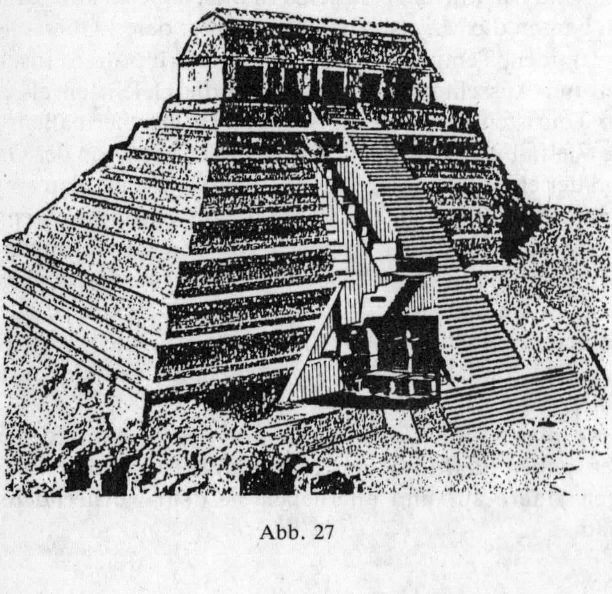

Abb. 27

Abb. 28

gewölbte Gruft mit Fresken. Darin stand ein Sarkophag, dessen fünf Meter lange, steinerne Deckplatte fünf Tonnen wiegt. Als sie abgehoben wurde, kam das Skelett eines großen Mannes zum Vorschein, das immer noch von Perlen und Jadeschmuck bedeckt war. Auf dem Gesicht lag eine Jademosaikmaske; unter den Teilen eines Jadecolliers fand man einen kleinen Anhänger mit dem Bildnis einer Gottheit. Es war eine erstaunliche Entdeckung, denn noch nie hatte man in Mexiko in einer Pyramide oder einem Tempel eine Grabstätte gefunden. Das Rätsel des Grabes und des Bestatteten wurde durch die Darstellung auf dem Sargdeckel noch größer: Sie zeigt einen barfüßigen Maya, der auf einem gefiederten oder flammenden Thron sitzt und anscheinend mechanische Geräte in einer gut ausgestatteten Kammer bedient (Abb. 28). Die Ancient Astronaut Society und ihr Ehrenmitglied Erich von Däniken sehen in dieser Darstellung einen Astronauten in einem düsengetriebenen Raumschiff. Ihrer Meinung nach ist hier ein Außerirdischer begraben worden.

Archäologen und andere Forscher lachen über diese Deutung. Inschriften auf den Wänden der Gruft und an anderen Stellen überzeugen sie, daß der Bestattete der Herrscher Pacal (Schild) ist, der 615 bis 683 n. Chr. regiert hat. Nach Ansicht einiger wird der verstorbene Pacal vom Drachen der Unterwelt ins Reich der Toten gebracht. Die Tatsache, daß die Sonne am Tag der Wintersonnenwende genau hinter dem Tempel der Inschriften untergeht, ist für sie ein weiterer Hinweis, daß der Fürst zusammen mit dem Gott der untergehenden Sonne die Erde verläßt. Andere gehen bei der Deutung davon aus, daß das Bild von einem Himmelsband umrahmt ist — einer Kette von Glyphen, die Himmelskörper und den Tierkreis darstellen —, und meinen, der Fürst werde von der Himmelsschlange ins Reich der Götter getragen. Man weiß jetzt, daß das Kreuz in Höhe des Gesichts ein stilisierter Lebensbaum ist, der bedeutet, daß der Verstorbene zum ewigen Leben nach dem Tod aufsteigt.

Ein anderes Grab wurde auf dem großen Platz von Tikal am Fuß einer der größeren Pyramiden gefunden. Sieben Meter tief in der Erde lag das Skelett eines ungewöhnlich großen Mannes, und zwar auf einer gemauerten Plattform. Auch er war bedeckt und umgeben von Perlen, Jadegegenständen und Tonwaren.

Bekannt sind Abbildungen von Personen, die von feurigen Schlangen im Maul getragen werden, von den Gelehrten Himmelsgötter genannt. (Abb. 29 aus Chichén Itzá).

Wenn man all dies bedenkt, läßt sich, wie viele Forscher zugegeben haben, »die Ähnlichkeit mit den Grabstätten der ägyptischen Pharaonen nicht leugnen. Die Gleichartigkeit von Pacals Grab und den Bestattungen jener, die früher am

Abb. 29

Nil geherrscht haben, ist augenfällig« (H. La Fay, *The Maya, Children of Time* im »National Geographic Magazine«). In der Tat, die Szene auf Pacals Sarkophag stimmt mit dem Bildnis eines Pharaos überein, der von der geflügelten Schlange zum Weiterleben bei den Göttern getragen wird, die vom Himmel herabgekommen waren. Der Pharao, der früher kein Astronaut war, wurde nach seinem Tod zu einem, und das beschreibt meiner Meinung nach die Szene auf Pacals Sargdeckel.

Nicht nur Gräber wurden im Urwald von Mesoamerika und in den Äquatorialzonen von Südamerika gefunden. Oft entpuppte sich ein überwucherter Hügel als Pyramide oder als Pyramidengruppe einer untergegangenen Stadt. Als die Ausgrabungen in El Mirador, einer Urwaldsiedlung an der mexikanisch-guatemaltekischen Grenze, 1978 begonnen wurden, stieß man auf eine größere Maya-Stadt aus der Zeit um 400 v. Chr., die etwa fünfzehn Quadratkilometer umfaßte. Bis dahin hatte man angenommen, Tikal sei nicht nur die größte Maya-Stadt, sondern auch die älteste. Sie liegt im nordöstlichen Teil der guatemaltekischen Provinz Pelén, und ihre großen Pyramiden erheben sich immer noch über den grünen Urwald. Sie ist sehr groß, und ihre Grenzen dehnen sich weiterhin aus, da immer wieder Ruinen gefunden werden. Allein das Zeremonialzentrum nimmt eine Fläche von über zweieinhalb Quadratkilometer ein, für die der Dschungel nicht nur gerodet, sondern auch eingeebnet werden mußte. Die Schluchten sind in Wasserreservoirs verwandelt worden, die durch Dämme miteinander verbunden sind.

Die Stufenpyramiden von Tikal, die in mehreren Abschnitten eng gruppiert stehen, sind ein Wunderwerk der Konstruktion. Groß und schmal wie Wolkenkratzer erheben sie sich über siebzig Meter hoch. Die rechteckigen Tempel, die nur zwei kleine Räume enthielten, wurden von massiven ornamentalen Aufbauten gekrönt, so daß die Pyramiden ursprünglich noch höher waren (Abb. 30). So schien das Heiligtum zwischen Erde und Himmel zu hängen, und die steilen Stufen, die emporführten, versinnbildlichten die Himmelsleiter. Der Tempel hatte mehrere Eingänge in verschiedenen Höhen. Der Türsturz bestand aus kunstvoll geschnitztem seltenem Holz. In der Regel waren es fünf Augen

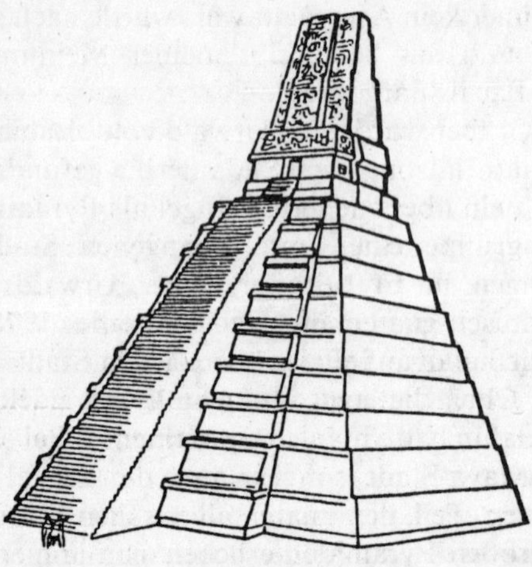

Abb. 30

Abb. 31

ßen- und sieben Innentüren, im ganzen zwölf — eine Symbolik, der man bisher keine besondere Aufmerksamkeit geschenkt hat.

Nachdem 1950 in der Nähe von Tikal eine Start- und Landebahn angelegt worden war, konnten die Ausgrabungen zügiger fortgesetzt werden; sie wurden vor allem vom Museum der Universität Pennsylvania betrieben. Die Archäologen fanden heraus, daß die großen Plätze von Tikal als Friedhöfe gedient haben, wo Fürsten und Edelleute begraben wurden, und daß viele der kleineren Gebäude Totentempel waren, die nicht direkt über den Gräbern errichtet wurden, sondern daneben, also leere Ehrengrabmäler darstellten. Es wurden auch über hundertfünfzig Stelen ausgegraben, aus Stein gemeißelt und größtenteils nach Osten

oder Westen ausgerichtet. Darauf sind, wie man heute mit Sicherheit weiß, Herrscher abgebildet und Ereignisse aus ihrem Leben verewigt. Die eingeschnitzten Glyphen (Abb. 31) verzeichnen die genauen Daten dieser Ereignisse und geben den Namen des Herrschers an (hier »Jaguar Tatze Schädel«, 488 n. Chr.). Die Textglyphen wurden nicht nur bildlich oder ideographisch geschrieben, »sondern auch phonetisch in Silben wie in Sumer, Babylonien und Ägypten« (A. G. Miller, *Maya Rulers of Time*).
Mit Hilfe dieser Stelen konnten die Archäologen vierzehn aufeinander folgende Herrscher in Tikal identifizieren, die von 317 bis 869 n. Chr. in Tikal regiert haben. Aber es steht fest, daß Tikal bereits lange vorher ein königliches Maya-Zentrum war: Untersuchungen der Überreste in den Gräbern mittels der Radiokarbonmethode haben zu Daten geführt, die bis 600 v. Chr. zurückverweisen.
Etwa dreihundert Kilometer von Tikal entfernt liegt im Südosten Copán, die Stadt, die Stephens gekauft hat. Dieses Gebiet, heute Honduras, bildete die südöstliche Peripherie des Maya-Reichs. Hier fehlen zwar hohe Gebäude, aber es ist eine besonders typische Maya-Stadt. Das Zeremonialzentrum umfaßte etwa siebzig Morgen und bestand aus Pyramidentempeln, die um mehrere große Plätze gruppiert waren (Abb. 32). Die großflächig angelegten, etwa dreißig Me-

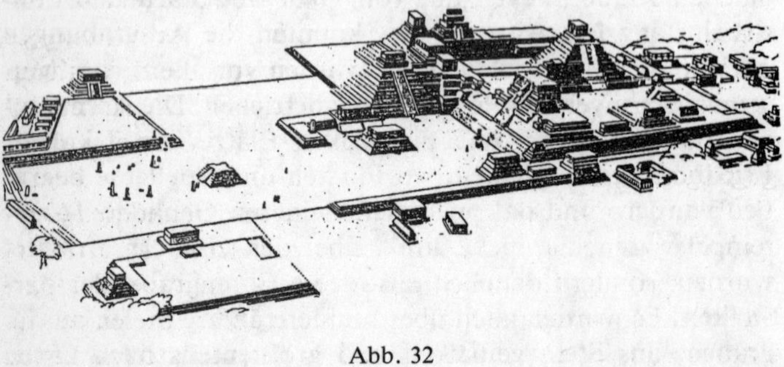

Abb. 32

ter hohen Pyramiden zeichneten sich durch breite, reichgeschmückte Stufen voller Skulpturen und Inschriften aus. Die Plätze waren bestückt mit Schreinen, Altären und — am wichtigsten für Historiker — gemeißelten Stelen, die die Herrscher samt ihren Regierungszeiten angaben. Sie besagen, daß die Hauptpyramide 756 n. Chr. vollendet wurde, und daß sich Copán im neunten Jahrhundert nach Christus auf der Höhe seines Ruhmes befand — kurz vor dem Zusammenbruch der Maya-Kultur.

Wie weitere Entdeckungen und Ausgrabungen in Guatemala, Honduras und Belize ergeben haben, weisen die Monumente und die Stelen durch ihre Daten darauf hin, daß es bereits 600 v. Chr. eine Schrift gegeben hat, die nach übereinstimmender Meinung der Gelehrten einer früheren Entwicklungsphase oder Quelle entstammen muß.

Copán spielte, wie wir sehen werden, im Leben und in der Kultur der Mayas eine wichtige Rolle.

Besonders beeindruckt waren die Forscher von der Genauigkeit, dem Scharfsinn und der Mannigfaltigkeit der Zeitrechnung, die sie den hochentwickelten Kenntnissen der Mayas von Astronomie zuschrieben.

Die Mayas hatten tatsächlich nicht nur *einen*, sondern *drei* Kalender; aber einer davon — meines Erachtens der bedeutsamste — hatte nichts mit Astronomie zu tun. Es ist der sogenannte Long Count. Bei dieser Langzeitrechnung werden die Tage gezählt, die auf den Tag, an dem ein bestimmtes Ereignis stattgefunden hat, folgen. Dieser rätselhafte erste Tag, der auf einem Monument oder einer Stele eingetragen wurde, war nach unserer Zeitrechnung der 13. August 3113 v. Chr. Das Ereignis muß also der Maya-Zivilisation vorangegangen sein.

Der Long Count beruhte, wie auch die beiden anderen Zeitrechnungssysteme, auf dem mathematischen Zwanzigersystem (Abschnitte von zwanzig Tagen), und wie die alten Sumerer benutzten die Mayas das Stellenkonzept, wobei die Zahl eins in der ersten Reihe stand, in der nächsten zwanzig, dann vierhundert und so weiter. Beim Long-Count-Datierungssystem, das vertikale Reihen zugrunde legte, standen die niedrigsten Werte unten, und alle Zahlen wurden mit Glyphen geschrieben (Abb. 33). *Kin* bedeutete eins, *uinal* zwanzig und so weiter. Das Vielfache reichte bis zur Glyphe *alau-tun*, das heißt bis zu der phantastischen Zahl von 23 040 000 000 Tagen — das sind 63 080 082 Jahre!

Abb. 33

Doch wie gesagt, bei den Jahreszahlen auf den Monumenten gingen die Mayas nicht bis zum Zeitalter der Dinosaurier zurück, sondern rechneten von einem für sie bedeutungsvollen Datum an, wie wir bei unserem Kalender ab Christi Geburt. So steht auf der Stele 29 in Tikal (Abb. 34), die das älteste der bisher gefundenen Daten angibt (292 n. Chr.), das Long Count-Datum 8.12.14.8.15, bei dem die Kreise die Zahl eins und die Balken die Zahl fünf bedeuten:

8 bak-tun	(8 × 400 × 360)	=	1 152 000 Tage
12 ka-tun	(12 × 20 × 360)	=	86 400 Tage
14 tun	(14 × 360)	=	5 040 Tage
8 uinal	(8 × 20)	=	160 Tage
15 kin	(15 × 1)	=	15 Tage
		Total	1 243 615 Tage

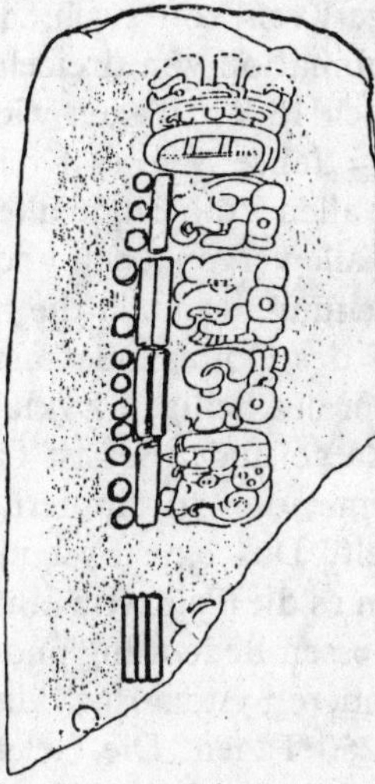

Abb. 34

Teilt man 1 243 615 durch die Zahl der Tage in einem Sonnenjahr, 365¼, so gibt das auf der Stele angegebene Datum an, daß das Ereignis 3404 Jahre und 304 Tage nach dem geheimnisvollen ersten Tag stattgefunden hat, das heißt seit dem 13. August 3113 v. Chr. Das Datum auf der Stele ist demnach A. D. 292 (3405 — 3113 = 292). Manche Gelehrte sind der Ansicht, die Mayas hätten den Long Count in der Ära Baktun sieben zuerst benutzt, das dem vierten Jahrhundert v. Chr. entspricht; andere nehmen sogar eine noch frühere Zeit an.

Außerdem gab es noch zwei zyklische Kalender. Der eine war *Haab*, das Sonnenjahr, das in achtzehn Monate von zwanzig Tagen plus fünf Tagen am Jahresende eingeteilt wurde. Der andere hieß *Tzolkin* (Heiliges Jahr). Dabei wurden die grundlegenden zwanzig Tage mit dreizehn multipliziert, so daß sich zweihundertsechzig Tage ergaben. Die beiden zyklischen Kalender wurden dann zusammengefügt, als ob sie zwei ineinander greifende Zahnräder wären, und es entstand der heilige Kreis von zweiundfünfzig Sonnenjahren, denn die Kombination von dreizehn, zwanzig und 365 konnte sich nur nach 18 980 Tagen wiederholen, das heißt alle zweiundfünfzig Jahre. Dieser Kreislauf von zweiundfünfzig Jahren war allen Völkern im alten Mesoamerika heilig, und sie setzten alle vergangenen und zukünftigen Ereignisse dazu in Beziehung, so auch die messianische Erwartung der Rückkehr des Gottes Quetzalcoatl.
Das früheste Datum des heiligen Zyklus wurde im mexikanischen Tal Oaxaca gefunden; es ist das Jahr 500 v. Chr. Beide Rechensysteme, der kontinuierliche und der heilige Kreis, sind sehr alt. Das eine System geht von der Geschichte aus, indem es die Tage von einem Ereignis vor langer Zeit an zählt, dessen Bedeutung und Art immer noch ein Rätsel sind. Das andere System ist zyklisch, abgestimmt auf eine Periode von 260 Tagen. Die Gelehrten rätseln immer noch daran herum, was sich, wenn überhaupt, alle 260 Tage ereignet hat oder immer noch ereignet.
Manche glauben, dieser Zyklus sei rein mathematisch: Da fünf Zyklen von zweiundfünfzig Jahren 260 Jahre ergeben, habe man die kürzere Zeitrechnung von 260 Tagen übernommen. Aber diese Erklärung verlegt das Problem auf die Notwendigkeit, die zweiundfünfzig Jahre zu erklären: Woher stammen sie, welchen Grund haben sie?
Andere vermuten, der Zeitraum von 260 Tagen habe mit der Landwirtschaft zu tun, etwa mit der Dauer der Regenzeit oder der Dürre. In Anbetracht der Vorliebe der Mayas für Astronomie versuchen wieder andere, eine Beziehung zwi-

schen den 260 Tagen und den Bewegungen von Venus oder Mars herzustellen. Man muß sich wundern, daß ein Lösungsvorschlag, den Zelia Nuttal beim 22. Internationalen Kongreß der Amerikanisten (Rom 1926) vorgelegt hat, nicht die Anerkennung fand, den er verdient. Nuttal wies darauf hin, daß es für die Völker in der Neuen Welt am einfachsten gewesen wäre, eine Beziehung zwischen den jahreszeitlichen Bewegungen der Sonne und ihrem Standort herzustellen und so die Tage am Zenit zu bestimmen. Nuttal meinte, die Indianer hätten das Intervall zwischen den beiden Zenittagen berechnet, und die sich ergebende Zahl der Tage sei die Grundlage für den Kalenderzyklus geworden. Dieses Intervall beträgt am Äquator ein halbes Sonnenjahr; es verlängert sich, wenn man sich nordwärts oder südwärts bewegt. Bei fünfzehn Grad Nord sind es zum Beispiel 263 Tage (vom 12. August bis zum 1. Mai des folgenden Jahres). Dies ist die Regenzeit, und bis zum heutigen Tage beginnen die Mayas am 3. Mai mit dem Maisanbau. (Es ist auch der mexikanische Tag des Heiligen Kreuzes.) Das Intervall lag bei dem Breitengrad 14 Grad 42 Minuten Nord bei genau 260 Tagen — dem Breitengrad von Copán.

Daß Zelia Nuttal die richtige Erklärung für das 260-Tage-Jahr gefunden hat, beweist die Tatsache, daß Copán die astronomische Metropole der Mayas war. Abgesehen von der üblichen Orientierung der Gebäude nach den Himmelskörpern, errichteten sie die Stelen so, daß sie mit der Bestimmung der Kalenderdaten übereinstimmten. Die sogenannte Stele A weist zum Beispiel ein Long-Count-Datum auf, das einem Tag im Jahr 733 n. Chr. entspricht, außerdem zwei andere Daten, eines von zweihundert Tagen und ein anderes von sechzig Tagen, also einen Zyklus von 260 Tagen. Der Astronom A. Aveni (»Skywatchers in Ancient Mexico«) nimmt an, daß dies ein Versuch war, den Long Count (nach dem das Jahr 365¼ Tage hat) mit dem zyklischen Haab von 260 Tagen in Einklang zu bringen. Die Notwendigkeit, die Kalender umzugestalten, mag der

Grund für eine Konferenz der Astronomen gewesen sein, die 763 n. Chr. in Copán abgehalten wurde. Daran erinnert der sogenannte Altar Q, auf dem die sechzehn Astronomen — je vier auf einer Seite — abgebildet sind, die an der Konferenz teilgenommen haben (Abb. 35). Die »Tränentropfen«-Glyphe an ihrer Nase — wie auch auf Pacals Porträt — macht sie als Himmelsbeobachter kenntlich. Das Datum auf diesem Monument ist in zahlreichen Ortschaften zu finden, woraus zu ersehen ist, daß die auf der Konferenz in Copán getroffenen Beschlüsse für das ganze Reich galten.

Abb. 35

Der Ruf der Mayas als voll ausgebildete Astronomen beruht darauf, daß ihre verschiedenen Kodizes Kapitel über Astronomie enthalten, die von den Sonnen- und Mondfinsternissen und der Venus handeln. Beim Studium der Angaben hat sich jedoch herausgestellt, daß die Beobachtungen nicht von den Astronomen der Mayas stammen. Vielmehr sind es Kopien von Almanachen aus früherer Zeit, die es den Mayas ermöglichten, Phänomene zu suchen, die sich auf den 260-Tage-Zyklus anwenden ließen. Laut E. Hadingham (*Early Man and the Cosmos*) enthalten diese Almanache

»eine kuriose Mischung von Langzeit-Genauigkeit und Kurzzeit-Ungenauigkeit«.

Die Astronomen in Copán scheinen hauptsächlich die Aufgabe gehabt zu haben, das heilige Jahr von 260 Tagen mit den Daten früherer Zeiten zu vergleichen, die von den Bewegungen der Himmelskörper handelten, und in Übereinstimmung zu bringen. Das berühmteste, immer noch vorhandene Observatorium in Yucatán, nämlich der *Caracol* in Chichén Itzá (Abb. 36), hat die Bemühungen der Forscher der Reihe nach vereitelt: Vergebens haben sie versucht, in der Anordnung und den Gucklöchern eine Möglichkeit der Beobachtung von Sonnenwenden oder Tagundnachtgleichen zu finden. Allerdings scheinen einige Aussichten mit dem Tzolkin-Zyklus (260 Tage) zusammenzuhängen.

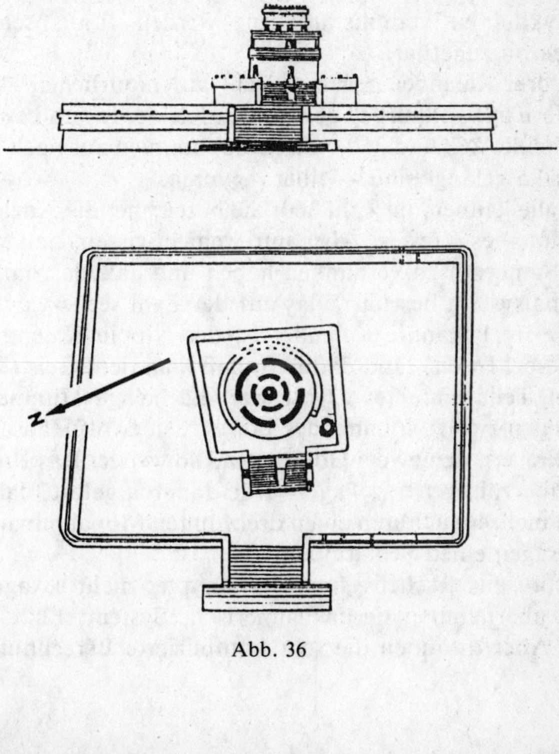

Abb. 36

Aber warum die Zahl 260? Nur weil sie zufällig der Zahl der Zenittage in Copán entspricht? Warum hat man nicht die einfachere Zahl dreihundert gewählt, die einem Ort in der Nähe des Breitengrades zwanzig Grad Nord entspricht wie etwa Teotihuacan?

Die Zahl 260 scheint aber absichtlich gewählt worden zu sein. Die Erklärung, daß sie sich ergibt, wenn man die natürliche Zahl zwanzig (die Anzahl der Finger und Zehen) mit dreizehn multipliziert, verlegt das Problem nur auf die Frage: Warum dreizehn? Auch der Long Count enthält eine willkürliche Zahl, nämlich 360; unerklärlicherweise läßt er die zwanzigfache Progression fallen, denn nach *kin* (1) und *uinal* (20) kommt *tun* (360) an die Reihe. Auch beim Kalender *haab* bildet 360 die Basislänge, und diese Zahl wird in achtzehn Monate von zwanzig Tagen geteilt. Um den Sonnenzyklus zu vervollständigen, werden fünf »schlechte Tage« hinzugefügt.

Alle drei Kalender beruhen nicht auf natürlichen Zahlen, sondern auf willkürlich gewählten. Ich werde nun beweisen, daß beide, 260 und 360, von Mesopotamien aus nach Mesoamerika gelangt sind — über Ägypten.

Wir alle kennen die Zahl 360: Sie bezeichnet die Anzahl der Grade eines Kreises. Aber nur wenige wissen, daß wir sie den Sumerern zu verdanken haben und daß sie vom Sexagesimalsystem herrührt, das auf der Zahl sechzig aufbaut. Der erste bekannte Kalender ist der Nippur-Kalender der Sumerer. Er entstand dadurch, daß man den Kreis (360) in zwölf Teile einteilte. Zwölf war die heilige Himmelszahl nach den zwölf Monaten des Jahres, den zwölf Häusern des Tierkreises, den zwölf Göttern und so weiter. Das Problem der überzähligen 5¼ Tage wurde dadurch gelöst, daß man nach mehreren Jahren einen dreizehnten Monat hinzufügte, sozusagen einen Schaltmonat.

Obwohl das Rechensystem der Ägypter nicht sexagesimal war, übernahmen sie das sumerische System: 12 × 30 = 360. Aber da ihnen die sehr komplizierte Berechnung des

Schaltmonats zu schwierig war, vereinfachten sie die Sache, indem sie jedes Jahr den letzten Monat um fünf Tage verkürzten. Genau dieses System wurde in Mesoamerika übernommen. Der Haab-Kalender war dem ägyptischen nicht nur ähnlich, sondern er war identisch. Und wie die Mesoamerikaner neben dem Schaltjahr ein Ritualjahr hatten, so auch die Ägypter, und zwar hing es bei ihnen mit dem Aufgang des Sirius und dem gleichzeitigen Ansteigen des Nils zusammen.

Der sumerische Einfluß auf den ägyptischen und in der Folge auf den mesoamerikanischen Kalender beschränkte sich nicht auf die Sexagesimalzahl 360. Verschiedene Studien, hauptsächlich von B. P. Reko in den frühen Ausgaben des *El Mexico Antiguo*, lassen keinen Zweifel daran, daß der dreizehnte Monat des Tzolkin-Kalenders das sumerische Zwölfmonatssystem mit dem dreizehnten Schaltmonat spiegelt, außer daß die Ägypter (und nach ihnen die Mesoamerikaner) den dreizehnten Monat um fünf Tage verkürzten. Die Bezeichnung *tun* für die Zahl 360 bedeutet in der Maya-Sprache »himmlisch« — einen Stern im Tierkreis. Interessanterweise nannten die Mayas einen Sternhaufen — ein Sternbild — *mool*, und die Sumerer bezeichneten mit MUL einen Himmelskörper.

Die Verbindung des mesoamerikanischen Kalenders mit der Alten Welt wird noch augenfälliger, wenn wir die heilige Zahl zweiundfünfzig betrachten, mit der alle großen Ereignisse in Mesoamerika verknüpft waren. Bei den vielen Versuchen, sie zu erklären (zum Beispiel, daß 13 × 4 zweiundfünfzig ergibt), wurde die offensichtlichste Quelle nicht beachtet: die zweiundfünfzig Wochen des nahöstlichen Kalenders (und später des europäischen). Aber zu dieser Folgerung gelangt man nur, wenn man die Siebentagewoche annimmt. Das war nicht immer der Fall. Nach dem Ursprung der Siebentagewoche hat man zwei Jahrhunderte lang gesucht; als beste Theorie kann man gelten lassen, daß sie von den vier Mondphasen abgeleitet ist. Gewiß ist, daß

sie in biblischen Zeiten eine von Jahwe verfügte Zeitspanne war, als er den Israeliten beim Auszug aus Ägypten befahl, den siebten Tag als Sabbat einzuhalten.
War zweiundfünfzig der heilige Zyklus, weil diese Zahl zufällig den gemeinsamen Nenner aller mesoamerikanischen Kalender bildete, oder wurde der heilige Zyklus von 260 angenommen, weil die Multiplikation 52 × 5 die Zahl 260 ergibt?
Ein sumerischer Gott, dessen Beiname »Sieben« lautete, wurde an seinem Erscheinungsort *beer-sheba* (Siebenbrunnen) und überwiegend in Kanaan angebetet. Die Zahl sieben als Besonderheit erscheint in den Geschichten von den hebräischen Erzvätern erst, nachdem Abraham nach Ägypten gegangen und am Hof des Pharaos geblieben war. Sie kommt in der biblischen Geschichte von Joseph, vom Traum des Pharaos und den nachfolgenden Ereignissen in Ägypten vor. Daß beide Zahlen, sowohl zweiundfünfzig als auch sieben, ägyptischen Ursprungs sind, läßt sich ohne weiteres beweisen.
Genauer gesagt: zweiundfünfzig war eine magische Zahl, die dem ägyptischen Gott Thoth zugeordnet wurde, dem Gott der Wissenschaft, der Schreibkunst, der Mathematik und des Kalenders.
Eine altägyptische Erzählung »Die Erlebnisse des Satni-Khamois mit den Mumien« — die sich mit einem modernen Thriller vergleichen läßt — berichtet von Thoths Verbindung mit der magischen Zahl zweiundfünfzig und dem geheimnisvollen Kalender als Schlüsselszene der Handlung. Sie war auf einem Papyrus geschrieben (Kairo 30646), der in einem aus dem dritten Jahrhundert v. Chr. stammenden Grab in Theben gefunden wurde. Es wurden auch Fragmente anderer Papyri mit derselben Geschichte gefunden, so daß anzunehmen ist, daß es ein bekanntes Buch der altägyptischen Literatur war, das von Göttern und Menschen handelte.
Der Held der Geschichte, Sohn eines Pharaos, »war in allen

Dingen wohlunterrichtet«. Er pflegte in der Nekropole von Memphis (der damaligen Hauptstadt) umherzuschlendern, wo er die heiligen Inschriften auf den Tempelmauern und Stelen studierte und alte Bücher der Magie suchte. Mit der Zeit wurde er »ein Magier, desgleichen es im ganzen Land Ägypten nicht gab«. Eines Tages erzählte ihm ein alter Mann von einem Grab, »in dem sich das Buch befindet, das der Gott Thoth mit eigener Hand geschrieben hat«. Darin stünden die Geheimnisse des Himmels und der Erde, auch das göttliche Wissen, das »die Sonnen- und Mondaufgänge und die Bewegungen der Götter (Planeten), die zum Zyklus der Sonne gehören, betrifft« — die Geheimnisse der Astronomie und des Kalenders.

Es war das Grab Nenoferkheptahs, Sohn eines früheren Pharaos (der nach Meinung der Gelehrten ums Jahr 1250 v. Chr. regiert hat). Natürlich interessierte sich Satni sehr dafür und fragte nach dem Weg zu dem Grab. Der Alte warnte ihn jedoch, denn Nenoferkheptah sei zwar mumifiziert, aber nicht tot, und würde jeden töten, der versuchte, das zu seinen Füßen liegende Buch an sich zu nehmen. Unverzagt machte sich Satni auf die Suche nach dem Grab. Es war nicht zu sehen, da es sich unter dem Erdboden befand. Aber Satni »sprach darüber eine Formel, worauf der Boden sich öffnete, und Satni stieg hinunter«.

In dem Grab sah er die Mumien von Nenoferkheptah, seiner Schwester/Gattin und beider Sohn. Das Buch lag tatsächlich zu Nenoferkheptahs Füßen. »Es strahlte ein Licht aus, als ob die Sonne hier schiene.« Als Satni darauf zutrat, sprach die Frauenmumie und warnte ihn, weiterzugehen. Sie erzählte Satni von Nenoferkheptahs Erlebnissen, als er sich das Buch hatte aneignen wollen; denn Thoth hatte es an einem geheimen Ort versteckt, in einem goldenen Schrein, der sich in einem silbernen Schrein befand, den mehrere Schreine verbargen; die beiden äußersten waren aus Bronze und Eisen. Allen Warnungen und Hindernissen zum Trotz hatte sich Nenoferkheptah das Buch angeeignet, woraufhin

Thoth alle drei zum Scheintod verdammt hatte: Obwohl sie lebten, wurden sie begraben; obwohl sie mumifiziert waren, konnten sie sehen, hören und sprechen. Sie warnte Satni, dieser Fluch werde auf ihn übergehen, wenn er das Buch berührte.

Aber nachdem er so weit vorgedrungen war, wollte Satni nicht mehr auf das Buch verzichten. Als er wieder einen Schritt machte, sprach Nenoferkheptah und sagte, es gebe eine Möglichkeit, das Buch zu besitzen, ohne Thoths Zorn zu erregen. Er müsse mit Thoth Zweiundfünfzig spielen und gewinnen; das war Thoths magische Zahl.

Satni willigte sofort ein. Er verlor die erste Runde und merkte, daß er ein Stück in den Boden versank. Er verlor die nächste Runde und sank noch tiefer ein. Wie es ihm gelang, mit dem Buch zu entrinnen, welche Katastrophen er in der Folge erlebte, bis er das Buch zu seinem Versteck zurückbrachte, das wird im weiteren Verlauf dieser alten Version des Filmes *Raiders of the Lost Ark* (Der Jäger des verlorenen Schatzes) erzählt.

Die Moral der Geschichte: Kein Mensch, soviel er auch wissen mag, kann die Geheimnisse der Erde, der Sonne, des Mondes und der Planeten ohne göttliche Erlaubnis ergründen; ohne Thoths Zustimmung wird der Mensch das Spiel Zweiundfünfzig verlieren. Und er wird es verlieren, selbst wenn es ihm gelingt, herauszufinden, wie sich die aus Mineralen und Metallen bestehende Schutzschicht der Erde durchbrechen läßt.

Meiner Überzeugung nach war es derselbe Thoth alias Quetzalcoatl, der den mesoamerikanischen Völkern den Zweiundfünfziger-Kalender und alles übrige Wissen vermittelte. In Yucatán nannten ihn die Mayas Kukulcan; in Guatemala und El Salvador hieß er Xiuhtecuhtli. Alle Namen bedeuteten dasselbe: Gefiederte oder geflügelte Schlange.

Architektur, Inschriften, Ikonographie und Monumente in den untergegangenen Städten der Mayas ermöglichten es den Altertumsforschern, nicht nur ihre Geschichte und die ihrer Herrscher zurückzuverfolgen, sondern auch ihre wechselnden religiösen Vorstellungen zu ermitteln. Zuerst wurden auf Stufenpyramiden die Tempel zur Anbetung des Schlangengottes errichtet, und die Himmelsbeobachter suchten den Schlüssel zu den himmlischen Zyklen. Aber es kam eine Zeit, wo der Gott — oder auch alle Götter — verschwanden. Da sie nicht mehr gesehen werden konnten, nahm man an, der Herrscher der Nacht, der Jaguar, habe sie verschluckt. Das Bild des großen Gottes wurde fortan mit einer Jaguarmaske bedeckt (Abb. 37), durch die die Schlangen, sein ehemaliges Symbol, noch hervorkommen.

Abb. 37

Aber hatte nicht Quetzalcoatl versprochen, zurückzukehren?
Fieberhaft zogen die Himmelsbeobachter im Urwald alte Almanache zu Rate. Priester erklärten, die verschwundenen Götter würden zurückkehren, wenn man ihnen die zuckenden Herzen menschlicher Opfer darböte.

Es geschah jedoch, daß im neunten Jahrhundert vor Christus ein vom Kalender vorausgesagtes Ereignis an dem bestimmten Datum nicht eintrat. So wurden die Kultstätten und die den Göttern geweihten Städte verlassen, und der Urwald warf seinen grünen Mantel über das Gebiet der Schlangengötter.

5
Fremde aus einem Land jenseits des Meeres

Als die Tolteken voller Abscheu vor den religiösen Greueltaten unter ihrem Führer Topiltzin-Quetzalcoatl 987 n. Chr. Tollan verließen, um eine Gegend zu suchen, wo sie wie in früherer Zeit den Göttern huldigen konnten, gelangten sie nach Yucatán. Gewiß hätten sie eine näher gelegene, neue Heimat finden können, wobei sie die anstrengende Reise und die Begegnung mit feindlichen Stämmen vermieden hätten. Aber sie zogen es vor, eineinhalbtausend Kilometer zurückzulegen, um ein ganz anderes Land zu finden, eine flache, tropische Gegend ohne Flüsse. Sie wanderten und wanderten, bis sie Chichén Itzá erreicht hatten. Warum? Was bewog sie, zu der heiligen Stadt zu ziehen, die von den Mayas bereits verlassen worden war? Wir können die Antwort nur in den Ruinen finden.

Die von Mérida aus leicht erreichbare administrative Hauptstadt Yucatáns, Chichén Itzá, ist mit Pompeji verglichen worden, wo man nach der Entfernung der vulkanischen Asche eine römische Stadt mit Straßen, Häusern, Wandmalerei gefunden hat. Hier war es der Urwald, der entfernt werden mußte. Die Mühe lohnte sich zweifach: Man sieht heute eine alte Maya-Stadt und gleichzeitig ein Spiegelbild von Tollan, wie die Auswanderer diese Stadt zuletzt gesehen haben; denn die Tolteken bauten Chichén Itzá nach dem Muster ihrer ehemaligen Hauptstadt wieder auf.

Nach Ansicht der Archäologen war die Stadt schon im ersten Jahrtausend vor Christus eine wichtige Niederlassung. Die Chronik *Chilam Balam* bescheinigt, daß sie 450 n. Chr. die heilige Hauptstadt von Yucatán war. Damals wurde sie *Chichén* (Brunnenmund) genannt; denn ihr Allerheiligstes war ein *cenote*, ein heiliger Brunnen, zu dem die Pilger von nah und fern kamen. Die meisten sichtbaren Überreste aus der Zeit der Maya-Herrschaft befinden sich im Süden, das sogenannte »alte Chichén«. Hier stehen die von Stephens beschriebenen und von Catherwood gezeichneten Bauten; sie tragen romantische Namen wie *akab-dzib* (Ort der okkulten Schriften), Nonnenkloster, Tempel der Schwellen usw. Die letzten Bewohner vor der Ankunft der Tolteken waren die Itzas gewesen, ein Stamm, den manche als Verwandte der Tolteken betrachten und andere als Einwanderer aus dem Süden. Sie gaben der Stadt ihren jetzigen Namen, der Brunnenmund der Itzas bedeutet. Sie erbauten aus den Maya-Ruinen ihre eigene Kultstätte und errichteten die berühmtesten Gebäude: die Große Pyramide (El Castillo) und das Observatorium (Caracol), die von den Tolteken umgebaut und überbaut worden waren, als sie hier ihr Tollan neu erschaffen hatten.

Die zufällige Entdeckung eines Zugangs ermöglicht es den heutigen Besuchern, den Raum zwischen der Itza-Pyramide und der sie umhüllenden toltekischen Pyramide zu betreten und die frühere Treppe zum Heiligtum der Itzas zu erklettern, wo die Tolteken ein Bildnis von Chacmool und das eines Jaguars errichtet haben. Von außen sieht man nur die toltekische, sechzig Meter hohe, neunstufige Pyramide (Abb. 38). Sie war dem Gott Quetzalcoatl-Kukulcan, der gefiederten Schlange, gewidmet und ehrt ihn nicht nur mit Darstellungen von gefiederten Schlangen, sondern auch mit der Eingliederung kalendarischer Aspekte. So befindet sich auf allen vier Seiten eine Treppe mit einundneunzig Stufen, die zusammen mit der obersten Stufe, der Plattform, die Zahl der Tage des Sonnenjahrs ergeben ($91 \times 4 + 1 = 365$).

Ein Gebäude, das Kriegertempel heißt, ist in bezug auf Lage, Treppe, flankierende geflügelte Schlangen aus Stein, Ausschmückung und Skulpturen eine genaue Nachahmung der Atlanten-Pyramide in Tula. Wie in Tula (Tollan) liegt gegenüber dieser Tempelpyramide westlich des Platzes der

Abb. 38

Bereich des Ballspiels. Es ist eine rechteckige Arena mit einer Länge von hundertachtzig Metern, der größten in Mesoamerika. Hohe Mauern erheben sich an den Längsseiten; in der Mitte, zehn Meter über dem Boden, ist ein steinerner Ring befestigt, den herausgemeißelte verschlungene Schlangen schmücken. Das Spiel bestand darin, einen schweren Kautschukball, der den Boden nicht berühren durfte, durch die Ringe zu werfen. Jede Mannschaft zählte sieben Spieler; die Mannschaft, die verloren hatte, zahlte einen hohen Preis: Ihr Anführer wurde enthauptet. An den langen Mauern zeigen Reliefs Szenen des Wettkampfs. Auf dem Relief an der Ostwand (Abb. 39) ist der Anführer der Sieger-

Abb. 39

mannschaft zu sehen, der den abgeschnittenen Kopf des Verlierers in der Hand hält.
Das blutige Ende des Wettkampfs legt den Gedanken nahe, daß er mehr bedeutete als nur Spiel und Unterhaltung. Wie in Tula gab es auch in Chichén Itzá mehrere Ballspielplätze, vielleicht für Training oder kleinere Wettkämpfe. Der Hauptspielplatz war einzigartig in seiner Größe und Pracht, und die kultische Bedeutung wird unterstrichen durch die Tatsache, daß hier drei Tempel standen, die reich ge-

schmückt waren mit Darstellungen von Kriegsszenen, mythologischen Zweikämpfen, dem Lebensbaum und einem geflügelten, bärtigen Gott mit zwei Hörnern (Abb. 40).

Abb. 40

All dies und die Vielgestaltigkeit der Ballspieler sowie ihrer Embleme weisen auf ein Ereignis von großer politisch-religiöser Bedeutung hin. Die Zahl der Spieler (sieben), die Enthauptung des Anführers der Gruppe, die verloren hat, und die Verwendung eines Kautschukballs erinnern an eine Legende im »Popol Vuh«, die von einem Streit zwischen Göttern handelt, der als Wettkampf mit einem Kautschukball ausgetragen wird. Die Götter Sieben-Macaw und seine beiden Söhne mußten gegen verschiedene Himmelsgötter antreten, darunter Sonne, Mond und Venus. Der besiegte Sohn Sieben-Huanaphu wurde hingerichtet: »Sein Kopf wurde vom Körper getrennt und rollte weg, das Herz wurde ihm aus der Brust gerissen.« Doch da er ein Gott war, ist er wiederauferstanden und ein Planet geworden.
Derartige Neuinszenierungen göttlicher Ereignisse, wie sie bei den Tolteken Brauch waren, finden wir auch bei den religiösen Schauspielen im alten Nahen Osten. In Ägypten wurde die Entmannung und Wiederauferstehung des Osiris alljährlich in einem Mysterienspiel nachempfunden, in dem Schauspieler und auch der Pharao die Rolle verschiedener Götter übernahmen. Und in Assyrien stellte man jedes Jahr in einem schwierigen Stück den Kampf zwischen zwei Göt-

tern dar, bei dem der Verlierer hingerichtet wurde, nur um Verzeihung zu erlangen und vom Himmelsgott wieder zum Leben erweckt zu werden. Im babylonischen Epos *Enuma elisch* wird die Erschaffung des Sonnensystems beschrieben; es wurde alljährlich bei der Neujahrsfeier vorgelesen. Darin kommt der Zusammenstoß im Himmel vor, der zur Entstehung der Erde (des siebten Planeten) führte, nachdem der oberste babylonische Gott Marduk die monströse Tiamat zerschnitten und enthauptet hatte.

Abb. 41

Der Maya-Mythos und seine theatralische Darstellung im Nahen Osten haben die himmlischen Elemente und die Symbolik der Zahl sieben in ihrer Beziehung zur Erde beibehalten. Es ist bedeutungsvoll, daß auf den Skulpturen an den Mauern des Ballspielplatzes einige Spieler als Emblem die Sonnenscheibe tragen, andere hingegen das eines siebenzackigen Sterns (Abb. 41). Daß dies kein zufälliges Emblem war, sondern ein himmlisches, bestätigt meiner Ansicht nach die Tatsache, daß in Chichén Itzá häufig ein vierzackiger Stern zusammen mit dem Zeichen für die Zahl acht, dem Symbol der Venus, zu sehen ist (Abb. 42 a), und daß im nordwestlichen Yucatán die Tempelmauern mit einem sechszackigen Stern geschmückt waren (Abb. 42 b).

a

b

c

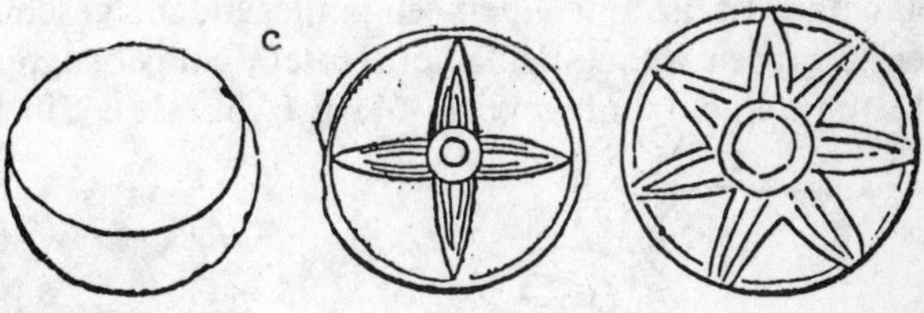

Abb. 42 a, b und c

Die Darstellung der Planeten als gezackte Sterne ist üblich, so daß wir gern vergessen, woher dieser Brauch stammt. Wie so vieles hat er seinen Anfang in Sumer. Von den Nefilim hatten die Sumerer gelernt, die Planeten nicht, wie wir es tun, von der Sonne aus nach außen zu zählen, sondern von außen nach innen. So war Pluto der erste Planet, Neptun der zweite, Uranus der dritte, Saturn der vierte, Jupiter der fünfte, Mars der sechste, die Erde der siebte und Venus der achte. Die übliche Erklärung der Gelehrten, warum die Tolteken und die Mayas die Venus als achten Planet betrachtet haben, lautet: Weil es acht Jahre dauert, bis die Erde (8 × 365 = 2920 Tage) und die Venus nach fünf

Umläufen (5 × 584 = 2920 Tage) wieder in Konjunktion sind. Aber wenn dies so wäre, müßte die Venus »Fünf« sein und die Erde »Acht«.
Die sumerische Methode ist viel genauer, und meines Erachtens haben die Tolteken und Mayas die nahöstliche Ikonographie übernommen; denn die Zeichen in Yucatán sind fast dieselben wie diejenigen, mit denen die Planeten in Mesopotamien dargestellt worden sind (Abb. 42 c).
Die Anwendung der Zackensterne nach nahöstlichem Verfahren wird immer augenfälliger, je mehr man in den Nordwesten von Yucatán und zur Küste vordringt. Dort hat man in Tzekelna eine bemerkenswerte Skulptur gefunden, die jetzt im Museum von Mérida zu sehen ist. Sie ist aus einem großen Steinblock herausgemeißelt und stellt einen Mann mit strengen Gesichtszügen und, möglicherweise, einem Helm dar. Er ist mit einem enganliegenden, geschuppten oder gerippten Anzug bekleidet. Unter dem gebeugten Arm sieht man einen fünfzackigen Stern (Abb. 43). Ein Gürtel

Abb. 43 und 44

hält einen rätselhaften runden Gegenstand fest, der ihn nach Ansicht der Altertumsforscher als Wassergott kennzeichnet.
In der Nähe, in Oxkintok, wurden ähnliche massive Blöcke gefunden, die als Stützsäulen in den Tempeln gedient haben sollen. Eine dieser Figuren (Abb. 44) sieht wie ein weibliches Gegenstück des oben beschriebenen Mannes aus. Das geschuppte oder gerippte Kleid kommt auf mehreren Skulpturen auf Jaina vor, einer Insel vor der Nordwestküste Yucatáns, wo ein sehr ungewöhnlicher Tempel gestanden hat. Diese Insel diente als geheiligte Nekropole, weil sie der Legende nach die letzte Ruhestätte Itzamnas war, des Gottes der Itzas, der an der Küste des Meeres entlang hierher gewatet war. Sein Name bedeutet »Dessen Heimat das Wasser ist«.

Texte, Legenden und religiöser Glaube besagen, daß an der Golfküste von Yucatán, wo ein Gott an Land gekommen ist, die erste Niederlassung war und die Zivilisation auf der Halbinsel begann. Das muß der Grund gewesen sein, warum die Tolteken, die auf der Suche nach der Erneuerung und Reinigung ihres Glaubens waren, diesen Winkel von Yucatán und insbesondere Chichén Itzá auswählten. Es war gewissermaßen eine Rückkehr zu der Gegend, wo alles seinen Anfang genommen hatte und wo der wiederkehrende Gott landen würde, wenn er übers Meer kam.
Im Mittelpunkt der Anbetung Itzamnas und Quetzalcoatls — vielleicht auch durch die Erinnerung an Votan — stand der heilige Cenote von Chichén Itzá, ein großer Brunnen, der Chichén Itzá seinen Namen gegeben hat.
Er liegt nördlich der Hauptpyramide und ist durch eine lange gepflasterte Prozessionsstraße mit der Kultstätte verbunden. Heute ist er dreiundzwanzig Meter tief; der ovale Brunnenrand mißt über achtzig Meter in der Länge und sechzig Meter in der Breite. Es ist erwiesen, daß der Brunnen künstlich vergrößert worden ist und daß eine Treppe

hinuntergeführt hat. Am Brunnenrand sind immer noch die Überreste einer Plattform und eines Schreins zu sehen. Bischof Landa, von dem die erste Beschreibung des heiligen Brunnens stammt, berichtet, hier hätten die Indios Rituale für den Gott des Wassers und des Regens abgehalten und lebende Menschen als Opfergaben in den Brunnen geworfen. Pilger seien von überallher gekommen, um kostbare Gegenstände, vorzugsweise aus Gold, zu opfern.

Im Jahr 1885 wurde Edward H. Thompson, der sich mit seiner Abhandlung *Atlantis Not a Myth* einen Namen gemacht hatte, zum amerikanischen Konsul in Mexiko ernannt. Binnen kurzem kaufte er für fünfundsiebzig Dollar zweihundertfünfzig Quadratkilometer Urwald, wozu die Ruinen von Chichén Itzá gehörten. Hier ließ er sich nieder und führte für das Peabody-Museum der Universität Harvard im Brunnen Grabungsarbeiten durch, um die Opfergaben herauszuholen.

Nur etwa vierzig Menschenskelette wurden gefunden, aber die Taucher brachten Tausende von kostbaren Gegenständen herauf. Mehr als dreieinhalbtausend bestanden aus Jade, dem von den Azteken und Mayas bevorzugten Schmuckstein. Es waren Perlen, Nasen- und Ohrenschmuck, Knöpfe, Ringe, Anhänger, Kugeln, Scheiben und Figurinen. Über fünfhundert Gegenstände wiesen Schnitzereien auf, die Menschen und Tiere darstellten. Darunter war ein bärtiger Mann (Abb. 45 a und b), der den Abbildungen auf den Mauern des Ballspielplatzes gleicht (Abb. 45 c).

Noch bedeutungsvoller waren die Metallgegenstände, die hervorgeholt wurden. Hunderte bestanden aus Gold, einige aus Silber und Kupfer — merkwürdige Funde auf einer Halbinsel, die kein Metall aufweist. Einige Gegenstände bestanden aus vergoldetem Kupfer und Kupferlegierungen; sie zeugten von metallurgischen Kenntnissen, über die die Mayas nicht verfügt hatten, mußten also aus fernen Landen stammen. Am verwirrendsten waren die Scheiben aus rei-

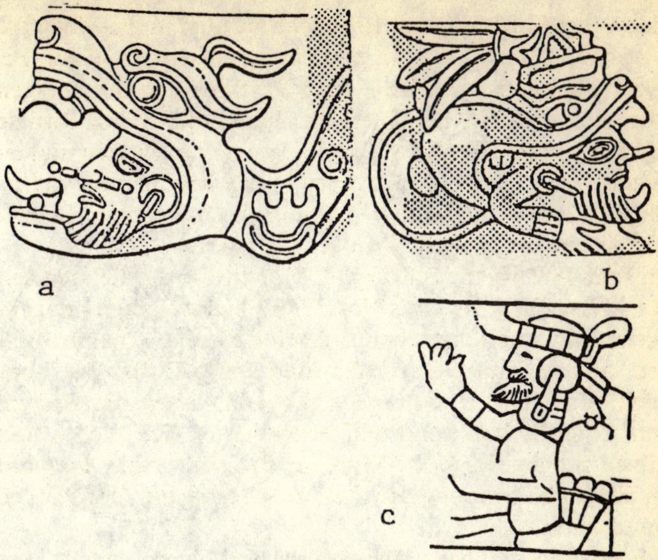

Abb. 45 a, b und c

nem Zinn, das in der Natur sehr selten vorkommt und nur aus Zinnerz, das sich in ganz Mesoamerika nicht findet, mittels eines komplizierten Verfahrens gewonnen werden kann. Unter den vortrefflich gearbeiteten Metallgegenständen waren zahlreiche Glocken und Ritualobjekte (Becher, Schalen), Ringe, Kronen, Masken, Ornamente und Schmuck, auch Zepter und Gegenstände unbekannter Verwendung sowie — am wichtigsten — Scheiben mit eingravierten oder gestanzten Gruppenszenen. Verschieden aussehende und gekleidete Personen stehen darauf einander gegenüber, vielleicht im Kampf, in Anwesenheit von irdischen oder himmlischen Schlangen und Himmelswesen. Der dominierende oder siegreiche Held trägt immer einen Bart (Abb. 46 a und b).

Es sind bestimmt keine Götter, denn die Schlange ist von den Personen getrennt. Sie unterscheiden sich von dem bär-

Abb. 46 a und b

tigen und geflügelten Himmelsgott (s. Abb. 40), der auf den Wandreliefs und Säulen in Chichén Itzá zusammen mit Helden und Kriegern zu sehen ist. Der hier abgebildete Gott hat den Spitznamen Onkel Sam erhalten (Abb. 47).

Die Identität dieser bärtigen Männer ist ein Rätsel. Eingeborene können es nicht sein, da die Indianer keine Gesichtshaare haben und keinen Bart tragen. Wer waren diese Fremden? Ihre semitischen oder eher ostmediterranen Züge (noch augenfälliger bei den bärtigen Tonfiguren) lassen manche Forscher annehmen, es seien Phönizier oder »seefahrende Juden«, die vom Kurs abgekommen und von der Strömung des Atlantischen Ozeans nach Yucatán getrieben worden sind, als sie von König Salomo und dem phönizischen König Hiram mit einer Flotte nach Ophir geschickt wurden, um dort Gold zu holen. Das war etwa im Jahr 1000 v. Chr. oder ein paar Jahrhunderte später gewesen, als die Phönizier von ihren Hafenstädten am östlichen Mittelmeer

Abb. 47

verjagt wurden, Karthago gründeten und weiter nach Afrika segelten.

Wer die Seefahrer auch gewesen sein und zu welcher Zeit sie gelebt haben mögen, die meisten Forscher sind sich darin einig, daß sie nicht absichtlich nach Yucatán gekommen sind. Entweder handle es sich um falsche Bärte, die die Indianer sich ans Kinn geklebt hätten, oder die Männer seien Schiffbrüchige. Die erste Erklärung (von namhaften Gelehrten vorgebracht) wirft die Frage auf: Wenn die Indianer bärtige Männer nachgeahmt haben, wer waren dann diese Männer? Auch die Erklärung, einige Schiffbrüchige hätten sich an

Abb. 48 a und b

Abb. 49

Land gerettet, ist nicht stichhaltig. In den überlieferten Geschichten, zum Beispiel in der Votan-Sage, wird von Forschungsreisen berichtet, denen eine Niederlassung und die Gründung einer Stadt folgten. Die archäologischen Funde

beweisen, daß nirgends Überlebende an einer Küste gestrandet sind. Die Bärtigen sind in allen Orten an der mexikanischen Golfküste abgebildet worden, sogar im Süden am Stillen Ozean und im Inland. Nicht stilisiert, nicht mystifiziert, sondern als Porträts tätiger Menschen.
Die verblüffendsten Beispiele derartiger Abbildungen hat man in Veracruz gefunden (Abb. 48 a und b). Die hier dargestellten Menschen sind deutlich als die westsemitischen Würdenträger zu erkennen, die von ägyptischen Pharaonen auf ihren asiatischen Feldzügen gefangengenommen und von den Siegern an den Tempelmauern zur Erinnerung abgebildet worden sind (Abb. 49).

Abb. 50

Warum und wann sind Seefahrer vom Mittelmeer nach Mesoamerika gekommen? Die archäologischen Hinweise sind verblüffend, denn sie führen zu einem noch größeren Rätsel: Viele Abbildungen zeigen, daß sich die anscheinend dunkelhäutigen Vorfahren der Olmeken und die Bärtigen begegnet sind (Abb. 50); sie haben einander gegenübergestanden, Aug in Auge, im selben Gebiet, gleichzeitig.

Von allen Kulturen in Mesoamerika ist die der Olmeken die älteste und geheimnisvollste. Nach den Berichten handelt es sich um die Mutterkultur, die von allen anderen übernommen und kopiert wurde. Sie entwickelte sich zu Beginn des zweiten Jahrtausends v. Chr. an der mexikanischen Golfküste. Etwa 1200 v. Chr. — manche nehmen das Jahr 1500 v. Chr. an — stand sie in etwa vierzig Städten in voller Blüte. Diese Kultur breitete sich in alle Richtungen aus, hauptsächlich nach Süden, und hatte im Jahr 800 v. Chr. in ganz Mesoamerika ihre Spuren hinterlassen.

Die erste mesoamerikanische Glyphenschrift tauchte im Olmeken-Gebiet auf, desgleichen das mesoamerikanische Zahlensystem mit Kreisen und Balken. Die ersten Inschriften des Long-Count-Kalenders mit dem rätselhaften Datum 3113 v. Chr., die ersten prachtvollen Skulpturen, die erste Verarbeitung von Jade, die ersten Abbildungen von Handwaffen und Werkzeug, die erste Orientierung nach dem Himmel und die ersten Kultstätten — all das waren Errungenschaften der Olmeken. Kein Wunder, daß die Forscher in Anbetracht von so vielen »ersten« die olmekische Zivilisation in Mesoamerika mit derjenigen der Sumerer in Mesopotamien verglichen haben, die im alten Nahen Osten in allen Bereichen die Ersten waren. Wie die sumerische Zivilisation erschien auch die olmekische unvermittelt, ohne vorherige Übergangsperiode eines allmählichen Fortschritts. In ihren Texten nennen die Sumerer ihre Zivilisation ein Geschenk der Götter, jener Besucher auf Erden, die den Himmel durchstreifen konnten und deswegen oft als geflügelte Wesen dargestellt wurden (Abb. 51 a). Die Olmeken verliehen ihren Mythen in plastischen Darstellungen Ausdruck wie etwa auf der Stele aus Izapa, auf der ein geflügelter Gott einen anderen enthauptet (Abb. 51 b). Die dargestellte Geschichte gleicht auffallend einer sumerischen Beschreibung (Abb. 51 c).

Abb. 51 a, b und c

Wer waren diese Menschen, die derartige Leistungen vollbrachten? In späterer Zeit gaben ihnen die Azteken den Namen Olmeka (Leute aus dem Gummiland), weil ihr Gebiet an der Golfküste für seine Gummibäume berühmt war. Trotzdem blieben sie ein Rätsel — Fremde aus einem Land jenseits des Meeres, Menschen, die nicht nur aus einem anderen Land kamen, sondern sogar von einem anderen Erdteil. In einer Sumpfgegend, wo Steine selten sind, schufen und hinterließen sie Steinmonumente, über die man heute noch staunt; am verblüffendsten sind die Porträts der Olmeken selbst.

Einzigartig in jeder Hinsicht sind die mit unglaublichem Geschick und mit unbekanntem Werkzeug gearbeiteten, plastischen Porträts der olmekischen Häuptlinge. Der erste, der einen solchen Riesenkopf in Tres Zapotes im Staat Veracruz erblickte, war der Reisende José Maria Melgar y Serrano. Er beschrieb ihn in einem Artikel (veröffentlicht 1869 im *Bulletin of the Mexican Geographical and Statistical Society*) als »ein Kunstwerk ... eine herrliche Skulptur, die erstaunlicherweise einen Äthiopier darstellt«. Er legte dem Manuskript naturgetreue Zeichnungen des Kopfes mit negroiden Zügen bei (Abb. 52).

Abb. 52

Erst 1925 wurde das Vorkommen solcher Kolossalköpfe bestätigt, als eine Gruppe Archäologen von der Universität Tulane, die Frans Blom leitete, in La Venta im Staat Tabasco den oberen Teil eines im Boden versunkenen Riesenkopfes fand. Nachdem der Kopf ausgegraben war, wurde er gemessen: Die Höhe beträgt fast drei Meter, der Umfang sieben Meter, und er wiegt etwa zwanzig Tonnen (Abb. 53). Es ist fraglos ein Afrikaner mit einem Helm. Es wurden in La Venta später noch mehr solche Köpfe gefunden; jeder ist ein

Abb. 53

Abb. 54

individuelles Porträt mit eigenem Helm, aber mit gleichen Rassenmerkmalen (Abb. 54).

Herausgemeißelte Gruppenszenen (Abb. 55 a) und Einzeldarstellungen (Abb. 55 b) lassen erkennen, daß die Olmeken groß und muskulös waren, zweifellos »Riesen« in den Augen der eingeborenen Indianer. Aber es ist wohl anzunehmen, daß wir es bei den Abbildungen nur mit einigen Führern zu tun haben, nicht mit der ursprünglichen Bevölkerung einer negroiden afrikanischen Rasse. Von ihr — von Männern, Frauen und Kindern — hinterließen die Olmeken in ganz Mesoamerika Hunderte, wenn nicht Tausende von Abbildungen. Wo auch immer, auf Skulpturen, Steinschnitzereien, Basisreliefs und Statuetten sieht man stets ähnliche dunkelhäutige afrikanische Gesichter, auch auf den Jadegegenständen und dem Goldschmuck aus dem heiligen Cenote von Chichén Itzá, vor allem auf den zahlreichen Tonfiguren, die den Weg von Jaina bis Mittel- und Nordmexiko gefunden haben (Abb. 56).

Sowohl Tonfiguren (Abb. 57 a) als auch Skulpturen (Abb. 57 b) stellen die Olmeken mit einem kleinen Kind im Arm dar. Dabei muß es sich um eine Abbildung von besonderer Bedeutung gehandelt haben.

a

b

Abb. 55 a und b

Abb. 56

Die Orte selbst, wo man die Kolossalköpfe und andere olmekische Abbildungen gefunden hat, sind nicht weniger interessant. Ihre Größe und die Art der Bauten zeigen an, daß hier organisierte Siedler gelebt haben, nicht nur ein paar Schiffbrüchige. La Venta war ursprünglich eine Sumpfinsel, die künstlich geformt, aufgeschüttet und planmäßig aufgebaut worden ist. Größere Gebäude, ein ungewöhnlicher kegelförmiger Erdhügel, »Pyramide« genannt, längliche und runde Wälle, gepflasterte Plätze, Altäre, Stelen und andere vom Menschen geschaffene Dinge sind mit geometrischer Genauigkeit längs einer Nord-Süd-Achse angelegt, die sich viereinhalb Kilometer weit erstreckt. Für eine Gegend, die keine Steine aufweist, wurden erstaunlich viele verschiedene Steine — jeder wegen seiner besonderen Eigenschaften ausgewählt — verwendet, obwohl sie alle von weither gebracht werden mußten. Allein die kegelförmige Pyramide erforderte als Baumaterial hunderttausend Kubikmeter Erde. Das bedeutet eine ungeheure körperliche Anstrengung. Es bedeutet auch ein hohes Niveau und eine große Erfahrung bei den Architektur- und Steinmetzarbeiten. Da es dergleichen in Mesoamerika früher nicht gegeben hat, muß diese Erfahrung anderswo erworben worden sein.

Zu den außergewöhnlichen Funden in La Venta gehört auch

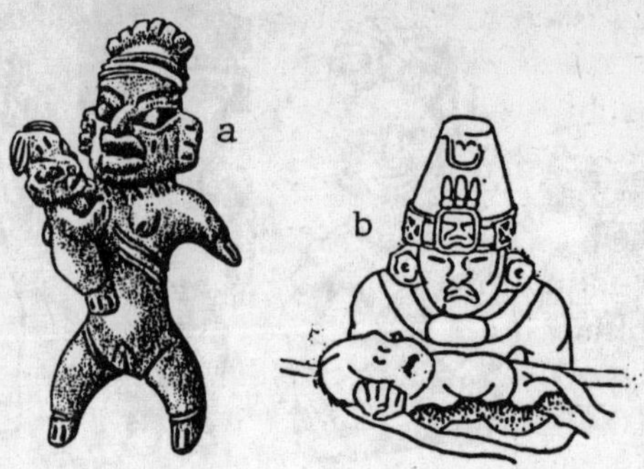

Abb. 57 a und b

eine von Basaltsäulen umgebene Anlage. Die Einfriedung schützte einen steinernen Sarkophag und eine rechteckige Grabkammer, in der mehrere Skelette auf einer Plattform lagen. Diese Anlage scheint als Vorbild für Pacals ebenso ungewöhnliche Gruft in Palenque gedient zu haben. Jedenfalls gibt die Verwendung großer Steinblöcke, die von weither herangeschleppt werden mußten, für Monumente, Gedenkskulpturen und Grabstätten einen Hinweis auf den rätselhaften Ursprung der Olmeken.
Merkwürdig sind außerdem die vielen kunstvoll geschnitzten Jadegegenstände, darunter ungewöhnliche Beile, denn Jade kommt auf dieser Insel nicht vor. Wie um das Geheimnis zu vergrößern, waren sie alle in langen, tiefen künstlichen Gräben vergraben. Die Gräben waren schichtweise mit rosa, rot und gelb gefärbtem Lehm gefüllt — Tausende von Tonnen hatte man herbeigeschafft. Zuerst wurde angenommen, die Gräben hätten als Versteck für die kostbaren Jadegegenstände gedient; aber da der Boden aus Serpentinstein besteht, ist es denkbar, daß die Gräben früher für einen ganz anderen Zweck angelegt worden sind. Wie dem auch sei, die Beile wurden hier versteckt, nachdem sie ausgedient hatten. Es ist wirklich nicht daran zu zweifeln, daß die Olmeken die Insel etwa zu Beginn der christlichen Zeit-

rechnung verließen. Vielleicht wollten sie auch die Kolossalköpfe vergraben. Sie können aber auch von späteren Ansiedlern mutwillig in die Sümpfe gerollt worden sein; einige weisen Spuren von versuchter Zerstörung auf.

Noch eine Entdeckung in La Venta gibt Rätsel auf: Man hat vollkommen geformte und polierte Spiegel aus Hämatit und Magnetit gefunden. Nach Untersuchungen und Experimenten im Washingtoner Smithsonian-Institut gelangten die Archäologen zu dem Schluß, sie könnten als Brennspiegel für Sonnenstrahlen gedient haben, um Feuer zu machen, oder für »kultische Zwecke« (was meistens gesagt wird, wenn man nicht weiß, wozu ein Gegenstand gedient hat).

Das letzte Rätsel in La Venta ist die Ortschaft selbst, denn sie ist genau in einer Nord-Süd-Achse ausgerichtet, die sich im Norden um acht Grad westwärts neigt. Studien haben ergeben, daß dies Absicht war, weil von der Höhe der »Pyramide« astronomische Ausblicke möglich sind. In seiner Abhandlung *Papers on Olmec and Maya Archaeology Nr. 13* (Universität von Kalifornien) schreibt der Forscher M. Popenoe-Hatch: »Die Observationsanlage in La Venta, die aus dem Jahr 1000 v. Chr. stammt, deutet Kenntnisse an, die ein Jahrtausend früher erworben worden sein müssen ... Alles weist auf eine Überlieferung hin, die zu einem großen Teil auf Meridianübergängen der Sterne beruht, die ums Jahr 2000 v. Chr. bei Sonnenfinsternissen und Tagundnachtgleichen vorgekommen sind.«

Eine Gründung im Jahr 2000 v. Chr. würde La Venta zum frühesten heiligen Zentrum in Mesoamerika machen, abgesehen von der legendären Zeit, in der hier nur die Götter lebten. Vielleicht ist es doch nicht die historisch richtige Ankunftszeit der Olmeken, denn ihr Long Count beginnt 3113 v. Chr.; immerhin besagt diese Datierung, wie weit die Olmeken den berühmten Maya- und Azteken-Zivilisationen voraus waren.

In der Kultstätte Tres Zapotes, deren Frühzeit die Archäologen in die drei Jahrhunderte 1500 bis 1200 v. Chr. verle-

gen, sind steinerne Bauten verteilt, obwohl Steine hier selten sind: Terrassen, Treppen; außerdem Erdhügel, die Pyramiden gewesen sein können. In einem Umkreis von zwanzig bis fünfundzwanzig Kilometer um Tres Zapotes herum sind acht weitere Kultstätten entdeckt worden, was auf ein großes Zentrum mit Satellitenansiedlungen schließen läßt. Hier wurden außer den Köpfen und anderen Skulpturen zahlreiche Stelen entdeckt; eine davon (Stele C) trägt das Long-Count-Datum 7.16.6.16.18, das dem Jahr 31 v. Chr. entspricht. Dies beweist, daß die Olmeken damals hier lebten.
In San Lorenzo bestehen die olmekischen Ruinen und Funde aus Bauwerken, Erdhügeln und künstlichen Teichen, die durch Dämme miteinander verbunden sind. Den Mittelpunkt des Ortes bildet eine von Menschenhand erschaffene, zweieinhalb Quadratkilometer große Plattform, die sich sechs Meter hoch über die Umgebung erhebt — Ergebnis von Erdarbeiten, die sogar moderne Unternehmungen in den Schatten stellen. Die Archäologen haben herausgefunden, daß die Teiche unterirdisch durch Wasserleitungen verbunden waren, »deren Zweck oder Funktion man noch nicht kennt«.
Die Beschreibung der olmekischen Ortschaften könnte endlos fortgesetzt werden — bis jetzt hat man über vierzig ausgegraben. Überall finden sich, außer den steinernen Monumenten und Kunstwerken, Erdhügel zu Dutzenden und andere Beweise für geplante Erdarbeiten.
Die Steinmetz- und Erdarbeiten, die Gräben, Teiche, Wasserleitungen und Spiegel müssen aber eine Bedeutung gehabt haben, auch wenn die modernen Gelehrten sie nicht zu ermitteln vermögen. Sie können sich ja nicht einmal die Anwesenheit der Olmeken in Mesoamerika erklären, es sei denn, man akzeptiert die Theorie von den Schiffbrüchigen, die ich persönlich ablehne. Die Azteken, die ihnen den Spitznamen »Olmeca« gaben, hielten sie für die letzten Vertreter eines nicht Nahuatl sprechenden Volkes, das die älteste Kultur in Mesoamerika geschaffen hatte. Das wird von

den Archäologen bestätigt, und die Funde beweisen, daß das Gebiet der Olmeken und auch ihr Einfluß sich von der Gegend am Golf von Mexiko aus, wo La Venta, Tres Zapotes und San Lorenzo den Mittelpunkt bildeten, südwärts zur Küste des Stillen Ozeans und nach Guatemala ausbreiteten. Fachleute für Erdarbeiten, Meister der Steinmetzkunst, Grabenbauer, Kanalbauer, Fachleute für Spiegeleffekte — was hatten diese vielseitig begabten Menschen in Mesoamerika zu suchen? Auf Stelen tauchen sie aus »Altären« auf, die die Eingänge in die Tiefe der Erde bilden (Abb. 58), oder sie sind in Höhlen zu sehen, wo sie, wie auf der Stele von La Venta, Werkzeug in der Hand halten (Abb. 59). Auf der Abbildung kann man den rätselhaften Spiegel am Helm des Werktätigen erkennen.

Abb. 58

Alles in allem, die Fähigkeiten, die dargestellten Szenen und das Werkzeug lassen nur einen Schluß zu: Die Olmeken waren Bergarbeiter, in die Neue Welt gekommen, um kostbares Metall zu suchen, wahrscheinlich Gold, vielleicht auch noch andere Minerale.

Die Votan-Sage, die von Tunnelbauten durch die Berge spricht, unterstreicht diese Schlußfolgerung. Ebenso die Tatsache, daß zu den alten Göttern, deren Anbetung die Nahuatl-sprechenden Völker von den Olmeken übernahmen, *Tepeyolloti* gehörte, das bedeutet »Herz der Berge«. Er war

Abb. 59

der bärtige Höhlengott; seine Tempel mußten aus Stein sein, vorzugsweise in einem Berg errichtet. Sein Glyphensymbol war ein durchbohrter Berg. Auf den Abbildungen hält er einen Flammenwerfer als Werkzeug in der Hand (Abb. 60 a) — genau wie auf den Abbildungen in Tula!
Meine Ansicht, daß der Flammenwerfer von Tula wahrscheinlich zum Steinschneiden benutzt wurde, nicht nur zum Meißeln, wird durch ein Relief bestätigt, das nach dem Ort, wo man es im mexikanischen Oaxaca-Tal entdeckt hat, Daizu Nr. 40 heißt. Es stellt einen Mann in einem geschlossenen Raum dar, der eine Wand mit einem Flammenwerfer bearbeitet (Abb. 60 b). Das Rautensymbol an der Wand bezeichnet vermutlich ein Mineral, aber die Bedeutung ist noch nicht entziffert worden.
Wie so viele Abbildungen beweisen, ist das Rätsel der afrikanischen »Olmeken« mit dem Rätsel der Bärtigen aus dem östlichen Mittelmeerraum verflochten. Man findet Abbildungen von ihnen in allen olmekischen Kultstätten, sowohl

Abb. 60 a und b

Porträts als auch Gruppenszenen. Manche Gruppenszenen spielen sich bezeichnenderweise in Höhlen ab. Auf einer Darstellung aus Tres Zapotes (Abb. 61) ist sogar ein Gehilfe dabei, der ein Leuchtgerät trägt (zu einer Zeit, wo angeblich nur Fackeln benutzt wurden). Auf einer nicht weniger erstaunlichen Stele aus Chalcatzingo ist eine »Kaukasierin« zu sehen, die mit einem offensichtlich ausgeklügelten Apparat arbeitet; am Fundament ist wiederum das Rautenzeichen eingraviert (Abb. 62). Alles spricht für einen Zusammenhang mit Grubengut.

Sind die Bärtigen vom Mittelmeergebiet zur selben Zeit wie

Abb. 61

die afrikanischen Olmeken nach Mesoamerika gekommen? Waren sie Verbündete, die einander beistanden, oder Konkurrenten bei der Förderung kostbarer Minerale und Metalle? Niemand kann es mit Gewißheit sagen; aber ich glaube, daß die afrikanischen Olmeken die ersten waren und daß der Grund ihres Eintreffens bei dem geheimnisvollen Beginn des Long Count zu suchen ist — dem Datum 3113 v. Chr.

Wann und warum die Beziehung zwischen beiden auch begonnen haben mag, sie scheint mit einem Desaster geendet zu haben.

Die Altertumsforscher haben sich über die Zeichen willkürlicher Zerstörung gewundert, die in vielen olmekischen Ortschaften zu sehen sind — verunstaltete Monumente und Kolossalköpfe, zertrümmerte Gegenstände, umgestürzte Bauwerke, alles Anzeichen von Gewalttätigkeit oder Racheakten. Die Zerstörung hat nicht überall stattgefunden; man-

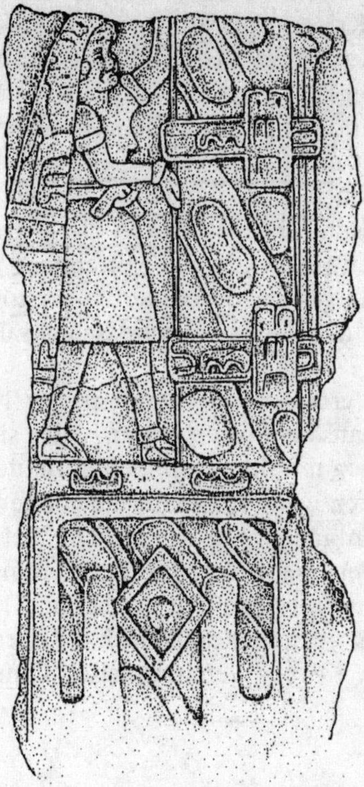

Abb. 62

che Niederlassungen sind offenbar allmählich aufgegeben worden, zuerst die älteren Kultstätten in der Nähe des Golfs, ungefähr 300 v. Chr., später dann in südlicheren Gebieten. In Tres Zapotes findet sich das Datum, das nach unserer Zeitrechnung dem Jahr 31 v. Chr. entspricht; dies läßt darauf schließen, daß die Auswanderungswelle die Folge dieser Zerstörung war. Es könnte mehrere Jahrhunderte gedauert haben, bis die Olmeken ihre Wohnstätten aufgegeben und sich in den Süden zurückgezogen haben.
Die Abbildungen aus dieser turbulenten Zeit in den südlichen Zonen der olmekischen Siedlungsgebiete zeigen sie im-

mer mehr als Krieger mit abschreckenden Adler- und Jaguarmasken. Auf einem Felsenbildwerk im Süden sind drei olmekische Krieger — zwei mit Maske — zu sehen, die einen Speer in der Hand haben, außerdem ein nackter bärtiger Gefangener. Es ist nicht zu erkennen, ob die Krieger den Gefangenen bedrohen oder ihn retten wollen. Daraus ergibt sich die interessante Frage: Waren die negroiden Olmeken und die Bärtigen vom östlichen Mittelmeer Verbündete, als die erste Zivilisation in Mesoamerika zerstört wurde? Jedenfalls scheinen sie das gleiche Schicksal erlitten zu haben.

Eine höchst interessante Ortschaft in der Nähe der Küste des Stillen Ozeans ist Monte Alban. Hier sind auf künstlichen Plattformen mit ungewöhnlichen Bauten, die astronomischen Zwecken gedient haben, Dutzende von Steintafeln an einer Gedenkmauer zu sehen. Die herausgemeißelten Bildwerke stellen negroide Männer in unnatürlicher Haltung dar (Abb. 63). Lange Zeit bezeichnete man sie als *danzantes* (Tänzer); doch heute sind sich die Forscher einig, daß es die nackten Körper verstümmelter Olmeken sind, die

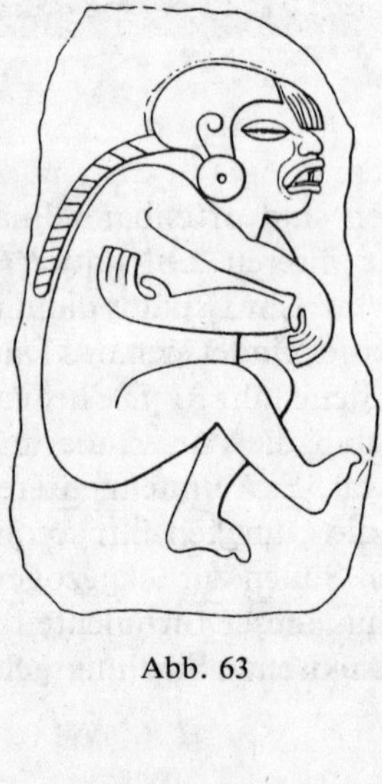

Abb. 63

Abb. 64

vermutlich bei einem Aufstand der einheimischen Indianer zu Tode kamen. Unter den abgebildeten Negroiden ist ein bärtiger Mann mit semitischem Profil (Abb. 64), der wahrscheinlich dasselbe Schicksal erlitt wie die Olmeken.

Es wird angenommen, daß Monte Alban 1500 v. Chr. gegründet wurde und seit 500 v. Chr. eine bedeutende Rolle spielte. Trotzdem endeten ihre Erbauer nach wenigen Jahrhunderten der Blütezeit als verstümmelte Körper, verewigt auf einem Gedenkstein, umgebracht von jenen, die sie unterrichtet hatten.

Und so wurde das goldene Zeitalter der Fremden aus einem Land jenseits des Meeres lediglich zu einer Sage.

6
Das Reich des goldenen Zauberstabes

Die Geschichte von der Zivilisation in den Andenländern ist in Geheimnisse gehüllt, da es weder schriftliche Berichte noch Stelen mit Glyphen gibt; aber Mythos und Sage erzählen Geschichten von Göttern und Riesen sowie von Fürsten, die von ihnen abstammen.

Die Küstenvölker kannten mündliche Überlieferungen von Göttern, die ihre Vorfahren ins Gelobte Land geführt, und von Riesen, die ihre Ernten und ihre Frauen geraubt hatten.

Die Völker im Hochland, wo die Inkas zur Zeit der spanischen Eroberung geherrscht hatten, glaubten an die Führung der Götter bei allen Tätigkeiten, bei Handwerk und Feldarbeit, bei der Gründung von Städten. Sie erzählten Geschichten vom Beginn, von der Schöpfung, von Zeiten der Umwälzung, von einer alles verschlingenden Flut. Und sie schrieben den Anfang ihres Königtums sowie die Errichtung ihrer Hauptstadt einem goldenen Zauberstab zu.

Spanische Chronisten und Eingeborene, die Spanisch gelernt hatten, erklärten, der Vater der beiden Inka-Könige zur Zeit der Conquista, Huayna Capac, sei der zwölfte *Inka* (das heißt Herr, Herrscher) einer Dynastie gewesen, die ums Jahr 1020 n. Chr. in Cuzco ihren Anfang genommen habe. Nur zwei Jahrhunderte vor der Conquista seien die Inkas von ihren Befestigungen im Hochland zu den Küstenzonen hinabgestoßen, wo es andere Königreiche aus früherer Zeit gegeben hatte. Mit Hilfe des berühmten Sonnenweges dehnten die Inkas ihre Herrschaft nordwärts zum heutigen Ecuador und südwärts zum heutigen Chile aus. Sie zwangen ihre Gesetze und Verwaltungsstrukturen den Kulturen und organisierten Gesellschaften auf, die in diesen Gebieten seit Jahr-

tausenden bestanden hatten. Das letzte Reich, das unter ihre Herrschaft fiel, war das der Chimus, deren Hauptstadt Chan-Chan mit Kultstätten, Stufenpyramiden und Wohnvierteln etwa achtzehn Quadratkilometer umfaßte.
Die alte Metropole in der Nähe der heutigen Stadt Trujillo, wo der Fluß Moche in den Stillen Ozean mündet, erinnerte die Altertumsforscher an Ägypten und Mesopotamien. Im neunzehnten Jahrhundert fand der Archäologe E. G. Squier (*Peru Illustrated: Incidents of Travel and Explorations in the Land of the Incas*) Überreste, über die er staunte: »Lange Reihen massiver Mauern, riesige, in Kammern aufgeteilte *huacas* (Pyramiden), Ruinen von Palästen, Aquädukten, Wasserbehältern, Getreidespeichern und Gräben, die sich meilenweit in alle Richtungen erstreckten«. Luftaufnahmen des flachen Küstenlandes erinnern tatsächlich an Aufnahmen des heutigen Los Angeles.
Die Küstengebiete zwischen den westlichen Anden und dem Stillen Ozean sind klimatisch regenarme Gebiete. Dort konnten die Menschen nur leben, weil von den hohen Bergen mehrere Bäche und Flüsse zum Meer fließen, die das flache Land ungefähr alle 80 bis 100 Kilometer durchschneiden. Diese Flüsse schaffen fruchtbare grüne Regionen, die einen Wüstenstrich vom anderen trennen, und die Ansiedlungen liegen an den Ufern und an der Mündung dieser Flüsse. Die Chimus leiteten das Wasser durch Aquädukte von den Bergen herab. Außerdem verbanden sie die fruchtbaren Regionen durch eine fünf Meter breite Straße — einen Vorläufer des berühmten Sonnenwegs der Inkas.
Am Rande des bebauten Gebiets, wo das grüne Tal endet und die unfruchtbare Wüste beginnt, erheben sich große Pyramiden, die am Moche einander gegenüber stehen. Sie wurden aus sonnengetrockneten Lehmziegeln erbaut, die die Forscher an die Zikkurate in Mesopotamien erinnerten, die auch aus Luftziegeln bestehen und ebenfalls eine leicht konvexe Form haben.
In ihrer vierhundertjährigen Blütezeit, von ungefähr 1000

Peru und die Nachbarländer

Landkarte

bis 1400 n. Chr., entwickelten die Chimus die Goldschmiedekunst zu einer Meisterschaft, die von den nachfolgenden Inkas nie erreicht wurde. Die spanischen Eroberer beschrieben die Kostbarkeiten in Superlativen. Die goldene Einfriedung einer Stadt namens Tumbes, wo Pflanzen und Tiere in Gold nachgebildet waren, scheint den Inkas für die goldene Einfriedung ihres Hauptschreins in Cuzco als Muster gedient zu haben. In der Umgebung einer anderen Stadt — Tucume — wurde in den Jahrhunderten nach der Eroberung der größte Teil aller in Peru gefundenen goldenen Gegenstände in Gräbern entdeckt. Ja, die Goldmengen, die die Chimus besaßen, erstaunten sogar die Inkas, als sie das Küstenland besetzten. Über diese sagenhafte Mengen und die späteren Funde rätseln die Forscher immer noch; denn die Goldquellen Perus befinden sich nicht an der Küste, sondern im Hochland.

Die Chimu-Kultur ihrerseits galt als Nachfolgerin früherer Kulturen und organisierter Gesellschaften. Niemand weiß, wie diese Völker sich nannten; die Namen, die man ihnen heute gibt, sind von Städten oder Flüssen abgeleitet. Die Kultur der sogenannten Mochicas im nördlichen Küstengebiet geht ungefähr ins Jahr 400 v. Chr. zurück. Sie erreichte ihren Höhepunkt in der künstlerischen Keramik und den außergewöhnlichen Textilien. Aber wie und wann diese Künste erworben wurden, bleibt ein Geheimnis. Die Ausschmückung ihrer Tongefäße stellt geflügelte Götter und drohende Riesen dar. Ihr religiöses Pantheon wurde vom Mondgott beherrscht, dessen Symbol die Mondsichel war, sein Name *Si* oder *Si-An*.

Die Werke der Mochicas zeigen, daß sie bereits Jahrhunderte vor den Chimus Meister in der Goldschmiedekunst, im Bauen mit sonnengetrockneten Ziegeln und in der Erschaffung großzügiger Anlagen waren. Patacnamu, eine heilige Stadt mit nicht weniger als einunddreißig Pyramiden, wurde in den dreißiger Jahren von einer Archäologengruppe unter der Leitung des Deutschen H. Ubbelohde-Doe-

ring (*Auf den Königsstraßen der Inkas*) ausgegraben. Sie stellten fest, daß die vielen kleineren Pyramiden älter waren als einige der größeren, die eine Seitenlänge von siebzig Meter und eine Höhe von über dreizehn Meter aufweisen.
Die Südgrenze des Chimu-Reiches bildet der Fluß Rimac, nach dem die Spanier ihre Hauptstadt *Lima* nannten. Hinter dieser Grenze wurden die Küstenzonen in der Prä-Inkazeit von Chincha-Stämmen bewohnt, das Hochland von einem Aymara-sprechenden Volk. Man weiß heute, daß die Inkas die Ansichten von ihren Göttern von den erstgenannten übernommen haben, hingegen ihre Schöpfungsmythen von den letztgenannten.
Am Rimac, südlich von Lima, stand der größte Tempel, der Chimu, der von den Inkas erweitert und umgebaut wurde. Seine Ruinen sind noch heute zu sehen. Er war *Pachacamac* (Schöpfer der Welt) geweiht, dem Hauptgott des Pantheons, dem die göttlichen Paare *Vis* (Herr der Erde) und *Mama-Pacha* (Herrin der Erde), *Ni* (Herr des Wassers) und *Mama-Cocha* (Herrin des Wassers), der Mondgott *Si*, der Sonnengott *Illa-Ra* und der Heldengott *Kon* oder *Con*, der auch *Ira-Ya* hieß, angehörten — lauter Namen, die an Bezeichnungen im Nahen Osten erinnern.
Der Tempel in Pacha-Camac bedeutete für die alten Völker an der Ostküste »Mekka«. Zu ihm kamen Pilger von nah und fern. Pilgerfahrten hatten so große Bedeutung, daß sie sogar in Kriegszeiten stattfanden und den Pilgern feindlicher Stämme sicherer Zugang gewährleistet wurde. Die Pilger brachten Goldopfer dar, weil dieses Metall traditionsgemäß den Göttern gehörte. Nur auserwählte Priester durften das Allerheiligste betreten, wo die Götterbildnisse an bestimmten Tagen weissagten, was dem Volk dann von den Priestern mitgeteilt wurde. Das gesamte Tempelgebiet war heilig, so daß die Pilger vor dem Betreten ihre Sandalen ausziehen mußten — genau wie Moses am Sinai befohlen wurde und wie es die Moslems auch heute noch vor dem Betreten der Moschee tun.

Das Gold, das sich in dem Tempel angesammelt hatte, war zu berühmt, um der Aufmerksamkeit der spanischen Eroberer entgehen zu können. Francisco Pizarro schickte seinen Bruder Hernandez hin, um es zu erbeuten. Er fand einiges Gold, Silber und Edelsteine, aber nicht die eigentlichen Reichtümer, denn die Priester hatten sie versteckt. Allen Drohungen und Folterungen zum Trotz verrieten die Priester das Versteck nicht (von dem immer noch das Gerücht geht, es liege irgendwo zwischen Lima und Lurin). Daraufhin zertrümmerte Hernandez die goldene Götterstatue und zog die silbernen Nägel aus den Wänden, um an die goldenen und silbernen Wandplatten zu gelangen. Allein die Nägel wogen etwa tausend Kilogramm!

Der Sage nach ist der Tempel von den »Riesen« errichtet worden. Mit Sicherheit weiß man, daß die Inkas die Verehrung Pacha-Camacs übernommen und nach der Unterjochung oder Vernichtung der Mochecas den Tempel vergrößert und verschönert haben. Er stand auf vier Plattformen, deren oberste mehrere Morgen umfaßte, an einem Berghang, wo sich die Wellen des Stillen Ozeans zu seinen Füßen brachen. Die Wände wurden von riesigen Steinblöcken gebildet. Von hier oben hatte man eine ungehinderte Aussicht über das weite Meer.

Nicht nur die Lebenden kamen hierher zur Götterverehrung, auch die Toten wurden ins Rimac-Tal und in die südliche Küstengegend zur Auferstehung gebracht, denn es herrschte der Glaube, der Rimac könne die Toten wiedererwecken. In den heutigen Ortschaften Lurin, Pisco, Nazca, Paracas, Ancon, Ica und anderen haben Archäologen die »Totenstädte« gefunden, die unzählige Gräber und unterirdische Gewölbe aufweisen, in denen mumifizierte Priester und Adlige begraben worden sind. Die Mumien waren in sitzender Stellung mit gebeugten Armen und Beinen in Säcke eingebunden, trugen aber feinste Kleidung. Das Klima und der Stoff des Sacks schützten die kunstvoll gewebten Gewänder und die wundervollen Farben vor dem Zerfall. Die

Stoffe, die europäische Archäologen an die schönsten Gobelins erinnerten, waren mit religiösen und kosmologischen Symbolen bestickt.
Die Mittelfigur stellte wie auf den Tongefäßen immer einen Gott dar, der in der einen Hand einen Zauberstab und in der anderen einen Donnerkeil hielt und eine gehörnte oder strahlende Krone trug (Abb. 65); die Indios nannten ihn, wie den Fluß, *Rímac*.

Abb. 65

Waren Rímac und Pacha-Camac ein und dieselbe Gottheit? Die Gelehrten sind in dieser Hinsicht unterschiedlicher Meinung, da es keine schlüssigen Beweise gibt. Hingegen sind sie sich einig, daß die Bergkette Rímac geweiht war. Dieser Name bedeutet »Der Donnerer« und ist verwandt mit dem Namen *Raman*, unter dem die semitischen Völker Adad kannten, denn der Name Raman ist abgeleitet von dem Verb, das »donnern« bedeutet.
Laut dem Chronist Garcilaso hat in diesen Bergen »ein Götzenbild in Gestalt eines Mannes« gestanden, und zwar in einem Rímac geweihten Schrein. Möglich, daß sich das auf irgendeines der vielen Dörfer am Rimac-Ufer bezieht. Hier hält man die Ruinen für Stufenpyramiden (Abb. 66). Sie be-

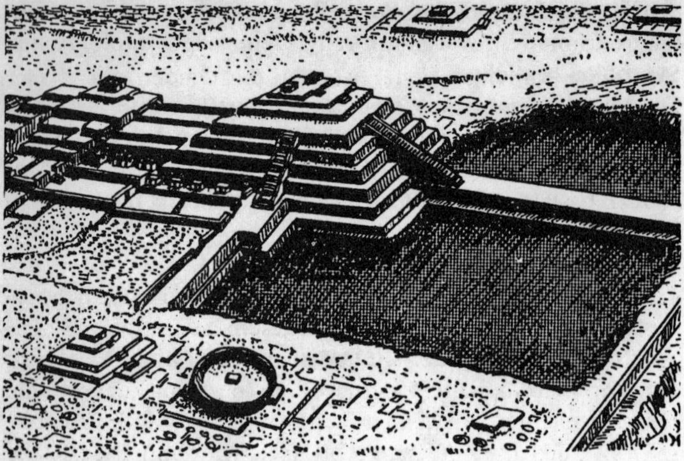

Abb. 66

herrschen die Landschaft noch heute und täuschen dem Betrachter die siebenstufigen Zikkurate von Mesopotamien vor.

War Rímac vielleicht der Gott, der manchmal *Kon* oder *Ira-Ya* genannt wurde, derselbe, den die Inkas *Viracocha* nannten? Das kann niemand mit Gewißheit sagen, aber es besteht kein Zweifel, daß Viracocha genauso abgebildet wurde wie der Gott auf den Keramiken der Küstengebiete: In der einen Hand hält er eine gegabelte Waffe, in der anderen den Zauberstab.

Mit diesem Zauberstab — einem Zauberstab aus Gold — beginnen alle peruanischen Schöpfungsgeschichten; sie entstammen dem Ort Tiahuanaco in der Nähe des Titicaca-Sees.

Als die Spanier ankamen, gehörten die Andenländer zum Inka-Reich, das von der Hauptstadt Cuzco im Hochland aus regiert wurde. Cuzco wurde der Sage nach von den Kindern der Sonne errichtet, die am Titicaca-See von dem

Schöpfergott Viracocha erschaffen und belehrt worden waren.
Viracocha war nach den Legenden der Anden ein großer Himmelsgott, der, im Altertum auf die Erde herabgekommen, die Anden als seinen Wirkungsbereich ausgewählt hatte. Wie es der Chronist Pater Cristobal de Molina ausgedrückt hat: »Es heißt, der Schöpfer habe in Tiahuanaco seine Hauptwohnung gehabt. Daher die dortigen prachtvollen, bewunderungswürdigen Gebäude.«
Einer der ersten Pater, die die Erzählungen der Eingeborenen von ihrer Geschichte und Vorgeschichte aufzeichneten, war Blas Valera. Leider sind Auszüge aus seinen Berichten nur durch mündliche Überlieferung bekannt, denn seine Manuskripte wurden bei der Plünderung von Cadiz im Jahr 1587 von den Engländern verbrannt. Er dokumentierte die Aussage der Inkas, daß ihr erster Herrscher, Manco Capac, durch einen unterirdischen Gang aus dem Titicaca-See gekommen sei. Das war der Sohn der Sonne, die ihm einen goldenen Zauberstab gegeben hatte, mit dem er Cuzco finden würde. Als seine Mutter in den Wehen lag, herrschte Dunkelheit auf der Welt. Nach seiner Geburt ward es hell, und Trompeten erklangen, und der Gott Pacha-Camac verkündete: »Der schöne Tag Manco Capacs ist gekommen.«
Aber Blas Valera hat auch andere Versionen aufgeschrieben, nach denen die Inkas Manco Capac als Begründer ihrer Dynastie anerkannten, aber erklärten, ihre Vorfahren seien von irgendwoher übers Meer nach Peru gekommen. Demnach war der Herrscher, den sie Manco Capac nannten, der Sohn eines Königs namens Atau, der mit zweihundert Männern und Frauen an der peruanischen Küste erschienen und in Rimac an Land gegangen war. Von hier aus zogen sie nach Ica und dann zum Titicaca-See, von wo aus die Söhne der Götter die Erde beherrscht hatten. Manco Capac sandte seine Anhänger in zwei Richtungen aus, diese sagenhaften Söhne der Sonne zu suchen. Er selbst wanderte viele Tage, bis er zu einer Stelle kam, wo sich eine heilige Höhle befand.

Die Höhle war künstlich herausgehauen worden und mit Gold und Silber geschmückt. Manco Capac begab sich zu einem Fenster, das *capac toco* hieß, was Königsfenster bedeutet. Als er aus der Höhle herauskam, trug er ein goldenes Gewand, das ihn zum König von Peru bestimmte.

Aus diesen und anderen Erzählungen geht hervor, daß die Andenvölker verschiedene Versionen kannten. Sie sprachen alle von einem schöpferischen Beginn am Titicaca-See und von der Entstehung des Königtums, der Grundlage ihrer Dynastie. Es gab jedoch noch andere Sagen, die sich bezüglich der Ereignisse und Perioden von ihnen unterschieden.

Nach der einen begann alles damit, daß der Schöpfer, der große Gott Viracocha, seinen vier Brüdern und vier Schwestern auftrug, das Land zu durchstreifen und den primitiven Bewohnern die Zivilisation zu vermitteln. Eines dieser Geschwister/Gatten-Paare errichtete in Cuzco das Königtum.

Nach einer anderen Version schuf der Große Gott an seinem Wohnort am Titicaca-See das erste königliche Paar als seine Kinder und gab ihnen einen goldenen Gegenstand. Sie sollten nach Norden gehen und dort eine Stadt bauen, wo der goldene Gegenstand in der Erde versinken würde. Der Ort, wo dieses Wunder geschah, war Cuzco. Darum konnten die Inka-Könige — vorausgesetzt, sie entstammten einer Linie königlicher Geschwisterpaare — Anspruch darauf erheben, direkte Nachkommen des Sonnenkönigs zu sein.

Erinnerungen an die Sintflut kommen in fast allen Schöpfungsgeschichten vor. Dazu schreibt Pater Molina (*Relacion de las fabulas y ritos de los Yngas*): »Schon zur Zeit Manco Capacs, des ersten Incas, nach dem sie sich ›Kinder der Sonne‹ nannten, kannten sie eine Geschichte von der Sintflut. Sie sagen, alle Menschen und alle erschaffenen Dinge seien dadurch umgekommen; das Wasser sei über die höchsten Berge in der Welt gestiegen. Kein Lebewesen habe überlebt, außer einem Mann und einer Frau, die in einem Kasten geblieben waren. Und als das Wasser sank, trieb der Wind sie nach Huanaco, ungefähr siebzig Meilen von

Cuzco entfernt. Der Schöpfer aller Dinge befahl ihnen, hier als *mitimas* zu bleiben. Und dort in Tiahuanaco begann der Schöpfer, alle die Menschen und Völker zu erschaffen, die in diesem Gebiet leben.« Die Wiederbevölkerung der Erde fing damit an, daß der Schöpfer aus Lehm das Bild einer Person jeden Volkes formte. »Dann gab er allen Leben und Seele, sowohl den Männern als auch den Frauen, und leitete sie zu den ihnen bestimmten Gegenden auf der Erde.« Diejenigen, die seinen Geboten der Anbetung und des Verhaltens nicht folgten, wurden in Steine verwandelt.

Der Schöpfer hatte auf einer Insel im Titicaca-See den Mond und die Sonne bei sich; sie waren auf seinen Befehl hingekommen. Als das Notwendigste auf der Erde wiederhergestellt war, stiegen Mond und Sonne zum Himmel auf. In einer anderen Fassung sind die Gehilfen des Schöpfers seine beiden Söhne. Pater Molina beschreibt die Sage: »Nachdem der Schöpfer die Stämme und Völker erschaffen und ihnen Trachten und Sprachen zugewiesen hatte, befahl er seinen beiden Söhnen, in verschiedene Richtungen zu gehen und ihnen die Zivilisation zu bringen.« Der ältere Sohn, Ymaymana Viracocha (Dem Macht über alle Dinge gegeben ist), brachte den Bergbewohnern die Zivilisation; der jüngere, Topaco Viracocha (Hersteller der Dinge), begab sich zu den Küstenbewohnern. Nachdem die beiden Brüder ihr Werk vollendet hatten, trafen sie sich am Meeresufer, »von wo sie zum Himmel aufstiegen«.

Garcilaso de la Vega, der kurz nach der Conquista als Sohn eines spanischen Paters und einer Inka-Mutter geboren wurde, überlieferte zwei Legenden. Nach der einen kam der Große Gott vom Himmel auf die Erde und unterwies die Menschen in Gesetzen und Vorschriften. »Er setzte seine beiden Kinder am Titicaca-See ab, gab ihnen einen Goldklumpen und trug ihnen auf, an der Stelle, wo er im Boden versinken würde, eine Stadt zu gründen«, und das war Cuzco. Die andere Sage lautet: »Nachdem das Wasser der Sintflut versickert war, erschien ein Mann in der Gegend von Tiahuanacu südlich von Cuzco. Dieser Mann war so mächtig, daß er die Welt in vier Teile teilte. Er gab sie vier Männern, die er mit dem Titel eines Königs auszeichnete.« Einer von ihnen namens *Manco Capac* (König und Herr, in der Quechua-Sprache der Inkas) errichtete sein Königreich in Cuzco.

Die verschiedenen Versionen berichten von zwei Schöpfungsphasen Viracochas. Juan de Betanzos (*Suma y Narracion de los Incas*) verzeichnete eine Quechua-Sage, in der der Schöpfer »bei erster Gelegenheit den Himmel und die Erde machte«. Er schuf auch den Menschen, die Menschheit. »Aber diese Menschen begingen ein Unrecht gegen Viracocha, worüber er sich erboste, und zur Strafe verwandelte er diese ersten Menschen und ihren Häuptling in Steine.« Dann schuf er nach einer Zeit der Dunkelheit in Tiahuanacu aus den Steinen neue Männer und Frauen. Er gab ihnen Fähigkeiten und Aufgaben, und er sagte ihnen, wohin sie gehen sollten. Mit nur zwei Gehilfen blieb er zurück; den einen entsandte er nach Norden, den andern nach Süden, während er selbst nach Cuzco ging. Hier bestimmte er einen Führer, womit er das Königtum von Cuzco errichtete. Danach setzte er seine Reise fort, »weit bis zur Küste von Ecuador, wo er mit seinen beiden Gehilfen zusammentraf. Sie gingen dann miteinander über das Wasser und verschwanden«.

Einige Sagen von den Hochlandbewohnern handeln vor allem davon, wie sie eine Niederlassung gegründet haben, und wie die Niederlassung nach göttlicher Anweisung die Hauptstadt Cuzco geworden ist. Um die geeignete Stelle für die Stadt zu finden, erhielt Manco Capac einen Zauberstab aus reinem Gold, der *tupac-yauri* hieß, was »herrliches Zepter« bedeutet. Gemeinsam mit seinen Brüdern und Schwestern machte er sich auf die Suche. Bei einem Stein angekommen, wurden seine Gefährten von Schwäche befallen. Als Manco Capac den Stein mit dem Zauberstab berührte, sprach der Stein und sagte ihm, er sei auserwählt, Herrscher eines Königreichs zu werden. Der Nachkomme eines Indianerhäupt-

lings, der sich nach der Eroberung zum Christentum bekannt hatte, erzählt in seinen Lebenserinnerungen, daß die Indianer diesen heiligen Stein noch heute den Besuchern zeigen. »Der Ynca Manco Capac vermählte sich mit einer seiner Schwestern, die Mama Ocllo hieß, und zusammen erließen sie gute Gesetze für die Regierung ihres Volkes.«
Diese Legende, die »Sage von den vier Ayar-Brüdern«, berichtet wie auch alle übrigen von der Gründung Cuzcos; danach hat der Zauberstab, durch den die Hauptstadt und der Herrscher bestimmt worden sind, aus reinem Gold bestanden. Das ist ein Hinweis, der meines Erachtens wichtig und entscheidend ist für die Lösung aller Rätsel in der Geschichte aller amerikanischen Kulturen.
Als die Spanier in die Inka-Hauptstadt Cuzco einzogen, fanden sie eine Metropole mit etwa hunderttausend Wohnhäusern rings um ein königlich-religiöses Zentrum mit prachtvollen Tempeln, Palästen, Gärten und Marktplätzen. Cuzco liegt zwischen den Flüssen Tullumayo und Rodadero auf einer vierhundert Meter hohen Erhebung und zieht sich zu den Ausläufern des Vorgebirges Sacsahuaman hin. Die Stadt war in zwölf Bereiche gegliedert — worüber sich die Spanier wunderten — und in ovaler Form angelegt. Der älteste Stadtteil, der Kniende Terrasse heißt, liegt am nordwestlichen Rand des Vorgebirges. Hier hatten die ersten Inkas (und wahrscheinlich auch der sagenhafte Manco Capac) ihre Paläste gebaut. Alle Stadtteile trugen malerische Namen (Sprechender Platz, Blumenterrasse, Heiliges Tor und dergleichen), die tatsächlich ihre Hauptmerkmale beschrieben.
Einer der führenden Kenner von Cuzco, Stansbury Hagar (*Cuzco, the Celestial City*), betont die Vermutung, daß Cuzco gemäß einem Plan für Manco Capac an dem vorgeschichtlichen heiligen Ort angelegt wurde, wo die Migration der Gründer begonnen hat, nämlich in Tiahuanacu am Titicaca-See. Der Name »Nabel der Erde« und die Einteilung in vier Viertel nach den vier Richtungen der Erde waren für ihn

(und auch für andere Forscher) ein Ausdruck weltlicher Vorstellungen. Andere Strukturen des Stadtplans betrachtete er allerdings als Aspekte himmlischen Wissens (daher der Titel seines Buches). Die Flüsse zu beiden Seiten der Stadt waren so kanalisiert, daß sie die gewundene Milchstraße wiedergaben, die zwölf Stadtteile entsprachen der Einteilung des Himmels in die zwölf Häuser oder Felder des Tierkreises. Hagar hielt den ersten und ältesten Stadtteil für eine Darstellung des Widders, was für meine eigenen Studien der Ereignisse und der Zeitangaben auf der Erde von Bedeutung ist. E. G. Squier und andere Altertumsforscher des neunzehnten Jahrhunderts beschrieben Cuzco als eine teils spanische, teils überbaute alte Inka-Stadt. Um sich einen Begriff davon zu machen, wie die Spanier sie vorgefunden haben, muß man die frühen Chronisten lesen. Der Chronist Pedro de Cieza de Leon schilderte die Gebäude, Plätze und Brücken mit glühenden Worten und nannte sie »eine vornehm geschmückte Stadt«, von deren Mitte aus vier Königsstraßen zu den fernsten Teilen des Reiches führten. Er schrieb ihre Reichtümer nicht nur dem Brauch zu, die Paläste der verstorbenen Könige intakt zu erhalten, sondern auch dem Gesetz, das verlangte, Gold und Silber als Ehrung und Opfer in die Stadt zu bringen, und jegliche Ausfuhr bei Todesstrafe verbot. Sie hatte schöne, allerdings enge Straßen, und die Häuser bestanden aus feingefügten, sehr großen und gutgeschnittenen Steinen. Die anderen Teile der Häuser waren aus Holz und Stroh. »Cuzco war großartig und eindrucksvoll. Die Stadt muß von hochintelligenten Menschen erbaut worden sein.«

Garcilaso de la Vega (der den Namen seines Vaters trug, aber auch den königlichen Titel »Inka«, weil seine Mutter eine Inka-Prinzessin war) beschreibt die zwölf Stadtteile und sagt, daß außer dem Palast des ersten Inkas im ersten Stadtteil am Sacsahuaman alle Paläste im Zentrum der Stadt in der Nähe des großen Tempels standen. Zu seiner Zeit gab es immer noch den Palast des zweiten, sechsten,

neunten, zehnten, elften und zwölften Königs. Einige von ihnen flankierten den Huacay-Pata genannten Hauptplatz. Hier saßen der Herrscher und seine Angehörigen, die Hofhierarchie und die Priester auf einer Estrade und schauten den Festlichkeiten und religiösen Zeremonien zu, die mit den Winter- und Sommerwenden und den Frühlings- und Herbsttagundnachtgleichen zusammenhingen.
Wie die Chronisten bezeugen, war das berühmteste und prächtigste Gebäude, die Coricancha (Goldene Einfriedung), der wichtigste Tempel des Reiches. Die Spanier nannten ihn Sonnentempel, weil sie glaubten, die Sonne sei die oberste Gottheit der Inkas. Alle, die ihn gesehen haben, bevor er von den Spaniern zerstört und überbaut wurde, berichten, daß er aus mehreren Teilen bestand. Der Haupttempel war *Viracocha* geweiht, die zusätzlichen Kapellen dem Mond *(Quilla)*, der Venus *(Chasca)*, einem geheimnisvollen Himmelskörper namens *coyllor* und *Illa-pa*, dem Gott des Gewitters. Es gab auch einen Schrein, der dem Regenbogen geweiht war. Hier, in der Coricancha, haben sich die plündernden Spanier die goldenen Schätze geholt.
Neben der Coricancha befand sich die Einfriedung, die *aclla-huasi* (Haus der auserwählten Frauen) hieß. Das waren von Gärten umgebene Wohnhäuser und Spinn- und Webwerkstätten. Die hier isolierten Jungfrauen webten und bestickten die königlichen und priesterlichen Gewänder. Sie lebten ganz für den Großen Gott, und zu ihren Aufgaben gehörte es, das heilige Feuer zu unterhalten.
Nachdem die spanischen Eroberer die Stadt geplündert hatten, machten sie sich diese zu eigen, indem sie sie unter sich aufteilten, und zwar bestimmte das Los, wem welches Gebäude gehören sollte. Die meisten Bauten wurden wegen des Mauerwerks niedergerissen; da und dort benutzten sie ein Tor oder einen Mauerteil für ein neues spanisches Gebäude. Größere Schreine verwandelten sie in Kirchen und Klöster. Die Dominikaner, die ersten auf dem Schauplatz, übernahmen den Sonnentempel. Sie zerstörten seine Außenstruk-

tur, beanspruchten aber die alte Anlage und Mauerteile für ihr Kloster. Zu den interessantesten Gebäudeteilen gehörte eine halbrunde Außenmauer, die den Hochaltar des Tempels umschloß (Abb. 67). Hier fanden die Spanier eine große Goldscheibe, die ihrer Meinung nach die Sonne darstellte. Sie fiel bei der Verlosung dem Conquistador Leguizano zu, der sie in der nächsten Nacht verspielte. Der Gewinner ließ den heiligen Gegenstand einschmelzen und zu einem Barren gießen.

Nach den Dominikanern kamen Franziskaner, Augustiner und Jesuiten. Sie alle bauten ihre Gotteshäuser, darunter die große Kathedrale von Cuzco an der Stelle, wo die Schreine der Inkas gestanden hatten. Nach den Priestern kamen die Nonnen, ihr Kloster steht — nicht verwunderlich — an der Stelle, wo einst das Haus der auserwählten Frauen gestanden hat. Gouverneure und spanische Würdenträger folgten, auch sie erbauten ihre Häuser zum Teil aus den Steinen der alten Inka-Wohnstätten.

Manche Forscher glauben, *Cuzco* bedeute »Nabel« und habe diesen Namen erhalten, weil es die Hauptstadt war, ein zum Kommandoposten ausgewählter Ort. Nach einer anderen Theorie soll der Name »Ort der aufgerichteten Steine« bedeuten. Wenn das stimmt, paßt er zu der Hauptattraktion von Cuzco — seinen erstaunlichen Megalithen.

Im Gegensatz zu den Wohnhäusern, die meistens aus rohen, mit Mörtel zusammengehaltenen Feldsteinen oder aus gepreßten Lehmwänden bestanden, waren die älteren Gebäude aus gleichmäßig geschnittenen, reihenweise verlegten Steinblöcken errichtet worden, wie auch bei den Überresten der Coricancha festgestellt wurde. Die Schönheit und Kunstfertigkeit dieser Mauern und anderer Ruinen haben zahlreiche Reisende entzückt. So schrieb zum Beispiel Sir Clemens Markham: »Wenn man dieses unvergleichliche Mauerwerk betrachtet, verliert man sich in Bewunderung wegen der außerordentlichen Schönheit ihrer Formgebung und vor allem wegen der unermüdlichen Standhaftigkeit und Geschick-

Abb. 67

lichkeit, die es erforderte, jeden Stein mit solch fehlerloser Genauigkeit zu formen.«

Der Amerikaner E. G. Squier war weniger als Architekt, sondern eher als Altertumsforscher beeindruckt von den Megalithen. Da sie aus braunem Trachyt, einem Ergußgestein, bestehen, müssen die Blöcke von weit herbeigeschafft worden sein. Er schrieb darüber: »Wegen der rauhen Körnung haften sie besser aneinander als anderes Gestein... Die Bemerkung der alten Chronisten ist also wahr, daß die Mauerfugen so fein und dicht beieinander liegen, daß es unmöglich ist, die dünnste Messerklinge oder eine Nadel da-

zwischenzuschieben.« (Abb. 68 a) Ein Quader hat zwölf Seiten und Winkel (Abb. 68 b).
Alle diese schweren Blöcke aus härtestem Gestein sind nach Cuzco gebracht und von unbekannten Maurern mit scheinbarer Leichtigkeit geformt worden, als ob sie aus Wachs wären. Jeder Stein weist eine glatte, leicht konkave Oberfläche auf. Wie das erreicht worden ist, weiß niemand, denn es sind weder Rillen noch Hammerspuren zu erkennen. Ebenso rätselhaft ist es geblieben, wie man die Quader hochgehoben und so aufeinander gelegt hat, daß ihre Höhe nach oben gleichmäßig abnimmt. Obwohl kein Mörtel verwendet worden ist, haben die Bauwerke nicht nur der menschlichen Zerstörung widerstanden, sondern auch den in diesem Gebiet häufigen Erdbeben.
Alle Gelehrten sind sich heute darüber einig, daß die schönen Paläste und Tempel aus der sogenannten klassischen Inka-Zeit stammen, die Megalithmauern hingegen aus einer früheren Epoche. Mangels eindeutiger Antworten wird diese Epoche einfach als Megalith-Zeitalter bezeichnet.
Das Geheimnis vergrößert sich, wenn man vom Vorgebirge Sacsahuaman hinuntersteigt. Hier gibt die Anlage, die für eine Festung der Inkas gehalten wird, noch größere Rätsel auf. Der Name des Vorgebirges bedeutet Ort des Falken. Es ist wie ein Dreieck mit nordwestlich ausgerichteter Grundlinie geformt. Die Spitze reicht etwa dreihundert Meter über die Stadt. An den Seiten trennen Schluchten diese Vorgebirge von der Bergkette ab, mit der sie sich an der Basis wieder trifft.
Man kann dieses Vorgebirge in drei Teile gliedern. Die Basis wird von Felsenausläufern beherrscht, aus denen man Riesenstufen oder Plattformen herausgearbeitet hat, die von Tunnels und Nischen durchbrochen sind. Die Mitte besteht aus einer breiten und langen Fläche. Hier haben runde und rechteckige Bauten gestanden, unter denen Gänge, Tunnels und andere Öffnungen wie ein Labyrinth aus dem Naturgestein herausgeschnitten worden sind.

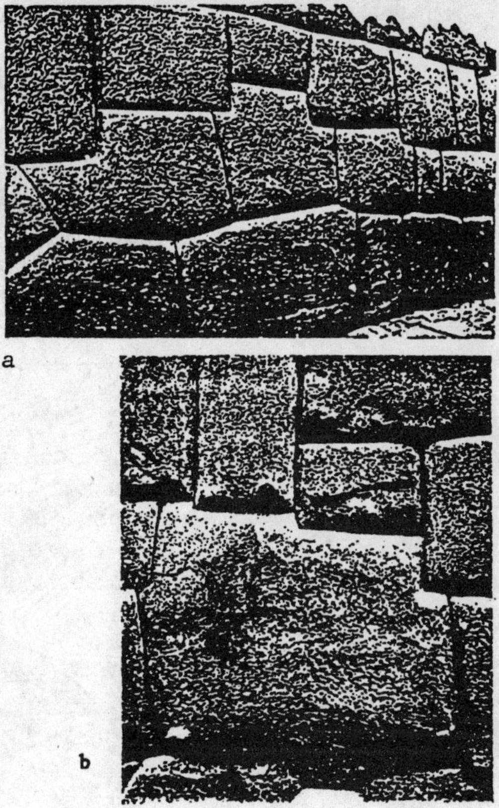

Abb. 68 a und b

Wie zum Schutz dieses »entwickelten« Teiles der Festung oder als Trennung von der übrigen Anlage verlaufen auf der einen Seite im Zickzack drei parallele Mauern (Abb. 69). Die drei Sperrmauern aus massivem Stein erheben sich hintereinander, eine immer etwas höher als die vordere, und erreichen eine Gesamthöhe von achtzehn Metern. Hinter jeder Mauer sind Erdterrassen aufgeschüttet, die, wie ange-

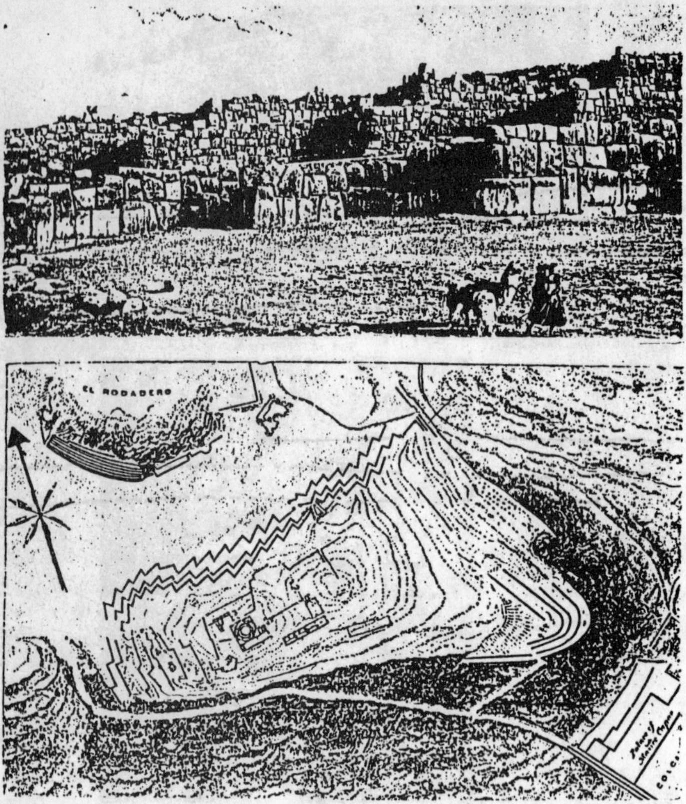

Abb. 69

nommen wird, den Verteidigern der Festung als Brustwehr gedient haben (zum Beispiel ist ein Quader der Außenmauer 8,3 Meter hoch, 4,24 Meter breit und 3,65 Meter tief). Das Gewicht eines Quaders wird auf mehr als dreihundert Tonnen geschätzt (Abb. 70). Wie in der Stadt sind die Steine glattgeschliffen und scharf abgekantet, was beweist, daß es keine Feldsteine waren, die einfach herumlagen, sondern das Werk geschulter Steinmetze.

Abb. 70

Die massiven Steinblöcke liegen aufeinander, manchmal aus heute unbekannten bautechnischen Gründen durch eine dünne Steinplatte getrennt. Alle Quader haben eine vieleckige Form; die unregelmäßigen Seiten passen genau zusammen. Stil und Periode weisen deutlich dieselben Kennzeichen auf wie bei der Bauweise im Megalith-Zeitalter in Cuzco, allerdings ist hier alles massiver gearbeitet.
Vor allem finden sich auf der Fläche zwischen den Mauern Überreste von Bauten, die aus Steinen bestanden haben, die man im »Inka-Stil« bearbeitet hat. Wie Freilegungsarbeiten und anschließende Flugaufnahmen ergeben haben, befan-

den sich auf dem Vorgebirge zahlreiche Gebäude. Alles ist zerbröckelt oder in den Kriegen zerstört worden, die nach der Eroberung zwischen den Inkas und den Spaniern tobten. Nur die Kolossalmauern blieben unversehrt, stumme Zeugen eines rätselhaften Zeitalters und geheimnisvoller Erbauer; denn wie alle Studien erwiesen haben, wurden die gigantischen Steinblöcke meilenweit entfernt abgetragen und über Berge, Täler, Schluchten und Sturzbäche herangeschafft.
Wie und von wem — und warum?

Chronisten aus der Zeit der spanischen Eroberung, Reisende aus den letzten Jahrhunderten, zeitgenössische Forscher, alle sind sie zum selben Schluß gelangt: Nicht die Inkas, sondern rätselhafte Vorgänger mit offensichtlich übernatürlichen Kräften haben die Bauwerke geschaffen. Aber keiner hat eine Theorie, die einen Grund dafür angeben würde. Warum also?
Garcilaso de la Vega schrieb: »Man muß einfach glauben, sie sind von Zauberern, von Dämonen und nicht von Menschen errichtet worden, da bei den drei Mauern so viele und so große Quader aufeinandergeschichtet sind. Man kann unmöglich annehmen, sie stammten aus Steinbrüchen, da die Indios weder Eisen noch Stahl besaßen, um sie herauszuhauen und zu formen. Wie die Steine zur Festung gebracht wurden, ist ebenso verwunderlich; denn die Indios besaßen weder Karren noch Ochsen oder Seile, um die Blöcke zu befördern. Auch gab es keine ebenen Wege für eine solche Beförderung; im Gegenteil, steile Berge und schroffe Abgründe mußten überwunden werden. Viele Blöcke mußten zehn bis fünfzehn Meilen weit herangeschafft werden, besonders das Gestein, das man *saycusa* nennt, das heißt ›Müder Stein‹, der aus der Gegend jenseits des Flusses Yucay stammt, fünfzehn Meilen entfernt. Die Quader aus dem am nächsten gelegenen Steinbruch stammen aus Muyna, fünf Meilen von Cuzco entfernt. Viele pas-

sen so vollkommen zusammen, daß die Fugen kaum zu erkennen sind. Es ist einfach unvorstellbar, wie die Erbauer es fertigbrachten, sie so genau zusammenzufügen, daß man keine Messerspitze dazwischenschieben kann. All das ist um so verwunderlicher, als sie kein Werkzeug hatten, um zu prüfen, ob alles zusammenpassen würde. Auch hatten sie keine Kräne oder Flaschenzüge oder sonst eine Maschinerie.« Er zitiert dann einige katholische Priester, die sich dahingehend äußerten, daß »man sich nicht vorstellen kann, wie derartige Steine abgebaut, befördert und zusammengefügt worden sind, es sei denn, durch teuflische Künste«.
E. G. Squier, der die drei Mauern als die grandiosesten Beispiele des Stiles betrachtete, der in Amerika megalithisch genannt wird, war noch von vielen anderen Eigenschaften dieser Steinkolosse und zusätzlichen Entdeckungen in diesem Gebiet sehr beeindruckt. Dazu gehörten die drei Tore in den Mauern, deren eines »Viracochas Tor« hieß. Es ist ein technisches Wunderwerk: Ungefähr in der Mitte der vordersten Mauer bilden Platten ein Rechteck, über das man zu einer Öffnung in der Mauer gelangt. Von da führen Stufen zu einer Terrasse zwischen der ersten und der zweiten Mauer. Dann kommt ein verwinkelter Gang, der bei der Öffnung der zweiten Mauer endet, durch die man die zweite Terrasse erreicht. Die dritte Mauer hat zwei Durchgänge, die in rechtem Winkel zueinander angebracht sind.
Die Chronisten belegen, daß die drei Tore mit einem herabzulassenden Steinblock verschlossen werden konnten. Diese Blöcke und der Mechanismus, der sie auf und ab bewegte, sind vor langer Zeit entfernt worden, aber die Scharnierstellen kann man immer noch sehen. Die Steine weisen Einschnitte auf, die für den modernen Betrachter keinen Sinn ergeben (Abb. 71 a), doch an einer Stelle (Abb. 71 b) weisen sie eine Form auf, die verrät, daß sie einer mechanischen Apparatur gedient haben. H. Ubbelohde-Doering (*Kunst im Reiche der Inka*) schreibt, diese rätselhaft bearbeiteten Steine sind »wie ein Modell, bei dem jede Ecke eine Bedeutung hat«.

a

b

Abb. 71 a, b

Hinter den Mauern häufen sich Strukturen, die zweifellos zur Zeit der Inkas geschaffen worden sind. Wahrscheinlich wurden sie auf Überresten aus noch älterer Zeit erbaut, denn es steht fest, daß sie nichts mit einem Labyrinth von unterirdischen Tunnels zu tun hatten. Die labyrinthartigen unterirdischen Gänge beginnen und enden unvermittelt. Einer mündet in eine dreizehn Meter tiefe Höhle; andere führen zu Felsen, in die Stufen eingeschnitten worden sind, die nirgendwohin zu führen scheinen.

Gegenüber den zyklopischen Mauern finden sich auf der weiten Fläche Felsenausläufer, die malerische Namen tragen: Da gibt es den *rodadero* (Rutschbahn), auf dem Kinder hinunterrutschen, die *piedra lisa* (glatter Stein), von der Squier sagt, der Felsen sehe aus, als sei er in knetbarem Zustand geformt und geglättet worden, und in der Nähe *chingana* (Labyrinth), eine Klippe, deren natürliche Risse für Gänge, niedrige Passagen, kleine Kammern, Nischen und andere Aushöhlungen künstlich vergrößert worden sind. Hinter diesen Klippen sind überall in genaue geometrische Winkel und Formen geschnittene Felsen zu finden.

Der moderne Besucher kann die Szenerie nicht besser beschreiben als E. G. Squier im neunzehnten Jahrhundert: »Die Felsen auf dem Plateau hinter der Festung, hauptsächlich Kalkstein, sind in tausend Formen geschnitten und geschnitzt. Hier ist eine Nische, dort ein breiter Sitz gleich einem Sofa, als nächstes eine Treppe, dann mehrere viereckige, runde und achteckige Becken, lange Reihen von Gräben, gelegentlich gebohrte Löcher, künstlich zu einer Kammer erweiterte Risse im Felsen — und all dies herausgearbeitet mit der Genauigkeit und Vollendung eines geübten Handwerkers.«

Daß die Inkas das Vorgebirge als letztes Bollwerk gegen die Spanier benutzten, ist eine geschichtliche Tatsache. Daß sie altes Gemäuer überbaut haben, beweisen die Überreste. Daß sie nicht die ursprünglichen Erbauer der Anlage waren, bezeugt ihre geschichtlich erwiesene Unfähigkeit, auch nur einen Megalithen zu befördern.

Von einem mißglückten Versuch mit einem »Müden Stein« berichtet Garcilaso. Ein Inka-Maurermeister, der seinen Ruhm vergrößern wollte, beschloß, den Steinblock von der Stelle aus, wo die ursprünglichen Erbauer ihn hatten fallen lassen, hinaufzuziehen und ihn zur Verteidigung zu benutzen. »Über zwanzigtausend Indios zogen ihn mit dicken Seilen hinauf. Sie kamen nur langsam vorwärts, denn der Weg ist uneben, und man muß viele Stufen erklettern. Da die Leute oben nicht gleichmäßig zogen, waren die von unten Stoßenden dem Gewicht des Steines an einer steilen Stelle nicht mehr gewachsen, und er rollte hinunter und tötete drei- bis viertausend Indios.«

Demnach mißglückte der einzige Versuch der Indios, einen Zyklopenstein bergauf zu befördern. Offensichtlich waren sie nicht diejenigen, die Hunderte von Zyklopensteinen herbeigeschafft, bearbeitet und fugenlos aufeinandergeschichtet haben.

Kein Wunder, daß Erich von Däniken, der die Theorie von den außerirdischen Astronauten einem breiten Publikum zugänglich gemacht hat, in seinem 1981 erschienenen Buch *Reise nach Kiribati* sagt, weder Mutter Natur noch die Inkas, sondern nur die alten Astronauten könnten diese monumentalen Bauten und die seltsam geformten Felsen geschaffen haben. Ein anderer Reisender, W. Bryford Jones (*Four Faces of Peru*, 1967), drückt sein Staunen beim Anblick der massiven Steinblöcke folgendermaßen aus: »Ich hatte das Gefühl, nur Riesen aus einer anderen Welt könnten sie bewegt haben.« Und mehrere Jahre vorher schrieb Hans Helfritz (*Die alten Kulturen der Neuen Welt*) über die unglaublichen Zyklopenmauern von Sacsahuaman: »Man hat den Eindruck, daß sie hier von Anbeginn der Welt stehen.«

Lange vor ihnen berichtete Hiram Bingham (*Across South America*) von den Spekulationen der Eingeborenen über die Erschaffung der eindrucksvollen Felsenskulpturen und Mauern: »Besonders gern wird erzählt, die Inkas hätten

eine Pflanze gekannt, deren Saft die Oberfläche eines Steinblocks so aufweicht, daß die wundersame Zusammenfügung dadurch zustande kam, daß man die Steine ein Weilchen mit diesem magischen Pflanzensaft aneinander rieb.« Aber wer vermochte derartige Zyklopensteine hochzuhalten, so daß sie aneinander gerieben werden konnten?
Offenbar ließ Hiram Bingham die Erklärung der Eingeborenen nicht gelten, denn das Rätsel machte ihm weiterhin zu schaffen. »Ich war mehrmals in Sacsahuaman«, schreibt er in seinem Buch *Inca Land*. »Jedesmal war ich überwältigt und staunte. Einem abergläubischen Indio, der diese Mauern zum erstenmal sieht, muß es vorkommen, als seien sie von den Göttern gebaut worden.« Warum hat Bingham das gesagt, wenn nicht, um einem geheimen »Aberglauben« in seinem Herzen Ausdruck zu verleihen?
Und so schließt sich der Kreis der Anden-Legenden; nur sie erklären, wer die Megalithen erbaut hat, indem sie besagen, daß es in diesen Landen Götter und Riesen gegeben hat sowie ein altes Reich und ein Königtum, das mit einem goldenen Zauberstab seinen Anfang genommen hat.

7
Der Tag, an dem die Sonne stillstand

Die Gold- und Schatzgier der ersten Spanier verdrängte ihre Verwunderung darüber, in Peru, diesem unbekannten Land am Ende der Welt, eine fortschrittliche Zivilisation mit Städten und Straßen, Palästen und Tempeln, Königen und Priestern und — vor allem — Religionen vorzufinden. Die erste Gruppe der katholischen Priester, die die Conquistadoren begleiteten, wollten alles zerstören, was mit dem »Götzendienst« der Indios zu tun hatte. Aber die nachfolgenden Priester — damals auch die Gelehrten ihres Landes — wurden mit den Erklärungen konfrontiert, die ihnen die zum Christentum bekehrten, gebildeten Adligen über den Glauben und die Riten der Eingeborenen lieferten.
Die Erkenntnis, daß die Anden-Indianer an einen obersten Schöpfer glaubten und daß in ihren Legenden von einer Sintflut die Rede war, verstärkte die Neugier der spanischen Priester. Es sprach sich herum, daß viele Einzelheiten in diesen Geschichten der biblischen Schöpfungsgeschichte überraschend ähnlich waren. Darum war es unvermeidlich, daß unter den ersten Theorien über den Ursprung der Indianer und ihres Glaubens der Zusammenhang mit den Ländern und Völkern der Bibel den Vorrang einnahm.
Wie in Mexiko schienen die Israeliten der zehn verlorenen Stämme die einleuchtendste Erklärung zu sein, nicht nur wegen der Ähnlichkeiten der Legenden, sondern auch wegen der Bräuche der peruanischen Indianer: Auch sie opferten die ersten Früchte, feierten Ende September ein Versöhnungsfest und befolgten die biblischen Gebote der Beschneidung, enthielten sich tierischen Blutes und Verzehrs schuppenloser Fische. Beim Fest der ersten Früchte sangen sie die mystischen Worte *yo mesica, he mesica, va mesica*, und ei-

nige spanische Gelehrte glaubten, in *Meshica* das hebräische Wort *Massi'ach* — Messias — zu erkennen.
(Moderne Gelehrte glauben, daß die Silbe *Ira* in den göttlichen Namen der Inkas dem mesopotamischen *Ira/Illa* entspricht, von dem das biblische Wort *El* abstammt, daß der Name *Malquis*, mit dem die Inkas ihr Idol anriefen, der kanaanitischen Gottheit *Molekh* (Herr) gleichzusetzen ist und daß ihr Königstitel *Manco* aus dem semitischen Sprachschatz stammt, wo er »König« bedeutet.)
In Anbetracht solcher Theorien über israelitisch-biblische Ursprünge ging die katholische Hierarchie dazu über, das indianische Erbe aufzuschreiben und zu bewahren. Ansässige Geistliche wie etwa Pater Blas Valera (Sohn eines Spaniers und einer Indianerin) wurden aufgefordert, alles, was sie hörten und erfuhren, schriftlich festzuhalten. Vor Ende des sechzehnten Jahrhunderts wurde in gemeinsamer Anstrengung, die der Bischof von Quito förderte, eine Bibliothek zusammengestellt, die alle einschlägigen Manuskripte vereinte. Vieles von dem, was wir heute wissen, stammt daher.
Ein Spanier namens Fernando Montesinos, den die Theorien und die gesammelten Manuskripte interessierten, ging 1628 nach Peru und widmete sich für den Rest seines Lebens einer Chronik der Geschichte und Vorgeschichte der Peruaner. Zwanzig Jahre später hatte er ein Meisterwerk vollendet: *Memorias Antiguas Historiales del Peru*. Er hinterlegte es in der Bibliothek des Klosters San José de Sevilla. Dort lag das Manuskript, unveröffentlicht und vergessen, zwei Jahrhunderte lang. Als man es hervorholte, wurden Teile davon der französischen Geschichtsschreibung über Amerika einverleibt. Der vollständige spanische Text tauchte erst 1882 auf. (Eine englische Übersetzung wurde 1920 von der Hakluyt Society, London, herausgegeben.)
Montesinos geht von der Sintflut aus, die sowohl in der Bibel als auch in den Legenden der Andenvölker vorkommt. Im Einklang mit der biblischen Geschichte geht er der Wie-

derbevölkerung der Erde vom Ararat aus durch die Völkertafel im zehnten Kapitel der Genesis nach. Der Name Peru (*piru/pirua* in der Sprache der Indianer) hat für ihn einen phonetischen Anklang an den Namen *ophir*, Ebers Enkel (der Vorfahr der Hebräer), der selbst Sems Urenkel war. Ophir hieß auch das berühmte Goldland, aus dem die Phönizier das Gold für den von Salomo erbauten Tempel in Jerusalem gebracht haben. Ophir ist in der Völkerliste der Bibel aufgeführt, desgleichen sein Bruder Hawila, der denselben Namen hat wie das berühmte Goldland in der Geschichte von den vier Flüssen des Paradieses:

»Der erste heißt Pison;
dieser ist es, der das ganze Land Hawila umfließt,
wo sich das Gold findet.«

Lange vor der Zeit der Königreiche Judäa und Israel, lange bevor die zehn Stämme von den Assyrern ausgewiesen wurden, sind Völkerschaften aus den Ländern der Bibel in die Anden gekommen, so lautet Montesinos Theorie. Seiner Meinung nach hat kein anderer als Ophir die ersten Siedler nach Peru geführt, als die Menschheit sich nach der Sintflut auf der Erde auszubreiten begann.

Die von Montesinos gesammelten Inka-Sagen bezeugen, daß es lange vor der letzten Inka-Dynastie ein Inka-Reich gegeben hat. Nach einer Blütezeit wurde das Land plötzlich von zahlreichen Ereignissen heimgesucht: Kometen erschienen am Himmel, Erdbeben erschütterten den Boden, Kriege brachen aus. Der damals regierende König verließ Cuzco und führte seine Gefolgsleute zu einer Zuflucht in den Bergen, zu einem Ort, der Tampu-Tocco genannt wurde. Nur einige Priester blieben in Cuzco zurück, um seinen Schrein zu hüten. In dieser turbulenten Zeit ging die Kunst des Schreibens verloren.

Jahrhunderte vergingen. Dann verkündete eines Tages eine Frau von edler Geburt, ihr Sohn Rocca sei vom Sonnengott hinweggetragen worden. Mehrere Tage später erschien der

Jüngling wieder in goldenem Gewand. Er sagte, die Zeit der Vergebung sei gekommen, aber die Leute müßten einige Gebote befolgen: Die Nachfolge sei einem Sohn vorbehalten, den eine Halbschwester dem König geboren habe, auch wenn es nicht der Erstgeborene wäre. Die Schreibkunst dürfe nicht wiederaufgenommen werden. Das Volk war einverstanden und kehrte nach Cuzco zurück, mit Rocca als neuem König. Er erhielt den Titel *Inka*, das bedeutet »Herrscher«.

Da dieser erste Inka den Namen Manco Capac erhielt, machten ihn die Historiker dem legendären Gründer von Cuzco gleich, einem der vier Ayar-Brüder, der ebenfalls Manco Capac genannt wurde. Montesinos unterschied hier richtig zwischen der Inka-Dynastie zur Zeit der Spanier (die erst im elften Jahrhundert regierte) und ihren Vorgängern. Seine Schlußfolgerung, daß die Inka-Dynastie aus vierzehn Königen bestand, wozu Huayna Capac gehörte, der nicht mehr lebte, als die Spanier ankamen, sowie seinen beiden zerstrittenen Söhnen, ist von allen Forschern bestätigt worden.

Seines Erachtens ist Cuzco tatsächlich verlassen worden, ehe diese Dynastie in der Königsstadt wiedereingesetzt wurde. Er schrieb, achtundzwanzig Könige hätten von einem Versteck in den Bergen, dem Tampu-Tocco (Rastplatz der Fenster), aus regiert. Aber zuvor habe es ein altes Reich mit Cuzco als Hauptstadt gegeben. Dort saßen zweiundsechzig Könige auf dem Thron, sechsundvierzig von ihnen waren Priesterkönige und sechzehn Halbgötter, nämlich Söhne des Sonnengottes. Vor ihnen allen herrschten die Götter selbst über das Land.

Montesinos soll in La Paz eine Abschrift des Manuskripts von Blas Valera gefunden und von den Jesuiten die Erlaubnis erhalten haben, es zu kopieren. Er bezog sich auch auf die Schriften von Pater Miguel Cabello de Balboa, nach dem Manco Capac, der erste Herrscher, nicht direkt vom Titicaca-See aus nach Cuzco gekommen ist, sondern auf einem Umweg über einen geheimen Ort namens »Tampo-

Toco«. Dort habe Manco Capac »seine Schwester Occllo mißbraucht« und mit ihr einen Sohn gezeugt.

Nachdem alle anderen verfügbaren Quellen dies bestätigt hatten, ließ Montesinos es als Tatsache gelten. Seine Chronik des Königtums in Peru beginnt mit der Reise der vier Ayar-Brüder und ihrer vier Schwestern, die ausgesandt worden waren, Cuzco mit Hilfe des goldenen Gegenstands zu finden. Aber er hat eine Version zugrundegelegt, nach der der ersternannte Anführer den Namen jenes Ahnen trug, der die Völkerschaften zu den Anden geführt hatte: Pirua Manco (daher der Name Peru). Er war es, der nach der Ankunft am gewählten Ort verkündete, hier wolle er eine Stadt bauen. Er wurde von Ehefrauen und von Schwestergattinnen begleitet, von denen ihm eine einen Sohn gebar, der Manco Capac genannt wurde. Sein Sohn baute in Cuzco den Tempel für den Großgott Viracocha, und darum rechnet man von dieser Zeit an die Errichtung dieses uralten Reichs und den Anfang der Dynastien. Manco Capac wurde zum Sohn der Sonne ernannt; er war der erste von sechzehn Herrschern mit diesem Titel. Zu seiner Zeit wurden noch andere Gottheiten verehrt, darunter Mutter Erde und ein Gott, dessen Name Feuer bedeutete; er wurde durch einen weissagenden Stein verkörpert.

Die Hauptwissenschaft war damals, wie Montesinos schreibt, die Astrologie; außerdem kannte man die Kunst des Schreibens, wofür bearbeitete Bananenblätter und Steine benutzt wurden. Der fünfte Capac reformierte die Zeitberechnung und begann mit der Niederschrift von Daten und Regierungszeiten seiner Vorfahren. Er führte auch die Zählung von tausend Jahren ein, die er Große Periode nannte, und von hundert Jahren sowie von fünfzigjährigen Perioden, die den Jubeljahren der Bibel entsprachen. Das war der Inka Inti Capac Yupanqui, der den Tempel vollendete und die Anbetung des Großgottes *Illa Tici Vira Cochá* (Heller Beginner, Schöpfer der Wasser) einführte.

Während der Regierung des zwölften Capac gelangte die

Nachricht nach Cuzco, an der Küste seien »Männer von großer Gestalt — Riesen — gelandet«, die die ganze Küste besiedelten, metallene Geräte besäßen und überall plünderten. Sie zogen dann in die Berge und erregten zum Glück den Zorn des Großen Gottes, der sie mit einem Himmelsfeuer vernichtete.

Befreit von dieser Gefahr, ließen die Leute die Gebote und die religiösen Riten außer acht. »Gute Gesetze und Sitten« wurden aufgegeben, und das entging dem Schöpfer natürlich nicht. Zur Strafe versteckte er die Sonne vor dem Land; zwanzig Stunden lang ging sie nicht auf. Da erhob sich ein großes Wehgeschrei unter dem Volk; Gebete und Opfer wurden im Tempel dargebracht, bis die Sonne (nach zwanzig Stunden) wieder schien. Sofort führte der König die Gesetze und Sitten wieder ein.

Der vierzigste Capac auf dem Thron von Cuzco gründete eine Akademie für das Studium der Astronomie und Astrologie und bestimmte die Tagundnachtgleichen. Montesinos rechnete aus, daß das fünfte Jahr seiner Regierung zweieinhalbtausend Jahre nach der Sintflut, dem Nullpunkt, war. Es war auch das zweitausendste Jahr seit Beginn des Königtums in Cuzco, zu dessen Feier dem König ein neuer Titel verliehen wurde: *pachacuti* (Reformator). Seine Nachfolger pflegten ebenfalls das Studium der Astronomie; einer von ihnen führte in den Kalender das Schaltjahr ein, und zwar alle vier Jahre einen zusätzlichen Tag und alle vierhundert Jahre noch einen.

Als der achtundfünfzigste Monarch regierte — »als die vierte Sonne vollendet war« —, zählte man zweitausendneunhundert Jahre seit der Sintflut. Das war, wie Montesinos errechnete, das Jahr, in dem Jesus Christus geboren wurde.

Das erste Cuzco-Reich, das die Sonnensöhne begonnen und die Priesterkönige fortgesetzt hatten, fand unter der Herrschaft des zweiundsechzigsten Königs ein bitteres Ende, denn zu seiner Zeit geschahen »Wunder und Omen«. Endlose Beben erschütterten die Erde, den Himmel füllten Kometen, lauter böse Vorzeichen kommender Zerstörung. Eindringlinge kamen von der Küste, sogar über die Anden. Große Schlachten folgten; in einer wurde der König von einem Pfeil getroffen, und sein Heer flüchtete in Panik; nur etwa fünfhundert Krieger überlebten die Kämpfe.

»So wurde die Regierung der peruanischen Monarchie zerstört«, schrieb Montesinos, »und die Kunst des Schreibens ging verloren.«

Die wenigen Anhänger verließen Cuzco; nur ein paar Priester blieben zurück, um für den Tempel zu sorgen. Die Auswanderer nahmen den Sohn des Königs, der noch ein Kind war, mit und suchten Zuflucht in einem Bergversteck, das Tampu-Tocco hieß. Hier lebte das erste halbgöttliche Paar, das das Königreich der Anden errichten sollte. Als der junge Königssohn erwachsen war, wurde er zum ersten Monarch der Tampu-Tocco-Dynastie ernannt. Sie dauerte fast tausend Jahre, vom Beginn des zweiten bis zum elften Jahrhundert nach Christus.

In diesen Jahrhunderten des Exils verfiel die Wissenschaft, und die Fähigkeit des Schreibens ging verloren. Unter der Regierung des achtundsiebzigsten Monarchen, am Meilenstein des Jahres 3500 seit dem Beginn, wollte eine gewisse Person die Kunst des Schreibens wieder einführen. Daraufhin wurde der König von den Priestern vor der Erfindung der Buchstaben gewarnt; das Schreibvermögen sei die Ursache allen Unglücks gewesen, das dem Königtum in Cuzco ein Ende bereitet hatte. Der Großgott habe gewünscht, daß »niemand Buchstaben benutzt oder sie wiederaufleben läßt, denn durch ihren Gebrauch wird Leid kommen«. Darum erließ der König ein Gesetz: »Bei Todesstrafe ist es verboten, mit *quilcas* zu handeln. Das sind die Blätter, auf denen man zu schreiben pflegte. Auch dürfen keinerlei Zeichen verwendet werden.« Statt dessen führte er den Gebrauch von bunten Schnüren ein, sogenannten *quipos*, die bisher für chronologische Zuordnungen gedient hatten.

Unter der Herrschaft des neunzigsten Monarchen endete das vierte Jahrtausend (vom Nullpunkt an). Inzwischen war die Tampu-Tocco-Dynastie geschwächt und ohne Einfluß. Die ihr treuen Stämme wurden von den Nachbarn überfallen. Stammeshäuptlinge zollten der Herrschaft keinen Tribut mehr. Die Sitten verwilderten, Greueltaten waren an der Tagesordnung. Unter diesen Umständen sah eine Prinzessin aus dem Geschlecht der Sonnensöhne, die *Mama Ciboca* hieß, ihre Stunde gekommen. Sie verkündete, ihr Sohn, den seine Bewunderer wegen seiner Schönheit *inca* nannten, sei dazu bestimmt, den Thron in der alten Hauptstadt Cuzco zurückzugewinnen. Auf wundersame Weise verschwand er und kehrte in goldenem Gewand zurück. Er erklärte, der Sonnengott habe ihn emporgehoben, ihn Geheimwissenschaft gelehrt und ihn geheißen, das Volk nach Cuzco zurückzuführen. Sein Name war Rocca; er war der erste Herrscher der Inka-Dynastie, die unter den Spaniern ein unrühmliches Ende fand.
Um diese Ereignisse in einen geordneten zeitlichen Rahmen zu bringen, schrieb Montesinos in bestimmten Abständen, eine »Sonne« genannte Periode habe angefangen oder geendet. Wie lange (in Jahren ausgedrückt) eine solche Periode gedauert hat, ist ungewiß; man könnte meinen, daß er dabei an die Anden-Sagen von mehreren »Sonnen« in früherer Zeit gedacht hat.
Früher wurde allgemein angenommen, zwischen den mesoamerikanischen und den südamerikanischen Zivilisationen habe es keine Berührungspunkte gegeben; aber das wird heute anders gesehen. In der Alten Welt erinnerten sich alle Zivilisationen an Zeitalter, in denen zuerst die Götter geherrscht hatten, dann die Halbgötter und Helden und dann erst die Sterblichen. Die sumerischen Königslisten verzeichnen eine Reihe von Göttern und Halbgöttern, die vor der Sintflut insgesamt 432 000 Jahre lang herrschten. Danach regierten die Könige in Zeiten, die heute als historisch gelten, und deren Daten, wie die Forschung ergeben hat,

durchaus stimmen. Die ägyptischen Königslisten, die der Priester/Historiker Manetho Mitte des dritten Jahrhunderts vor Christus zusammengestellt hat, führen eine Dynastie von zwölf Göttern auf, die etwa zehntausend Jahre vor der Sintflut ihren Anfang nahm; ihr folgten Götter und Halbgötter, bis ungefähr 3100 v. Chr. die Pharaonen den Thron von Ägypten bestiegen. Auch Manethos Angaben sind geprüft worden und haben sich als richtig erwiesen.
Montesinos fand in den mündlichen Überlieferungen wie auch bei den Chronisten die Bestätigung, daß die Inkas glaubten, im fünften Zeitalter (Sonne) zu leben. Das erste Zeitalter war das der weißen und bärtigen Viracochas-Götter, das zweite dasjenige der Riesen, von denen einige böse waren, und deshalb entstanden Konflikte zwischen den Göttern und den Riesen. Dann folgte das Zeitalter des primitiven, ungebildeten Menschen. Dem vierten Zeitalter gehörten die Helden an, Menschen, die zu den Halbgöttern zählten. Und dann kam das fünfte, das Zeitalter der menschlichen Könige, von denen die Inkas die letzten in der Linie waren.
Montesinos versetzte die Anden-Chronologie in den europäischen Bezugsrahmen, indem er sie auf einen bestimmten Nullpunkt (er meinte, es müsse die Sintflut gewesen sein) und dann auf Christi Geburt bezog. In beiden Fällen ergab sich die Regierungszeit des achtundfünfzigsten Monarchen: Das 2900ste Jahr als Nullpunkt war das »erste Jahr Jesu Christi«. Die peruanischen Monarchien, schrieb Montesinos, begannen fünfhundert Jahre nach dem Nullpunkt, das heißt 2400 vor Christus.
Das Problem, vor dem die Forscher angesichts der geschichtlichen Zuordnung und Chronologie des Historikers Montesinos standen, ist nicht etwa Mangel an Klarheit, sondern seine Schlußfolgerung, daß das Königtum und die urbane Zivilisation in Cuzco fast dreieinhalbtausend Jahre vor den Inkas begonnen habe. In dieser Zivilisation gab es nach den von Montesinos gesammelten Informationen eine Schrift,

astronomische Aufzeichnungen und einen Kalender (den Kalender bereits so lange, daß er einer Reform bedurfte). Über dies alles (und noch über mehr) verfügten die Sumerer, deren Kultur ums Jahr 3800 vor Christus ihren Höhepunkt erreicht hat, und auch die Ägypter, deren Zivilisation etwa 3100 vor Christus folgte. Eine weitere Seitenlinie der sumerischen Zivilisation — diejenige im Indus-Tal — entwickelte sich ums Jahr 2900 vor Christus.

Konnte eine solche dreimalige Entwicklung nicht auch ein viertes Mal vonstatten gehen — in den Anden? Unmöglich, wenn es zwischen der Alten und Neuen Welt keine Berührung gegeben hätte. Möglich, wenn die Vermittler allen Wissens, die Götter, dieselben und überall auf der Erde anwesend waren.

Das mag unglaublich klingen, doch zum Glück läßt es sich beweisen.

Die erste Prüfung des Wahrheitsgehalts der von Montesinos gesammelten Unterlagen hat bereits stattgefunden.

Ein Schlüsselelement seiner Darlegung ist das Vorkommen eines alten Reichs sowie die Existenz von Königen in Cuzco, die schließlich gezwungen waren, die Hauptstadt zu verlassen und in Tampu-Tocco Zuflucht zu suchen. Das Interregnum dauerte etwa tausend Jahre; endlich war ein junger Mann von edler Geburt dazu ausersehen worden, das Volk nach Cuzco zurückzuführen und die Inka-Dynastie zu begründen.

Hat es Tampu-Tocco wirklich gegeben? Konnte man den Ort aufgrund von Montesinos' geographischen Angaben finden? Die Frage hat viele Wissenschaftler interessiert. Hiram Bingham von der Universität Yale, der auf der Suche nach verlorenen Inka-Städten war, fand den Ort 1911; er heißt heute Machu Picchu.

Bingham suchte Machu Picchu noch nicht, als er seine erste Expedition begann; aber nachdem er mehrmals dort gewesen war und über zwanzig Jahre lang ausgiebige Ausgrabungen vorgenommen hatte, gelangte er zu dem Schluß, daß

Machu Picchu tatsächlich die untergegangene Interimshauptstadt des alten Inka-Reichs war. Er hat sie in seinen Büchern *Machu Picchu, a Citadel of the Inkas* und *The Lost City of the Incas* umfassend beschrieben.
Der Hauptgrund für seine Annahme, daß Machu Picchu die legendäre Stadt Tampu-Tocco sei, ist der Hinweis auf die »Drei Fenster«. Montesinos schreibt: »Inka Rocca befahl, an seinem Geburtsort Werke zu erstellen, die aus Mauern mit drei Fenstern bestehen, die das Emblem des Hauses seiner Väter waren, von denen er abstammte.« Der Name des Ortes, zu dem das königliche Haus von der geschlagenen Hauptstadt Cuzco gezogen war, bedeutete »Hafen der drei Fenster«.
Daß ein Ort wegen seiner Fenster bekannt war, dürfte nicht verwunderlich sein, wenn man weiß, daß kein Haus in Cuzco, vom einfachsten bis zum prächtigsten, Fenster hatte. Daß er wegen der bestimmten Anzahl der Fenster — drei — bekannt wurde, kann nur davon herrühren, daß eine solche Struktur einzigartig, uralt oder heilig gewesen war. Das traf auf Tampu-Tocco zu, wo laut den Sagen ein Gebäude mit drei Fenstern eine solche Rolle spielte, daß es das Emblem der Familie war, von der Inka Rocca abstammte. Die Sage und der legendäre Ort kommen in der Geschichte von den Ayar-Brüdern vor. Wie Pedro Sarmiento des Gamboa (*Historia general Llamada Yndica*) und andere frühe Chronisten berichten, wurden die vier Ayar-Brüder und ihre vier Schwestern am Titicaca-See vom Gott Viracocha erschaffen. Sie gelangten nach Tampu-Tocco — oder wurden von dem Gott dorthin versetzt —, »kamen auf Befehl Tici-Viracochas aus besagtem Fenster und erklärten, Viracocha habe sie dazu erschaffen, Gebieter zu werden«.
Manco Capac, der älteste der Brüder, trug ein heiliges Emblem bei sich, das Bild eines Falken, und einen Goldstab, der ihm die richtige Stelle für die zukünftige Hauptstadt Cuzco angeben sollte. Die Reise der vier Geschwisterehepaare begann friedlich; aber bald kam es zu Eifersuchtssze-

nen. Unter dem Vorwand, sie hätten Schätze in einer Höhle in Tampu-Tocco vergessen, wurde der zweitälteste Bruder Ayar Cachi zurückgeschickt, um sie zu holen. Das war aber eine List der anderen Brüder; er wurde in der Höhle eingesperrt und verwandelte sich hier in einen Stein.

Nach diesen Erzählungen datiert Tampu-Tocco aus sehr früher Zeit. »Die Sage von den Ayars«, schrieb H. B. Alexander in *Latin American Mythology*, »stammt aus dem megalithischen Zeitalter und ist mit der Titicaca-Cosmogonie verbunden.« Die Auswanderer aus Cuzco zogen also zu einem Ort, den es bereits gab. Dort hatte ein Gebäude mit drei Fenstern bei viel früheren Ereignissen eine Rolle gespielt. Unter dieser Voraussetzung können wir nun Machu Picchu betrachten, denn dort und nirgends sonst ist tatsächlich ein Gebäude gefunden worden, dessen eine Mauer drei Fenster aufweist.

»Machu Picchu oder Großer Picchu lautet der Quichua-Name eines spitzen Gipfels, der sich mehr als dreitausend Meter über dem Meeresspiegel und mehr als viertausend Meter über den reißenden Stromschnellen des Urubambas in der Nähe der Brücke von San Miguel erhebt, zwei anstrengende Tagereisen von Cuzco entfernt«, schreibt Bingham. »Nordwestlich vom Machu Picchu ist noch ein schöner Gipfel, der Huayna Picchu oder Kleinerer Picchu, den prachtvolle Klippen umgeben. Auf dem Sattel zwischen den beiden Gipfeln befinden sich die Ruinen einer Inka-Stadt, deren Name sich in der Vergangenheit verloren hat. Es ist möglich, daß es zwei alte Inka-Ortschaften sind, Tampu-Tocco, der Geburtsort des ersten Inkas, und Vilcabamba Viejo.«

Heute erfordert die Reise von Cuzco nach Machu Picchu — eine Entfernung von rund hundert Kilometer Luftlinie — nicht mehr zwei anstrengende Reisetage. Eine Eisenbahn schraubt sich die Berge hinauf, durch Tunnels und über Brücken, und die Fahrt dauert knapp vier Stunden. Dann noch eine halbstündige Autobusfahrt in Serpentinen, und man ist angekommen. Die Aussicht von dort oben ist atemberaubend. Auf dem Sattel zwischen den beiden Gipfeln stehen Häuser, Paläste, Tempel, heute alle ohne Dach, umgeben von Terrassen, die sich an die Berghänge klammern, bereit zur Bepflanzung. Der Huayna Picchu erhebt sich als Grenzfestung im Nordwesten (Abb. 72); dahinter und ringsum wetteifern Gipfel um Gipfel, soweit das Auge sehen kann. Im Tal bildet der Fluß Urubamba eine Schlucht in Hufeisenform, halb um die erhöhte Stadt herum; sein reißendes Wasser schneidet einen weißlichen Weg durch das Smaragdgrün des Urwalds.

Wie es sich für eine Stadt gehört, die meines Erachtens zuerst als Muster für Cuzco gedient hat und später mehrmals nachgeahmt wurde, besteht auch Machu Picchu aus zwölf Vierteln. Der königlich-priesterliche Stadtteil liegt im

Abb. 72

Westen, das Viertel, das größtenteils von den Jungfrauen und den Adligen bewohnt wurde, im Osten, abgetrennt durch mehrere breite Terrassen. Das gewöhnliche Volk, das Landwirtschaft betrieb, lebte außerhalb der Stadt und in der Umgebung, wo man seit Binghams Entdeckung zahlreiche Weiler gefunden hat.

Unterschiedliche Baustile — wie in Cuzco und anderen archäologischen Stätten — verraten verschiedene Phasen der Besetzung. Die Wohnhäuser bestehen größtenteils aus Feldsteinen und Mörtel, die königlichen Residenzen aus behauenen Quadern, die in regelmäßigem Wechsel übereinander liegen, ebenso exakt geschnitten und glatt wie in Cuzco. Bei einem Gebäude ist die Arbeit unvergleichlich vollkommen. Außerdem gibt es hier die vieleckigen megalithischen Steinblöcke. In vielen Fällen sind es Überreste aus dem frühen megalithischen Zeitalter und der Zeit des alten Inka-Reiches; ansonsten handelt es sich offensichtlich um Überbauungen.

Die östlichen Bezirke nahmen jeden verfügbaren Quadratmeter ein und erstreckten sich von der Stadtmauer im Süden so weit nordwärts, wie es das Terrain erlaubte; die westlichen Bezirke, die ebenfalls an der Mauer begannen, erstreckten sich nordwärts bis zur Grenze eines heiligen Platzes, als ob hier eine unsichtbare Trennungslinie verliefe.

Hinter dieser gedachten Trennungslinie, gegenüber einem großen terrassierten Platz im Osten, liegt der Heilige Platz, den Bingham daran erkannt hat, »weil auf beiden Seiten die großen Tempel stehen«, von denen einer die entscheidenden drei Fenster aufweist. Ihm hat Bingham den Namen »Tempel der drei Fenster« gegeben. Die Art, wie die zyklopischen vieleckigen Steinblöcke geschnitten und ohne Mörtel zusammengefügt worden sind, reiht sie in dieselbe Klasse ein wie die zyklopischen Steinblöcke und megalithischen Bauten in Sacsahuaman. Sie überragen alles, was in Cuzco zu sehen ist; einer der Quader hier hat zweiunddreißig Winkel.

Der Tempel der drei Fenster steht an der östlichen Ecke des

Heiligen Platzes. Die zyklopischen Steinblöcke der östlichen Mauer erheben sich hoch über den terrassierten Boden (Abb. 73) und erlauben einen ungehinderten Blick durch die drei Fenster nach Osten (Abb. 74). Sie sind trapezförmig und makellos gearbeitet. Wie in Sacsahuaman und in Cuzco ist das harte Granitgestein bearbeitet worden, als ob es Knetgummi wäre. Auch hier mußten die Steine aus großer Entfernung herbeigeschafft werden, bergauf und bergab, über unwirtliches Gelände und durch Flüsse.

Abb. 73

Der Tempel der drei Fenster hat nur drei Wände; auf der Westseite ist er offen; dort steht eine zweieinhalb Meter hohe Steinsäule. Bingham vermutet, sie könnte ein Dach gestützt haben; doch das wäre, wie er selbst zugibt, »eine Einrichtung, die man sonst bei keinem Gebäude findet«. Meiner Meinung nach hat die Säule, zusammen mit den drei Fenstern, als astronomischer Orientierungspunkt gedient. An der Nordseite befindet sich das Gebäude, das Bingham »Haupttempel« getauft hat. Es hat ebenfalls drei Wände, die vier Meter hoch sind und auf gewaltigen Steinblöcken

Abb. 74

ruhen oder daraus bestehen. Die Westwand zum Beispiel besteht lediglich aus zwei Riesenquadern, die von einem T-förmigen Stein zusammengehalten werden. Ein großer Monolith, der fünf mal zwei mal einen Meter mißt, lehnt an der mittleren Nordwand, in der sieben Nischen trapezförmige Fenster vortäuschen (Abb. 75).

Gewundene Stufen führen auf der Nordseite des Heiligen Platzes einen Hügel hinauf, dessen Spitze abgeflacht worden ist, um als Plattform für den *intihuatana* zu dienen, einen mit großer Sorgfalt bearbeiteten Stein, von dem aus die Bewegungen der Sonne beobachtet und berechnet wurden (Abb. 76). Der Name bedeutet »Das, was die Sonne bindet«. Vermutlich hat dieser Stein dazu beigetragen, die Sonnenwenden zu bestimmen, also die Zeit, in der die Sonne im Norden oder im Süden am weitesten von der Erde entfernt ist. Zu diesem Zeitpunkt wurden Riten abgehalten, um »die Sonne zu binden« und zur Rückkehr zu veranlassen, sonst würde sie verschwinden und die Erde wieder der Dunkelheit verfallen, wie es der Sage nach einmal vorgekommen war.

Abb. 75

Südlich vom Königsbezirk befindet sich noch ein prachtvolles (und ungewöhnliches) Gebäude, das wegen seiner Halbkreisform *Torreon* (Festungsturm) genannt wird. Es besteht aus Quadern, die so sorgfältig bearbeitet worden sind, wie man es in dieser Vollkommenheit selten sieht; eigentlich können sie sich nur mit den Steinblöcken der halbrunden Mauer messen, die das Allerheiligste von Cuzco umgibt. Diese halbrunde Mauer nun, zu der man über sieben Stufen gelangt (Abb. 77), bildet ihre eigene heilige Einfriedung, in

Abb. 76

deren Mitte ein gefurchter Fels herausragt. Bingham fand Beweise dafür, daß dieser Fels und die Wände periodischen Feuern ausgesetzt waren, und schloß daraus, daß hier Opferfeiern und andere Riten abgehalten wurden, die mit der Anbetung des Felsens zusammenhingen.

(Dieser geheiligte Fels erinnert mit seiner besonderen Struktur sowohl an den heiligen Felsen, der das Herz des Jerusalemer Tempelbergs bildet, als auch an die Kaaba in Mekka, wo in diesem Hauptheiligtum des Islam der »Schwarze Stein« eingeschlossen ist.)

Die Heiligkeit des Felsens in Machu Picchu rührt nicht von seiner herausragenden Spitze her, sondern von dem, was sich darunter befindet. Es ist nämlich ein großer natürlicher Felsen mit einer Höhle, die künstlich vergrößert und so behauen worden ist, daß man Stufen, Sitze, Leisten und Pfo-

Abb. 77

sten zu erkennen glaubt (Abb. 78). Außerdem ist das Innere mit Mauerwerk aus weißem Granit von reinster Farbe und Körnigkeit verschönert. Nischen und eckige Griffe tragen zu der architektonischen Vielfalt bei. Nach Binghams Ansicht wurde die Höhle vergrößert und verschönert, da die Mumien der Könige wegen der Heiligkeit des Ortes hierher gebracht wurden. Aber wieso war er heilig und so bedeutend, daß man hier verstorbene Könige beisetzte?

Diese Frage führt uns zu der Sage von den Ayar-Brüdern zurück, nach der einer der Brüder im Hafen der drei Fenster

Abb. 78

in eine Höhle eingesperrt wurde. Da der Tempel der drei Fenster und auch die Höhle in der Sage vorkommen, haben wir die Bestätigung, daß Machu Picchu die legendäre Stadt Tampu-Tocco ist.

Der Chronist Sarmiento, der zu den Conquistadoren gehörte, gibt in seiner *Geschichte der Inkas* die folgende überlieferte Anekdote vom neunten Inka (ungefähr 1340 n. Chr.) wieder: »Da alle Dinge aus alter Zeit seine Neugier erregten und er auch seinen Namen verewigen wollte, ging er persönlich zum Berg Tampu-Tocco. Dort betrat er die Höhle, von der es gewiß war, daß Manco Capac und seine Brüder von dort kamen, als sie zum erstenmal in Cuzco einmarschierten ... Nachdem er sie gründlich untersucht hatte, weihte er den Ort mit Riten und Opfern ein und befahl, ihn von jetzt an als heilig zu betrachten. So machte er sie zu einem heiligen Ort für Orakel und Opfer. Danach kehrte er nach Cuzco zurück.«

Der Held dieser Geschichte, der neunte Inka, hieß Titu Manco Capac; er trug auch den Titel *Pachacutec* (Reformer), weil er nach seiner Rückkehr aus Tampu-Tocco den Kalender reformierte.

Wie alle diese Dinge, die drei Fenster und der Intihuatana, der heilige Felsen und der *Torreon* das Vorhandensein von Tampu-Tocco bestätigen, so bilden auch die Geschichte von den Ayar-Brüdern, die Prä-Inka-Reiche, die Kenntnis der Astronomie und des Kalenders Schlüsselelemente in der von Montesinos zusammengefaßten Chronologie. Die Glaubwürdigkeit seiner Angaben würde erhärtet werden, wenn er recht hätte mit seiner Behauptung, daß es in uralter Zeit eine Schrift gegeben habe. Cieza de Len vertrat dieselbe Ansicht, denn er sagte: »In der Epoche vor den Inka-Kaisern kannte man in Peru die Schrift ... auf Blättern, Häuten, Stoffen und Steinen.«

Viele südamerikanische Gelehrte stimmen jetzt den frühen Chronisten bei und sind der Meinung, daß die Ureinwohner von Südamerika mehrere Schriftformen kannten.

Laut zahlreichen Studien hat man in diesen Ländern Petroglyphen (Schreibung auf Stein) gefunden, teils in Bilder- teils in Zeichenschrift. Rafael Larco Hoyle (*La Escritura Peruana Pre-Incana*) meint, daß die Schrift der Völker an der Küste von Peru derjenigen der Mayas verwandt sei. Arthur Posnansky, der führende Erforscher von Tiahuanacu, beweist in seinen Studien, daß die Schnitzereien an den dortigen Monumenten eine piktographisch-ideographische Schrift darstellten — ein Schritt entfernt von der phonetischen Schrift. Ein bekannter Fund, der Stein von Calango, der jetzt im Museum von Lima ausgestellt ist (Abb. 79), scheint eine Kombination von piktographischer und phonetischer, vielleicht sogar alphabetischer Schrift zu sein.

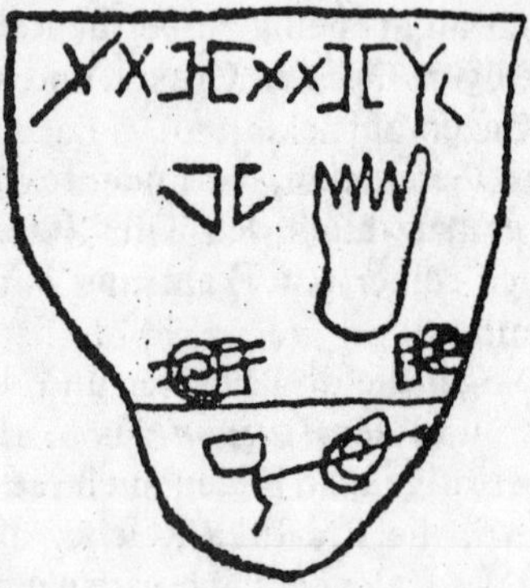

Abb. 79

Einer der berühmtesten Erforscher von Südamerika, Alexander von Humboldt, sagt in seinem Werk *Atlas pittoresque, Vues des Cordilléres et des Monuments des Peuples Indigènes de l'Amérique* (1811): »Es ist kürzlich bezweifelt worden, daß die Peruaner außer *quippus* eine Schrift gekannt haben. Eine Stelle in *L'origin de los Indios del Nuevo Mundo*, Valencia, 1610 (Seite 91), läßt in dieser Hinsicht keinen Zweifel zu.« Nachdem Pater Garcia über die mexikanischen Hieroglyphen gesprochen hat, fügt er an: »Zu Beginn der Eroberung bekannten sich die peruanischen Indianer, indem sie Schriftzeichen malten, die die Zehn Gebote und die dagegen verstoßenden Übertretungen darstellten.« Daraus ist zu schließen, daß die Peruaner den Gebrauch der Bilderschrift kannten, daß aber ihre Symbole gröber waren als die mexikanischen Hieroglyphen und daß die Leute sich im allgemeinen mit den *quippus* behalfen.

Humboldt erzählt auch, daß er in Lima von einem Missionar namens Narcisse Gilbar hörte, der bei den Panos-Indianern am Ucayale nördlich von Lima ein Buch aus zusammengefalteten Blättern gefunden hatte, das jedoch niemand lesen konnte. »Es hieß, die Indianer hätten dem Missionar gesagt, das Buch enthalte die Beschreibung von alten Kriegen und Reisen.«

Ribero und Tschudi berichteten 1855 von verschiedenen anderen Entdeckungen und erklärten, es habe in Peru tatsächlich außer den *quippus* noch eine andere Art des Schreibens gegeben. Tschudi schildert in seinem Buch »Reisen durch Südamerika« seine Aufregung, als man ihm die Fotografie einer Pergamenthaut mit hieroglyphischen Darstellungen zeigte. Er fand das Original in Bolivien im Museum La Paz (Abb. 80 a). »Diese Symbole versetzten mich in größtes Erstaunen«, schreibt er, »und ich blieb stundenlang vor dem Pergament stehen und versuchte das Labyrinth dieser Schrift zu entziffern.« Er fand heraus, daß die Schrift links begann, in der zweiten Zeile von rechts nach links verlief, in der dritten wieder von links nach rechts und so weiter in einer Schlangenlinie. Ferner stellte er fest, daß der Text aus der Zeit stammte, in der die Sonne angebetet wurde; aber mehr vermochte er nicht zu ermitteln.

Den Ursprungsort verfolgte er zum Titicaca-See zurück. Der Geistliche von der Missionskirche in dem Dorf Copacabana (Blaue Aussicht) bestätigte ihm, daß derartige Texte in der Gegend bekannt waren, schrieb sie aber einer Periode nach der Eroberung zu. Diese Erklärung war natürlich unbefrie-

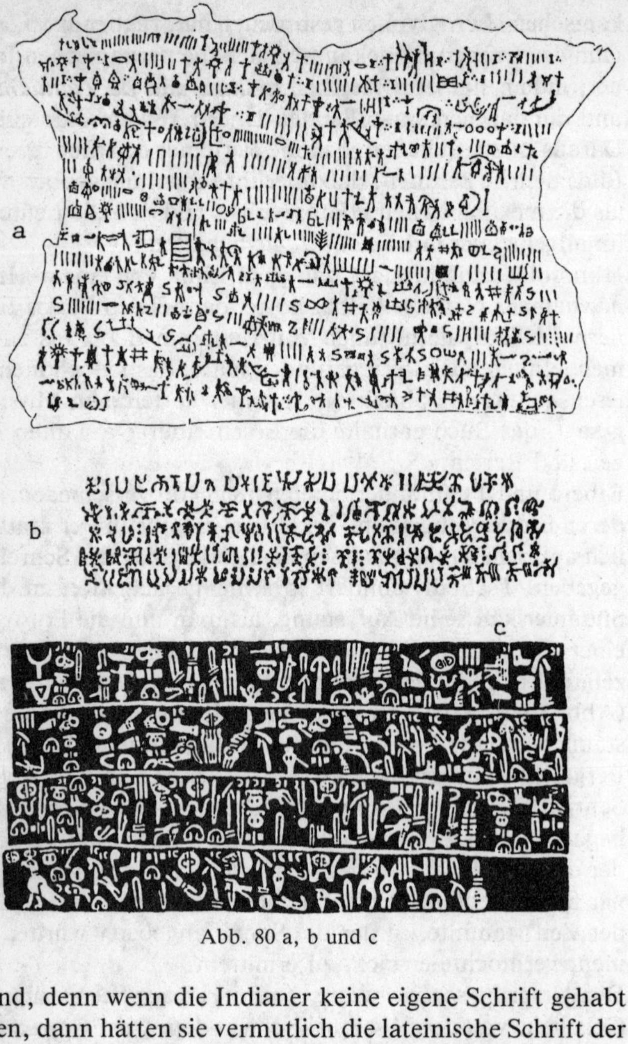

Abb. 80 a, b und c

digend, denn wenn die Indianer keine eigene Schrift gehabt hätten, dann hätten sie vermutlich die lateinische Schrift der Spanier übernommen, um sich ausdrücken zu können. Jorge Cornejo Bouroncle äußert sich dazu in einem Buch *La idolatria en el antiguo Peru*: »Selbst wenn diese Hiero-

glyphenschrift nach der Eroberung benutzt worden ist, muß sie aus einer weiter zurückliegenden Zeit stammen.«
Arthur Posansky (*Guia general Illustrada de Tiahuanacu*) fand auf den beiden heiligen Inseln im Titicaca-See weitere Texte in dieser Schrift auf Steinen. Er weist darauf hin, daß sie ähnlich ist wie die rätselhaften Inschriften, die man auf der Osterinsel gefunden hat (Abb. 80 b), worüber sich die Gelehrten heute im allgemeinen einig sind. Aber die Schrift auf der Osterinsel gehört, wie man weiß, derselben Familie an wie die indoeuropäischen Schriften im Indus-Tal *und die der Hethiter*. Sie alle haben dasselbe System: Die erste Zeile beginnt links, die zweite rechts, die dritte links und so weiter. Ohne jetzt auf die Frage einzugehen, wie die Schrift der Hethiter (Abb. 80 c) den Weg zum Titicaca-See gefunden hat, steht fest, daß man im alten Peru schreiben konnte. Auch in dieser Hinsicht stimmen Montesinos' Informationen.
Wenn es dem Leser immer noch schwerfällt, den unvermeidlichen Schluß gelten zu lassen, daß es ungefähr im Jahr 2400 v. Chr. in den Anden eine Zivilisation gegeben hat, kann ich mit einem weiteren Beweis aufwarten.
Ein wertvoller Hinweis in den Anden-Sagen ist von den Altertumsforschern überhaupt nicht beachtet worden: Daß es vor langer Zeit eine erschreckende Dunkelheit gegeben hat. Niemand hat sich gefragt, ob es dieselbe Dunkelheit — das Nichterscheinen der Sonne — war, von der in der mexikanischen Legende von Teotihuacan und seinen Pyramiden die Rede ist. Aber wenn dort tatsächlich ein solches Phänomen aufgetreten ist (daß die Sonne nicht aufging und die Nacht endlos war), dann muß man es allenthalben in Mesoamerika beobachtet haben.
Die Erinnerungen der Mayas und der Inkas stimmen in diesem Punkt überein, so daß die einen den Wahrheitsgehalt der anderen untermauern wie zwei Augenzeugen, die dasselbe gesehen haben.
Sofern das noch nicht als Beweis genügt, wollen wir die Bibel heranziehen, und zwar keinen geringeren Zeugen als Josua.

Nach Montesinos und anderen Chronisten fand während der Regierungszeit von Titu Yupanqui Pachacuti II., dem fünfzehnten Monarch in alter Zeit, ein ganz ungewöhnliches Ereignis statt. Es geschah im dritten Jahr seiner Regentschaft, als »die guten Sitten vergessen waren, und das Volk allen möglichen Lastern frönte«, daß die Sonne zwanzig Stunden lang wegblieb. Mit anderen Worten, die Nacht endete nicht wie üblich. Nach großem Wehgeschrei, Sündenbekenntnissen, Opferungen und Gebeten ging sie endlich wieder auf.

Das kann keine Sonnenfinsternis gewesen sein: Die Sonne ist nicht von einem Schatten verdunkelt worden. Außerdem dauert eine Sonnenfinsternis nicht so lange, und die Peruaner kannten derartige, immer wiederkehrende Phänomene. In der Sage heißt es nicht, die Sonne sei verschwunden, sondern sie sei zwanzig Stunden lang nicht aufgegangen.

Es war so, als ob die Sonne, wo immer sie sich versteckte, stillgestanden wäre.

Wenn die Andenvölker sich richtig erinnerten, dann muß auf der anderen Seite der Erde der Tag ebenso lange gedauert haben, nämlich zwanzig Stunden.

Unglaublich, aber die Bibel schildert ein solches Ereignis. Es fand statt, als die Israeliten unter Josuas Führung auf dem Weg zum Gelobten Land den Jordan überquert und die befestigten Städte Jericho und Ai eingenommen hatten. Da verbündeten sich die fünf Amoriterkönige, um gemeinsam gegen die Israeliten vorzugehen. Im Ajalon-Tal, in der Nähe von Gibeon, fand eine große Schlacht statt. Sie begann mit einem nächtlichen Angriff der Israeliten, der die Amoriter in die Flucht schlug. Als sie sich bei Sonnenaufgang am Abhang von Beth-Horon wieder versammelt hatten, ließ der Herr große Steine vom Himmel auf sie herabfallen, so daß sie den Tod fanden. Die Zahl derjenigen, die durch den Steinhagel das Leben verloren, war größer als die Zahl derjenigen, die von den Israeliten mit dem Schwert getötet worden waren.

»Da redete Josua mit Jahwe
an dem Tage, da Jahwe die Amoriter
den Kindern Israels auslieferte, und sagte:
Angesichts der Israeliten
laß die Sonne stillstehen in Gibeon
und den Mond im Tal Ajalon.

Da stand die Sonne still, und der Mond blieb stehen,
bis das Volk Rache an seinen Feinden genommen hatte.
So steht es wirklich im Buch Jashars:
Die Sonne stand still mitten am Himmel
und beeilte sich fast einen ganzen Tag lang nicht, unterzugehen.«

Ganze Generationen von Gelehrten haben sich mit dieser Geschichte im zehnten Kapitel des Buches Josua beschäftigt. Einige tun sie als reine Erfindung ab; andere sehen darin die Spiegelung eines Mythos; wieder andere erklären sie mit einer ungewöhnlich langen Sonnenfinsternis. Aber abgesehen davon, daß es keine verlängerte Sonnenfinsternis gibt, ist ja in der Geschichte gar keine Rede von einem Verschwinden der Sonne. Im Gegenteil, es heißt, daß die Sonne weiterhin zu sehen war: Sie stand fast einen ganzen Tag am Himmel — soll das heißen, zwanzig Stunden lang?

Der Vorfall, dessen Einzigartigkeit in der Bibel betont wird — »Einen solchen Tag hatte es weder vorher noch nachher gegeben« —, ereignete sich im Verhältnis zu den Anden auf der anderen Seite der Erde, und er wird dort auf umgekehrte Weise beschrieben. In Kanaan ging die Sonne zwanzig Stunden lang nicht unter, in den Anden ging sie ebenso lange nicht auf.

Bezeugen die beiden Geschichten, die dasselbe Ereignis, von verschiedenen Seiten der Erde aus gesehen, schildern, nicht den Tatbestand?

Was sich wirklich ereignet hat, ist immer noch ein Rätsel. Der einzige biblische Hinweis ist die Erwähnung der vom Himmel herabfallenden Steine. Da wir wissen, daß die Erzählungen keinen Stillstand der Sonne (und des Mondes) schildern, sondern eine Unterbrechung der Rotation der Erde um ihre eigene Achse, gibt es die mögliche Erklärung, daß ein Komet der Erde zu nahe gekommen und dabei zertrümmert worden ist. Da einige Kometen — im Gegensatz zur Erde und zu anderen Planeten — die Sonne im Uhrzeigersinn umkreisen, könnte eine solche kinetische Energie der Erdrotation vorübergehend beträchtlich entgegengewirkt und sie verlangsamt haben.

Was auch immer die Ursache des Phänomens gewesen sein mag, hier beschäftigt uns die Zeitbestimmung. Für den Exodus nimmt man gewöhnlich das 13. Jahrhundert (etwa 1230 v. Chr.) an; die Gelehrten, die das Datum um zwei Jahrhunderte früher ansetzen, sind in der Minderheit. In meinem Buch *Die Kriege der Götter und Menschen* erkläre ich, daß das Jahr 1430 v. Chr. als Zeitpunkt des Ereignisses sowohl mit den Darstellungen der hebräischen Patriarchen als auch mit den damaligen Geschehnissen und den Erzählungen von Mesopotamien und Ägypten zusammenpassen würde.

Nach der Veröffentlichung dieses Buches (1985) sind die beiden berühmten Bibelforscher und Archäologen John J. Bimson und David Livingston aufgrund ausgiebiger Studien (*Biblical Archaeology Review*, September/Oktober 1987) zu dem Schluß gelangt, daß der Exodus ungefähr 1460 v. Chr. vor sich gegangen ist. Abgesehen von ihren eigenen archäologischen Funden und einer Analyse der Bronzezeit im Nahen Osten haben sie dieselben biblischen Daten und Berechnungen benutzt wie ich zwei Jahre früher. (In dem erwähnten Buch erkläre ich auch, warum ich, um zwei verschiedene biblische Daten in Einklang zu bringen, den Exodus auf das Jahr 1433 v. Chr. und nicht auf 1460 v. Chr. angesetzt habe.)

Da die Israeliten vierzig Jahre lang durch die Wüste Sinai wanderten, gelangten sie 1393 v. Chr. nach Kanaan; und das von Josua beobachtete Phänomen ereignete sich kurz nach ihrer Ankunft.

Die Frage ist nun: Fand das entgegengesetzte Phänomen, die verlängerte Nacht, zur selben Zeit statt?

Leider enthält Montesinos' Manuskript in bezug auf die Regierungszeit der Monarchen Lücken, so daß ich, um die Antwort zu finden, weiter ausholen muß. Der Stillstand der Sonne ereignete sich laut Montesinos im dritten Jahr der Regierung von Titu Yupanqui Pachacuti II. Um die Zeit zu bestimmen, müssen wir von beiden Seiten her rechnen. Es wird gesagt, das erste Jahrtausend vom Nullpunkt an habe während der Regierungszeit des vierten Inkas geendet, das heißt 1900 v. Chr., und der zweiunddreißigste König regierte zweitausendsiebzig Jahre nach dem Nullpunkt, also 830 v. Chr. Wann regierte der fünfzigste Monarch? Die verfügbaren Daten besagen, daß die neun Könige zwischen dem vierten und dem fünfzehnten Inka zusammen ungefähr fünfhundert Jahre regierten, wonach Titu Yupanqui Pachacuti II. ungefähr 1400 v. Chr. herrschte. Rechnen wir rückwärts vom zweiunddreißigsten König aus (ungefähr 830 v. Chr.), so beträgt die Zahl der dazwischenliegenden Jahre 564, so daß wir für Titu Yupanqui Pachacuti II. das Datum 1394 v. Chr. erhalten.

So oder so fällt das Datum des Ereignisses in den Anden mit dem biblischen Datum zusammen.

Die Schlußfolgerung ist klar:

Der Tag, an dem die Sonne in Kanaan stillstand, ist die Nacht ohne Sonnenaufgang in Mesoamerika.

Das verifizierte Ereignis ist ein unwiderlegbarer Beweis für die Echtheit der Erinnerungen der Andenvölker an ein uraltes Reich, das seinen Anfang nahm, als die Götter am Titicaca-See die Menschheit mit einem goldenen Zauberstab bedachten.

8
Die Himmelswege

Der Himmel verkündet die Herrlichkeit,
und das Himmelsgewölbe enthüllt das Werk seiner Hände.
Ein Tag sagt es dem anderen,
und eine Nacht tut es der anderen kund —
ohne Worte, ohne zu sprechen,
ohne daß ihre Stimme zu hören ist.
Durch die Erde ist ihre Linie gegangen,
zu den Enden der Welt dringt ihre Botschaft,
in ihnen hat Er der Sonne ein Zelt errichtet.

So beschreibt der biblische Psalmist die Wunder des Himmels und das Wunder der aufeinanderfolgenden Tage und Nächte, während die Erde sich um ihre Achse dreht (die »Linie«, die durch die Erde geht) und die Sonne umkreist, die sich in der Mitte befindet (als Herrscherin in ihrem Zelt). »Der Tag ist dein und die Nacht auch; du hast den Mond und die Sonne eingesetzt ... Sommer und Winter wurden von dir erschaffen.«
Jahrtausendelang, seit der Mensch die Zivilisation errang, haben Astronomen-Priester am Himmel die Führung des Menschen auf der Erde gesucht — von den Zikkuraten in Sumer und Babylonien aus, von den ägyptischen Tempeln, dem Stonehenge-Steinkreis und dem Caracol in Chichén Itzá aus. Die Bewegungen der Gestirne wurden beobachtet, berechnet, verzeichnet; und um dies zu ermöglichen, wurden die Zikkurate, Tempel und Sternwarten genau auf den Himmel ausgerichtet und so gebaut, daß das Licht der Sonne zur Zeit der Tagundnachtgleichen und der Sonnenwenden als Strahl einfiel.
Warum hat der Mensch sich so sehr bemüht — um was zu sehen, was zu bestimmen?

Die Gelehrten erklären die astronomischen Anstrengungen der Alten üblicherweise damit, daß eine Ackerbau treibende Gesellschaft einen Kalender braucht, der ihnen sagt, wann zu säen und wann zu ernten ist. Diese Erklärung hat man viel zu lange gelten lassen. Ein Bauer, der Jahr für Jahr pflügt, kann den Wechsel der Jahreszeiten und das Kommen des Regens besser beurteilen als ein Astronom. Wo immer in entfernten Weltgegenden Höhlenwohnungen einer »primitiven« Gesellschaft (die von der Landwirtschaft gelebt hat) gefunden worden sind, da haben sich die Menschen jahrhundertelang ohne Astronomen und ohne Kalender ernährt und beholfen. Tatsache ist auch, daß der Kalender in alter Zeit von einer städtischen, nicht von einer Ackerbau treibenden Gesellschaft erarbeitet worden ist.

Eine einfache Sonnenuhr, ein Gnomon, hätte genügend tägliche und jahreszeitliche Auskunft gegeben, wenn man ohne diese nicht hätte leben wollen. Doch die Alten erforschten den Himmel und richteten ihre Tempel nach den Gestirnen aus; sie bezogen ihren Kalender und ihre Feste nicht auf den Boden, auf dem sie standen, sondern auf das Wesen des Himmels. Warum? Weil der Kalender nicht für landwirtschaftliche, sondern für religiöse Zwecke erdacht wurde. Und die Götter, die uns den Kalender gaben, kamen vom Himmel.

Man sollte die Verse des Psalmisten immer wieder lesen, um sich darüber klar zu werden, daß die Wunder der Himmelserscheinungen nichts mit dem Pflügen des Bodens oder dem Weiden des Viehs zu tun hatten, sondern mit der Anbetung des Herrn des Alls. Das wird am besten verständlich, wenn man an Sumer zurückdenkt. Dort haben der Kalender, die Astronomie und eine Erde und Himmel verbindende Religion vor etwa sechstausend Jahren ihren Anfang genommen. Das Wissen wurde den Sumerern, wie sie versicherten, von den Anunnaki (»Die vom Himmel auf die Erde kamen«) verliehen, die von ihrem Planeten Nibiru auf die Erde gekommen waren. Nibiru war, so sagten sie, das zwölfte Glied des Sonnensystems, und darum wurde das himmlische Band in zwölf Häuser und das Jahr in zwölf Monate eingeteilt. Die Erde war der siebte Planet (von außen nach innen gezählt), und deshalb war Zwölf eine heilige himmlische Zahl, Sieben eine heilige irdische Zahl.

Die Anunnaki waren, wie die Sumerer auf zahlreichen Tontafeln schrieben, lange vor der Sintflut auf die Erde gekommen. In meinem Buch *Der zwölfte Planet* habe ich berechnet, daß es 432000 Jahre vor der Sintflut geschehen ist; diese Periode entspricht hundertzwanzig Umläufen des Planeten Nibiru; aber für die Anunnaki ist ein einziges Jahr gleichbedeutend wie unsere dreitausendsechshundert Erdenjahre. Sie kamen vom Nibiru zur Erde und gingen dann wieder zurück, wenn ihr Planet sich der Sonne (und der Erde) näherte und zwischen Jupiter und Mars durchgelaufen war. Zweifellos beobachteten die Sumerer den Himmel nicht, um zu erfahren, wann sie säen sollten, sondern um die Rückkehr des Himmelsherrn zu feiern.

Darum wurde der Mensch meiner Meinung nach ein Astronom. Darum suchte der Mensch, auch wenn der Planet Nibiru selbst nicht mehr zu sehen war, Zeichen und Omen in den sichtbaren Erscheinungen, und so entstand aus der Astronomie die Astrologie. Und wenn man die astronomischen Orientierungen und Ausrichtungen sowie die Einteilung des Himmels, die in Sumer ihren Anfang genommen haben, auch in den Anden finden könnte, wäre der unwiderlegbare Beweis für eine Verbindung erbracht.

Früh im vierten Jahrtausend vor Christus statteten der Herrscher auf dem Nibiru, Anu, und seine Gemahlin Antu laut den sumerischen Texten der Erde einen Besuch ab. Eine neue heilige Stätte mit einem Tempel, später Uruk genannt (in der Bibel Erech), wurde zu seinen Ehren gebaut. Ein Text auf einer erhalten gebliebenen Tontafel beschreibt die Nacht, die sie hier verbrachten. Am Abend begann ein zeremonielles Mahl mit dem rituellen Händewaschen in dem Augenblick, wo ein himmlisches Zeichen erschien — als Jupiter, Venus, Merkur, Saturn, Mars und Mond aufgingen. Nach dem ersten Gang des Mahles gab es eine Pause. Priester stimmten die Hymne *kakkab Anu etellu shamame* (»Anus' Planet geht am Himmel auf«) an. Ein Astronom-Priester wartete auf der obersten Plattform des Tempelturms auf das Erscheinen des Planeten Nibiru. Als er zu sehen war, sangen die Priester das Lied »Auf den, der hell strahlt, den himmlischen Planet des Herrn Anu« und den Psalm »Des Schöpfers Bild ist aufgegangen«. Ein Freudenfeuer wurde angezündet, das den Nachbarstädten die Kunde brachte. Ehe die Nacht vorbei war, brannten im ganzen Land Freudenfeuer, und am Morgen wurden Dankgebete gesprochen.

Die Sorgfalt und die astronomischen Kenntnisse, die ein Tempelbau in Sumer erforderte, geht aus Inschriften des sumerischen Königs Gudea (etwa 2200 v. Chr.) hervor. Zuerst erschien ihm »ein Mann, der wie der Himmel strahlte und neben einem göttlichen Vogel stand«. Ihn begleitete eine Göttin, die »einen heiligen Griffel« in der Hand hatte, mit dem sie dem König »den günstigen Planet« zeigte. Ein dritter menschenähnlicher Gott trug eine Tafel, die aus kostbaren Steinen bestand; darauf war der Plan für den Tempel eingezeichnet. Eine Statue des Königs Gudea zeigt ihn mit dieser Tafel auf dem Schoß; die Zeichnung ist deutlich zu erkennen; sie gibt den Grundriß wieder und den Maßstab, in dem die sieben Stufen erbaut werden sollten, eine kleiner als die vorherige; es war, wie der Text erklärt, kein Sonnentempel, sondern ein Stern- und Planetentempel.

Die von den Sumerern entwickelte differenzierte Astronomie beschränkte sich nicht auf den Tempelbau. Es gilt heute als erwiesen, daß die Sumerer bereits alle Begriffe und Grundsätze der modernen Astronomie gekannt haben. Dazu gehören die Einteilung des Kreises in dreihundertsechzig Grad, die Vorstellung von Zenit, Horizont und von anderen astronomischen Begriffen, auch die Gruppierung der

Sternbilder, die Benennung und Darstellung des Tierkreises und seiner zwölf Häuser sowie das Phänomen der sogenannten Präzession, die langsame Bewegung der Äquinoktialpunkte auf der Ekliptik, die bewirkt, daß der Lauf der Erde sich alle zweiundsiebzig Jahre um ungefähr einen Grad rückwärts verschiebt.

Nibiru, der Planet der Götter, erschien und verschwand zwar in seinem dreitausendundsechshundert Erdenjahre dauernden Lauf um die Sonne, aber die Menschen auf der Erde konnten das Vergehen der Zeit nur nach dem eigenen Umlauf berechnen. Abgesehen von Tag und Nacht ist es am leichtesten an den Jahreszeiten zu erkennen. Wie die vielen einfachen Steinkreise bezeugen, ist es einfach, die vier Punkte in der Beziehung zwischen Erde und Sonne zu markieren: Wenn die Sonne scheinbar höher steigt und länger am Himmel bleibt, weicht der Winter dem Frühling; danach sind Tag und Nacht gleich; dann rückt die Sonne immer weiter weg, während die Tage kürzer werden und die Temperatur sinkt. Kälte und Dunkelheit nehmen immer mehr zu, die Sonne scheint ganz zu verschwinden, sie zögert, sie hält inne und beginnt zurückzukehren; der Zyklus wiederholt sich — ein neues Jahr hat begonnen. So wurden die vier Vorkommnisse im Erde-Sonne-Zyklus bestimmt: Die Sommer- und die Wintersonnenwende (»Solarstillstand«), wenn die Sonne ihre äußerste Stellung im Norden und im Süden erreicht hat, sowie die Frühlings- und die Herbsttagundnachtgleiche.

Um die scheinbare Bewegung der Sonne um die Erde — in Wirklichkeit kreist ja die Erde um die Sonne, was die Sumerer gewußt und auch dargestellt haben — zu relativieren, war es notwendig, den Betrachter auf der Erde zu einem Punkt am Himmel in Beziehung zu setzen. Das wurde erzielt, indem man den Himmel, den großen Kreis der Erde rings um die Sonne, in zwölf Teile gliederte, in die zwölf Häuser des Tierkreises, von dem jedes sein eigenes Sternbild hat. Ein Punkt wurde ausgewählt — die Frühlingstagundnachtgleiche —, und das Haus, in dem die Sonne in diesem Augenblick zu sehen war, wurde zum ersten Tag des ersten Monats des neuen Jahres erklärt. Es war damals, wie die Untersuchungen der frühesten Berichte ergeben haben, das Haus oder Zeitalter des Stiers.

Dann aber verdarb die Präzession alles. Da die Achse der als Kreisel aufzufassenden Erde in 25 920 Jahren einen Kegel vom halben Öffnungswinkel (jetzt 23,5 Grad) beschreibt, verschiebt sich der »Fixpunkt« in zweiundsiebzig Jahren um einen Grad; das heißt, er verlagert sich alle 2160 Jahre rückwärts vom einen Haus ins nächste. So mußte der Kalender etwa zweitausend Jahre nach seiner Erfindung reformiert und auf einen Fixpunkt im Haus des Widders abgestellt werden. Die Astrologen (auch die heutigen) haben den Fixpunkt des Widders für ihre Horoskope beibehalten, obwohl sie wissen, daß wir seit fast zwei Jahrtausenden im Zeitalter der Fische leben und daß bald das Zeitalter des Wassermanns beginnen wird.

Die Einteilung des großen Himmelskreises in zwölf Teile zu Ehren der zwölf Glieder des Sonnensystems, die den zwölf griechischen Göttern im Olymp entspricht, hat das Sonnenjahr auch in nahe Beziehung zur Periodizität des Mondes gebracht. Aber da der Lunarmonat nicht zwölfmal in einem Sonnenjahr aufgeht, mußten schwierige Einschaltberechnungen angestellt werden, um die überzähligen Tage unterzubringen und die zwölf Lunarmonate dem Sonnenjahr anzupassen.

Zu babylonischen Zeiten, im zweiten Jahrtausend vor Christus, erforderten die Tempel eine dreifache Ausrichtung nach dem neuen Tierkreiszeichen (Widder), nach den vier Solarpunkten, von denen in Babylonien die Frühlingstagundnachtgleiche der wichtigste war, und nach den Mondphasen. Der Haupttempel in Babylon, der dem Nationalgott Marduk geweiht war und dessen Überreste verhältnismäßig gut erhalten sind, ist ein Musterbeispiel all dieser Grundsätze. Es sind auch Texte gefunden worden, die in architektonischen Ausdrücken seine zwölf Tore und sieben Stufen beschreiben, so daß es dem Forscher möglich ist, seine Nutzung als ausgeklügeltes Observatorium für die Beobachtung aller Gestirne zu erkennen (Abb. 81).

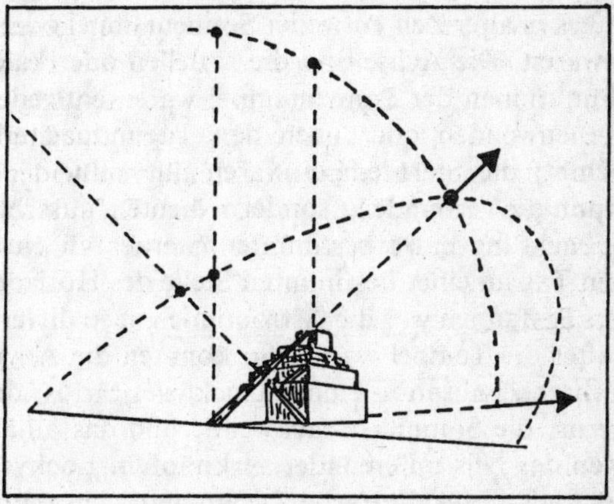

Abb. 81

Daß die Astronomie, im Verein mit der Archäologie, dazu verhelfen kann, geschichtliche Ereignisse zu erklären und den Ursprung eines Glaubens zu ermitteln, das ist erst in den letzten Jahren voll anerkannt worden. Es dauerte fast ein Jahrhundert, bis diese Erkenntnis den Rang einer Disziplin erlangte, die Archäoastronomie heißt; denn erst 1894 bewies Sir Norman Lockyer (*The Dawn of Astronomy*) unwiderlegbar, daß zu allen Zeiten und fast überall die Tempel — von den kleinsten Schreinen bis zu den größten Kathedralen — astronomisch ausgerichtet worden sind. Es ist bemerkenswert, wodurch er darauf gekommen ist: »Von Anfang an war das Zeichen für Gott ein Stern. In den babylonischen wie auch in den ägyptischen Texten stellten drei Sterne den Pluralgott dar.« Es fiel ihm auch auf, daß die Hauptgötter der Hindus *Indra* (Der Tag, den die Sonne brachte) und *Ushas* (Morgendämmerung) mit dem Sonnenaufgang zusammenhängen.

Als Lockyer sich mit Ägypten beschäftigte, wo die alten Tempel noch heute stehen, so daß ihre Architektur und ihre Ausrichtung im einzelnen studiert werden können, stellte er fest, daß es in alter Zeit entweder Sonnentempel oder Sterntempel waren. Die Achse und die rituellen oder kalendarischen Funktionen der Sonnentempel waren entweder nach den Sonnenwenden oder nach den Tagundnachtgleichen ausgerichtet; die Sterntempel waren mit keinem der vier Sonnenpunkte verbunden, sondern dienten ausschließlich der Beobachtung eines bestimmten Sternes an einem bestimmten Tag an einer bestimmten Stelle des Horizonts. Zu Lockyers Erstaunen war die Astronomie um so differenzierter, je älter die Tempel waren. So konnten die Ägypter zu Beginn ihrer Zivilisation einen Aspekt des Sirius, des hellsten Sterns, die Sommersonnenwende und das alljährliche Ansteigen des Nils miteinander verknüpfen. Lockyer rechnete aus, daß dieses dreifache Zusammenfallen nur einmal in ungefähr tausendvierhundert Jahren auftritt, und daß der ägyptische Nullpunkt, an dem die kalendarische Zählung begann, das Jahr 3200 v. Chr. war.

Aber Lockyers Hauptbeitrag zu dem, was später (nach fast hundert Jahren!) die Archäoastronomie werden sollte, ist seine Erkenntnis, daß die Ausrichtung der alten Tempel einen Hinweis auf die genaue Zeit ihrer Errichtung bedeutet. Sein bestes Beispiel ist der Tempelkomplex in Theben in Oberägypten (Karnak). Hier war die ältere Ausrichtung der frühesten Stätten nach den Tagundnachtgleichen der einfacheren Ausrichtung nach den Sonnenwenden gewichen. In Karnak bestand Amon-Ras großer Tempel aus zwei rechteckigen Bauten, die Rücken an Rücken auf einer etwas schrägen Ost-West-Achse standen (Abb. 82). Der Bau war so ausgerichtet, daß zur Zeit der Sonnenwende der Sonnenschein über einen hundertsiebzig Meter langen Korridor wanderte, von einem Teil des Tempels zwischen zwei Obelisken hindurch zum anderen. Zwei Minuten lang traf der Sonnenstrahl gleich einem Blitzlicht das Allerheiligste am Ende des Korridors und verkündete damit den ersten Tag des ersten Monats eines neuen Jahres.

Aber der genaue Moment war nicht konstant, er veränderte sich ständig, so daß bei den späteren Tempeln die Ausrichtung modifiziert wurde. Bei der Ausrichtung auf die Sonnenwenden änderte sich der Hintergrund der Sterne infolge der Präzession. Es gab jedoch noch mehr Veränderungen: Der Winkel zwischen den Extremen des Sonnenwegs wurde immer spitzer. Die Bewegung der Sonne schien noch einem anderen Phänomen in der Beziehung zwischen Erde und Sonne unterworfen zu scin. Die Astronomen entdeckten, daß die Neigung der Ekliptik — gegenwärtig etwas unter

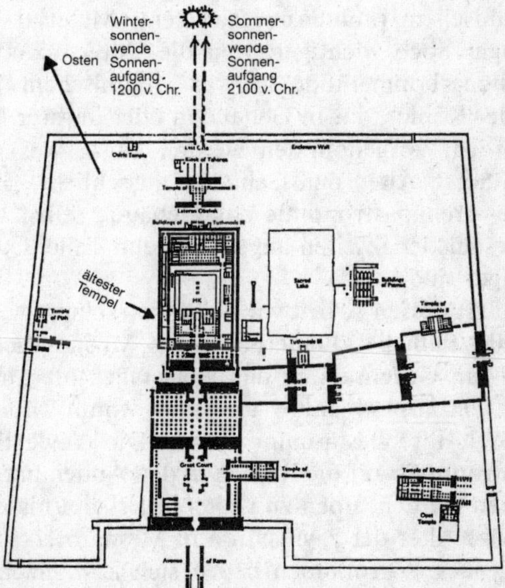

Abb. 82

23,5 Grad — nicht immer gleich gewesen war. Infolge des Schlingerns der Erde verändert sich der Neigungswinkel im Verlauf von siebentausend Jahren um einen Grad. Ihren größten Neigungswinkel hatte sie 29400 v. Chr.; dann nahm sie ab bis auf 21 Grad 20 Minuten im Jahr 14400 v. Chr. und hierauf wieder zu bis 23 Grad 50 Minuten im Jahr 2000 v. Chr. und so weiter. Rolf Müller (*Der Himmel über dem Menschen der Steinzeit* und andere Studien), der diese Tatsache auf die Anden-Archäologie anwandte, hat folgendes ausgerechnet: Wenn die alten Bauten in einer Neigung von 24 Grad ausgerichtet waren, dann bedeutete dies, daß sie vor mindestens viertausend Jahren geschaffen worden sind.

Die Anwendung dieser Datierungsmethode ist ebenso wichtig wie die Erfindung der Radiocarbonmethode — Altersbestimmung historischer und prähistorischer Gegenstände aus organischem (kohlenstoffhaltigem) Material —, vielleicht sogar noch wichtiger, weil die Untersuchungen mit der Radiocarbonmethode nur an organischem Material (Holz oder Kohle), das in Gebäuden oder in ihrer Nähe gefunden wird, vorgenommen werden kann, was aber ein noch früheres Alter der Gebäude ausschließt. Hingegen kann die Archäoastronomie das Gebäude selbst datieren, sogar verschiedene Zeiten angeben, wenn Teile davon älter oder jünger sind.

Rolf Müller, dessen Arbeit wir näher betrachten wollen, hat festgestellt, daß die Quaderbauten in Machu Picchu und Cuzco — im Gegensatz zu den vieleckigen megalithischen — über viertausend Jahre alt sind, womit Montesinos' Chronologie ihre Bestätigung findet. Die Anwendung der Achäoastronomie auf die Ruinen in den Anden hat, wie wir noch sehen werden, noch zu weiteren Erkenntnissen in bezug auf das Alter der Zivilisation in Mesoamerika geführt. Die modernen Astronomen ließen sich Zeit, nach Machu Picchu zu reisen, aber schließlich kamen sie. In den dreißiger Jahren veröffentlichte Rolf Müller, Professor für Astronomie an der Universität Potsdam, seine ersten Studien über die astronomischen Aspekte der Ruinen in Tiahuanacu, Cuzco und Machu Picchu. Seine Ausführungen über das hohe Alter dieser Überreste kosteten ihn beinahe den Lehrstuhl.

In Machu Picchu befaßte er sich vor allem mit dem Intihuatana auf dem Hügel im Nordwesten der Stadt und mit dem Gebäude auf dem heiligen Felsen, denn beide wiesen genaue Charakteristika auf, die es ihm ermöglichten, ihren Zweck und ihre Verwendung zu bestimmen (*Die Intiwatana-Sonnenwarten im alten Peru* und andere Schriften).

Der Intihuatana steht auf dem höchsten Punkt der Stadt. Von hier aus kann man den Horizont auf allen Seiten sehen. Aber Mauern aus megalithischen Steinblöcken schränken die Aussicht nach bestimmten Richtungen ein, und zwar absichtlich. Die Steine sind in gewünschter Höhe aufgeschichtet, das Gebäude ist exakt ausgerichtet (s. Abb. 76). Müller erkannte, daß die verschiedenen schrägen Oberflächen und die Seitenwinkel so angelegt worden sind, daß man bei der Sommersonnenwende den Sonnenuntergang und bei der Wintersonnenwende den Sonnenaufgang sowie die Tagundnachtgleichen bestimmen konnte.

Vor seinen Untersuchungen in Machu Picchu hatte Müller sich ausführlich mit den archäoastrologischen Aspekten von Tiahuanacu und Cuzco befaßt. Ein alter spanischer Holzschnitzer hatte ihn darauf aufmerksam gemacht, daß der große Sonnentempel in Cuzco so konstruiert war, daß die Sonnenstrahlen am Tag der Wintersonnenwende beim Aufgang der Sonne genau aufs Allerheiligste fielen (Abb. 83 a). Indem er Lockyers Theorie auf die Coricancha anwandte, konnte er ausrechnen, daß die vorkolumbianischen Mauern zusammen mit dem Allerheiligsten denselben Zwecken dienten wie die Tempel in Ägypten (Abb. 83 b).

An dem Gebäude auf dem heiligen Felsen in Machu Picchu fallen als erstes die halbrunde Form und die vollkommenen Quader auf, aus denen es besteht. Auch das Allerheiligste in

a

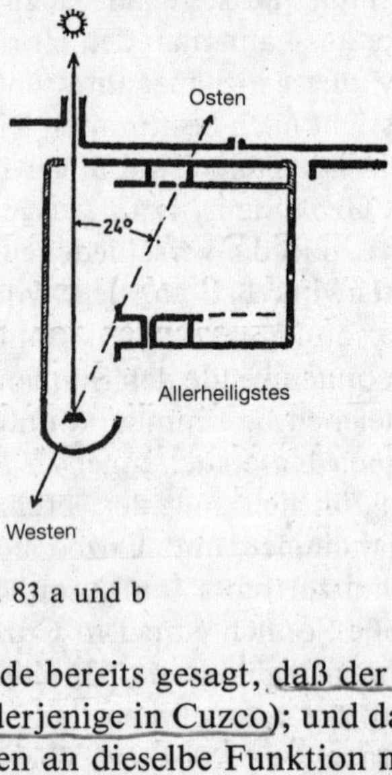

b

Abb. 83 a und b

Cuzco ist halbrund (es wurde bereits gesagt, daß der Bau in Machu Picchu älter ist als derjenige in Cuzco); und das legte Müller sofort den Gedanken an dieselbe Funktion nahe — die Bestimmung der Wintersonnenwende. Als es für ihn feststand, daß die geraden Mauern nach der geographischen Lage und der Höhe über dem Meeresspiegel ausgerichtet worden sind, wurde ihm klar, daß die beiden trapezförmigen Fenster in dem runden Teil (Abb. 84) es dem Beobachter ermöglichten, die Sonne am Tag der Sommer- und der

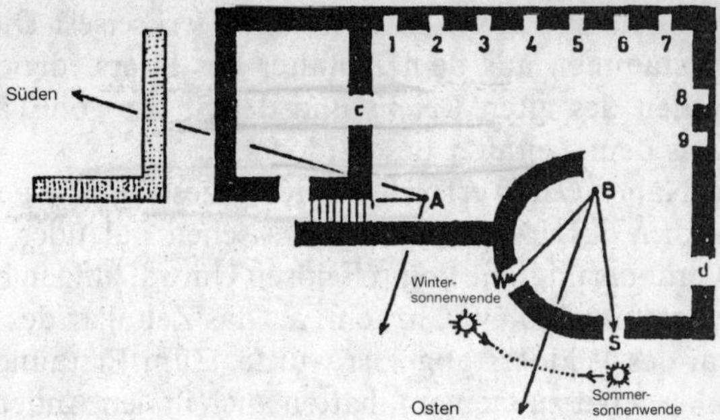

Abb. 84

Wintersonnenwende aufgehen zu sehen — vor viertausend Jahren!

In den achtziger Jahren unseres Jahrhunderts nahmen zwei Astronomen vom Steward-Observatorium der Universität Arizona, D. S. Dearborn und R. E. White (*Archaeoastronomy at Machu Picchu*), mit präziseren Instrumenten die gleichen Untersuchungen vor. Sie bestätigten die astronomische Ausrichtung des Intihuatanas und der beiden Fenster im Torreon, beteiligten sich aber nicht an der Diskussion über das Alter des Gebäudes. Weder sie noch Müller dachten daran, der Beobachtungsrichtung zwischen den ältesten Megalithen hindurch, den legendären drei Fenstern, über die Jahrtausende hinweg nachzuspüren. Da wären die Ergebnisse sicher noch erstaunlicher gewesen.

Dafür beschäftigte sich Müller mit den megalithischen Mauern in Cuzco. Seine Feststellung, deren weitreichende Bedeutung nicht beachtet wurde, lautete: »Die Ausrichtung galt für den Zeitraum von 4000 bis 3000 v. Chr.« (*Sonne, Mond und Sterne über dem Reich der Inkas*). Das verlegt das Alter der megalithischen Bauten (wenigstens in Cuzco, Sacsahuaman und Machu Picchu) in die zweitausendjährige Periode vor dem Jahr 2000 v. Chr. Mit anderen Worten, nach Müllers Ansicht erstrecken sich die Bauten aus der

Vor-Inka-Zeit über zwei Zeitalter des Tierkreises: Die Megalithen stammen aus dem Zeitalter des Stiers, diejenigen aus der Zeit des alten Reichs und der Spalte von Tampu-Tocco aus dem Zeitalter des Widders.

Im alten Nahen Osten erforderte die Präzession eine periodische Reform des ursprünglich sumerischen Kalenders. Eine große Veränderung, die von religiösen Umwälzungen begleitet war, trat um 2000 v. Chr. ein, als das Zeitalter des Stiers von dem des Widders abgelöst wurde. Zum Erstaunen anderer, aber nicht zu meinem, hatten auch in den Anden Umwälzungen stattgefunden.

Daß die alten Andenvölker einen Kalender besaßen, hätte man schon aus den Schriften Montesinos' und weiterer Chronisten ersehen müssen, die von wiederholten Kalenderreformen unter verschiedenen Monarchen berichten. Es bedurfte jedoch etlicher Studien, die in den dreißiger Jahren aufkamen, um der Meinung Gültigkeit zu verschaffen, daß diese Völker nicht nur einen Kalender besaßen, sondern ihn sogar aufzeichneten (obwohl sie angeblich keine Schrift hatten). Ein Pionier auf diesem Gebiet, Fritz Buck (*Inscripciones calendarias del Peru Preincaico* und andere Schriften), erbrachte dafür archäologische Beweise in Form eines zeitberechnenden Instruments und einer Vase aus den Trümmern des Tempels in Pachacamac, auf der Linien und Punkte ähnlich den Markierungen der Mayas und Olmeken vier Zwölferperioden angaben. Pater Molina sagt dazu: »Die Inkas begannen mit der Zählung des Jahres ungefähr Mitte Mai beim ersten Viertel des Mondes. Sie gingen dann morgens, mittags und abends zur Coricancha und brachten Schafe, die an diesem Tag geopfert wurden. Während des Opferns sangen die Priester: ›O Schöpfer, o Sonne, o Donner, seid immerdar jung, werdet nicht alt, laßt Friede über allem walten. Laßt das Volk sich vermehren und Nahrungsmittel und alle Dinge in Hülle und Fülle haben.‹« Da der Gregorianische Kalender erst nach Molinas Zeit in Cuzco eingeführt wurde, entspricht der von ihm genannte Neujahrstag ungefähr dem 25. Mai. Sternwarten, die Garcilaso zugeschrieben werden, wurden jüngst von Astronomen von den Universitäten Texas und Illinois entdeckt; sie stellten fest, daß die Sichtlinien mit dem 25. Mai übereinstimmten. Laut den Chronisten betrachteten die Inkas die Wintersonnenwende (also die Sommersonnenwende auf der nördlichen Hemisphäre) als Neujahrstag. Aber sie findet nicht im Mai statt, sondern am 21. Juni — einen ganzen Mond später!

Das läßt sich nur erklären, wenn man es anerkennt, daß der Kalender und das Beobachtungssystem, auf dem er beruhte, den Inkas in einem früheren Zeitalter übergeben worden sind: Die Verzögerung von einem Monat rührt von der Verschiebung der Präzession her, die in jedem Haus des Tierkreises 2160 Jahre andauert.

Wie gesagt, der Intihuatana in Machu Picchu diente nicht nur zur Bestimmung der Sonnenwenden, sondern auch der Tagundnachtgleichen, wo die Sonne im März und im September über dem Äquator steht. Sowohl die Chronisten als auch moderne Altertumsforscher (wie etwa L. E. Valcarel in *The Andean Calendar*) berichten, daß die Inkas viel Mühe auf sich nahmen, um das genaue Datum der Tagundnachtgleichen zu bestimmen und zu verehren. Auch dieser Brauch muß einer früheren Zeit entstammen, denn in den frühen Texten steht, daß die Monarchen des alten Reichs mitunter ausschließlich damit beschäftigt waren, dieses Datum zu ermitteln.

Montesinos belehrt uns darüber, daß der vierzigste Monarch des alten Reichs eine Akademie für das Studium der Astronomie und Astrologie gründete und die Tagundnachtgleichen ermittelte. Die Tatsache, daß ihm der Titel *pachacutec* verliehen wurde, beweist, daß der Kalender zu dieser Zeit mit den Himmelserscheinungen so wenig übereinstimmte, daß eine Reform dringend notwendig war. Das ist höchst interessant, aber man hat es überhaupt nicht beachtet. Laut Montesinos sind in seinem fünften Regierungsjahr zweieinhalbtausend Jahre vom Nullpunkt an vergangen und zweitausend seit Beginn des alten Reichs.

Was geschah ums Jahr 400 v. Chr., das eine Reform des Kalenders erforderte? Die Zeitspanne — zweitausend Jahre — entspricht der Zeitspanne der Tierkreisverschiebung infolge der Präzession. Als im alten Nahen Osten der Kalender ungefähr 4000 v. Chr. in Nippur seinen Anfang nahm, ereignete sich die Frühlingstagundnachtgleiche im Zeitalter des Stiers. Im Jahr 2000 v. Chr. hatte sie sich auf den Widder verschoben und zur Zeit Jesu Christi auf die Fische.

Die Kalenderreform in den Anden ums Jahr 400 v. Chr. beweist, daß das alte Reich und sein Kalender ungefähr im Jahr 2500 v. Chr. begonnen haben. Sie legt auch den Gedanken nahe, daß diese Monarchen den Tierkreis kannten; aber der Tierkreis ist eine künstliche, gedankliche Einteilung des Himmelsbandes rings um die Sonne in zwölf Abschnitte, er ist eine sumerische Erfindung, die in der Alten Welt von allen Völkern bis zum heutigen Tag übernommen worden ist. Wie war das möglich?

S. Hagar, einer der Pioniere auf diesem Gebiet, hielt 1904 am 14. Kongreß der Amerikanisten einen Vortrag mit dem Titel: »Die peruanische Astronomie und ihre Beziehung zum Ritual«. Er führte aus, daß die Inkas nicht nur die Tierkreishäuser (und ihre zugehörigen Monate) gekannt, sondern sie auch benannt hatten. Die Bezeichnungen waren ähnlich denjenigen, die wir kennen, und die aus Sumer stammen. So wurde der Januar, der Monat des Wassermanns, *mama cocha* und *capac cocha* (Mutter des Wassers und Herr des Wassers) zugeschrieben. März, der Monat des Widders, hieß *katu quilla* (Marktmond), April (Stier) *tupa taruca*, nämlich Weidender Hirsch (Stiere gab es nicht in Südamerika). Jungfrau war *sara mama* (Mutter des Maises) und ihr Symbol das weibliche Geschlechtsteil.

Cuzco war ein steinerner Zeuge für die Vertrautheit mit den zwölf Tierkreishäusern und für das hohe Alter dieses Wissens. Es wurde bereits erwähnt, daß Cuzco in zwölf Stadtviertel eingeteilt war, die mit den Tierkreiszeichen zusammenhingen. Es ist bedeutsam, daß der erste Bezirk am Hang des Sacsahuamans mit dem Zeichen des Widders verbunden war. Um zu beweisen, daß Widder mit der Frühlingstagundnachtgleiche zusammenhing, müssen wir mehr als viertausend Jahre zurückgehen.

Es wäre verwunderlich, wenn das astronomische und kalendarische Wissen ohne schriftliche Aufzeichnungen so lange hätte bewahrt und weitergegeben werden können — wie wäre es möglich gewesen? Die Kodizes der Mayas enthielten, wie wir gesehen haben, Daten aus früheren Quellen. Die Archäologen haben ermittelt, daß die Balken auf den Stelen der Herrscher Glyphen tragen, die bestimmte Konstellationen des Tierkreises bedeuten (wie auch die Zeichen auf Pacals Sargdeckel in Palenque). Sind diese kunstvollen Darstellungen aus der klassischen Zeit Kopien von früheren, vielleicht weniger künstlerischen kalendarischen Aufzeichnungen? Diesen Gedanken legt ein in Tikal (Guatemala) gefundener runder Stein (Abb. 85 a) nahe, auf dem das Bild des Sonnengottes (mit Bart und herausgestreckter Zunge) von Himmelsglyphen umgeben ist.

Derartige »primitive« runde Kalender-Tierkreissteine müssen den exakten aztekischen »Kalendersteinen« vorausgegangen sein, von denen man mehrere gefunden hat. Einen davon, ganz aus Gold, den heiligsten von allen, übergab Montezuma dem Eroberer Cortés, weil er glaubte, er gäbe dem Gott der gefiederten Schlange nur das zurück, was ihm gehörte.

Gab es diese goldenen Verzeichnisse im alten Peru? Obwohl die Spanier alles, was mit dem »Aberglauben« zusammenhing, zerstörten — insbesondere wenn es ein goldener Gegenstand war, der sofort eingeschmolzen wurde, wie es auch mit dem Bildnis der Sonne aus der Coricancha geschah —, ist wenigstens eine solche Reliquie erhalten geblieben.

Es ist eine Goldscheibe, deren Durchmesser vierzehn Zentimeter beträgt (Abb. 85 b). Sie wurde in Cuzco gefunden und ist jetzt im New Yorker Indianer-Museum zu sehen. Vor über einem Jahrhundert wurde sie von Clemens Markham beschrieben (*Cuzco and Lima; the Incas of Peru*). Demnach ist in der Mitte die Sonne dargestellt, umgeben von zwanzig einzelnen Symbolen, die er als Monate deutete, ähnlich dem Maya-Kalender mit seinen zwanzig Monaten. W. Bollaert hielt die Scheibe, wie er 1860 in einem Vortrag vor der Royal Society of Antiquarians und in späteren Schriften erklärte, für einen Mond- oder Tierkreiskalender. M. H. Saville (*A Golden Breastplate from Cuzco*, 1921) wies darauf hin, daß sechs der Zeichen zweimal und zwei Zeichen viermal vorkommen (er markierte sie von A bis H), und bezweifelte deshalb Markhams Theorie von den zwanzig Monaten. Die schlichte Rechnung 6 × 2 = 12 läßt mich mit Bollaert übereinstimmen und annehmen, daß es sich eher um Tierkreiszeichen als um Monate handelt. Alle Forscher sind sich darin einig, daß die Scheibe aus Vor-Inka-Zeiten stammt. Aber keiner hat darauf aufmerksam gemacht, wie ähnlich sie dem in Tikal entdeckten Kalenderstein ist — vielleicht weil das Verschweigen ein weiterer Nagel zu dem Sarg ist, in dem die Auffassung, es habe zwischen Mesoamerika und Südamerika keine Berührung, keine Diffusion (Ausbreitung von Kulturerscheinungen) gegeben, begraben bleiben soll.

Früh im Jahr 1533 zog eine kleine Schar Soldaten von Pizarros Conquistadoren in der Inka-Hauptstadt Cuzco ein. Der Hauptstützpunkt befand sich immer noch in Cajamarca, wo Atahualpa, der letzte Inka von Peru, gefangengehalten wurde. Diese Truppe hatte den Auftrag, in der Hauptstadt das Goldlösegeld für Atahualpas Freilassung zu holen.

In Cuzco erlaubte Atahualpas General Quizquiz den Soldaten, mehrere wichtige Gebäude zu durchsuchen, darunter den Sonnentempel, den die Inkas *coricancha* (goldene Einfriedung) nannten; denn die Mauern waren mit Goldplatten verkleidet, und im Tempel befanden sich wundervolle Gegenstände aus Gold, Silber und kostbaren Steinen. Die Sol-

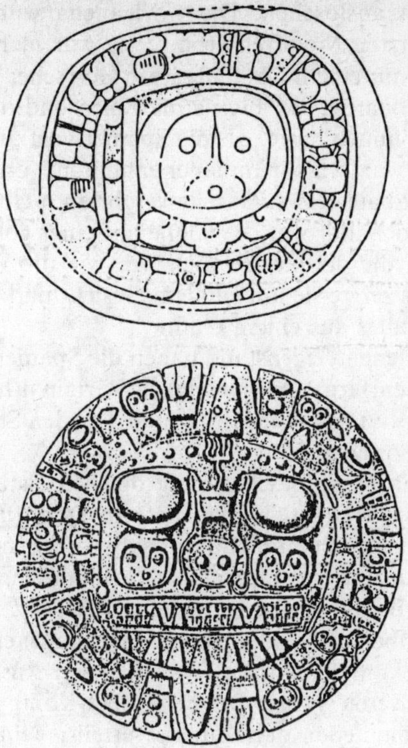

Abb. 85 a und b

daten nahmen siebenhundert Goldplatten an sich, bedienten sich mit anderen Schätzen und kehrten nach Cajamarca zurück.
Die spanischen Streitkräfte zogen am Ende des Jahres in Cuzco ein. Ich habe das Schicksal, das die Stadt mitsamt ihren Gebäuden und heiligen Stätten erlitt, bereits beschrieben, auch die Entweihung des Allerheiligsten, dessen goldenes Sonnenemblem über dem Altar eingeschmolzen wurde. Aber die materielle Zerstörung konnte die Erinnerungen der

Inkas nicht auslöschen. Die Coricancha wurde demnach von dem ersten Monarch erbaut; sie war nichts weiter als eine Hütte mit einem Dach. Spätere Herrscher vergrößerten und verschönerten sie, bis sie die Form und die Dimensionen angenommen hatte, die die Spanier vorfanden. Das Allerheiligste war, wie die Indianer erzählten, von oben bis unten mit Gold ausgelegt. Garcilaso schrieb: »Über dem sogenannten Hochaltar war die Sonne auf einer goldenen Platte abgebildet, die doppelt so dick war wie die Wandplatten. Das Bildnis zeigte sie mit rundem Gesicht und Strahlen und Flammen, alles aus einem Guß.«

Diesen goldenen Gegenstand haben die Spanier wirklich gesehen und entfernt. Aber nicht das Original hatte dort gehangen, das an dem vorbestimmten Tag den Strahl der aufgehenden Sonne auffing.

Die ausführlichste Beschreibung des Mittelstücks und der dazugehörigen Darstellungen lieferte Don Juan de Santa Cruz Pachacuti-Yumqui Salcamayhua (der manchmal als Santa Cruz und manchmal als Salcamayhua aufgeführt wird). Die Beschreibung ist in seinem Bericht *Relacion* (ins Englische übersetzt von Clemens Markham) enthalten, mit dem er die königliche Inka-Dynastie nach Ansicht der Spanier glorifizieren wollte. Der erste Inka-König hat demnach den Goldschmieden den Auftrag erteilt, »eine Goldplatte herzustellen, die kundtut, daß es einen Schöpfer des Himmels und der Erde gibt«. Salcamayhua illustrierte seinen Text mit einer Zeichnung: Darauf war eine ungewöhnliche ovale Form zu erkennen.

Dieses erste Abbild wurde durch eine runde Platte ersetzt, als ein späterer Monarch der Sonne den höchsten Rang zusprach. Ein nachfolgender Inka machte daraus wieder ein ovales Bild. »Er war ein großer Feind von Idolen und befahl dem Volk, Sonne und Mond nicht mehr anzubeten, sondern den Himmelskörper, den die ovale Form darstellte.« Er veranlaßte auch, ringsum auf der Platte Bilder anzubringen. Mit Bezug auf die ovale Form als »den Schöpfer« stellte Salcamayhua klar, daß damit nicht die Sonne gemeint war, zumal Sonne und Mond das Oval flankierten. Um dies zu erläutern, zeichnete Salcamayhua ein großes Oval und zu beiden Seiten Sonne und Mond.

So blieb das Mittelstück unverändert bis zu der Zeit des Inkas Huascar, eines der beiden Halbbrüder, die sich bei der Ankunft der Spanier um den Thron stritten. Er ersetzte das ovale Zeichen »durch eine runde Platte gleich den Sonnenstrahlen. Der Inka Huascar bildete die Sonne an der Stelle ab, wo der Schöpfer gewesen war«. So wurden die wechselnden religiösen Dogmen erneut ein Pantheon, in dem die Sonne, nicht Viracocha, herrschte. Um kundzutun, daß er der richtige Thronerbe war, legte sich Huascar den Beinamen *Inti* (Sonne) zu. Das bedeutete, daß er und nicht sein Halbbruder der wahre Nachkomme der ursprünglichen Söhne der Sonne war.

Um zu erklären, daß die Giebelwand und das Oval das darstellten, »was die Heiden in bezug auf Himmel und Erde glaubten«, machte Salcamayhua eine große Zeichnung, die zeigte, wie die Wand ausgesehen hatte, bevor Huascar die ovale Form durch die Abbildung der Sonne ersetzte (Abb. 86). Diese Skizze ist erhalten geblieben, da Francisco de Avila, der Salcamayhua und andere nach der Bedeutung befragte, sie bei seinen Papieren aufbewahrt hat. Er kritzelte die Erklärungen ringsherum, und zwar sowohl in der Sprache der Eingeborenen als auch in seinem eigenen Kastilianisch. Man gewinnt ein klares Bild: Unten ist der Altar als Gitter gezeichnet, darüber sind irdische Symbole (Menschen, ein Tier, ein Fluß, ein See, Berge und so weiter), oben Abbildungen des Himmels (Sonne, Mond und Sterne) sowie die rätselhafte ovale Form.

Die Gelehrten waren sich über die einzelnen Symbole nicht grundsätzlich einig, aber in bezug auf die heilige Wand stimmten sie mit Markham überein: Er sah in dem oberen Teil »eine Sternkarte, die wahrlich ein Schlüssel zur symbolischen Kosmogonie und Astronomie des alten Perus ist«,

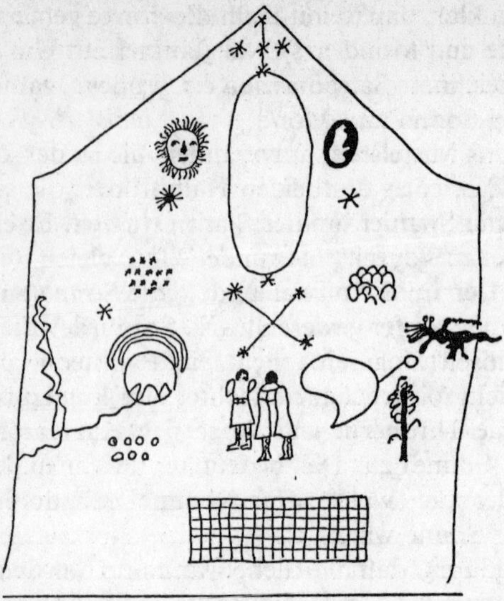

Abb. 86

und war überzeugt, daß das Giebeldreieck das Zeichen für »Himmel« war. S. K. Lothrop (*Inca Treasure*) erkannte, daß die Abbildungen über dem großen Altar »eine kosmogonische Geschichte der Schöpfung von Himmel und Erde darstellten, mit Sonne und Mond sowie dem ersten Menschenpaar«. Alle stimmten Salcamayhuas Worten zu: Sie stellten dar, »was der Himmel gedacht hatte« — die Summe aller religiösen Glaubensrichtungen und Legenden, eine Saga von Himmel und Erde und der Verbindung zwischen ihnen.

Die Himmelskörper sind deutlich erkennbar: Sonne und Mond an den Seiten des Ovals, unter und über ihnen mehrere Himmelskörper. Zusätzlich hat Francisco de Avila daneben die Wörter der Eingeborenen eingetragen: *inti* (Sonne) und *quilla* (Mond).

Was aber bedeutete der eigentliche Blickfang, das Oval?

Der Sage nach wechselte dieses Zeichen mit der Sonne ab und wurde zu gegebener Zeit angebetet. Eine Aufzeichnung erklärt dies: *Illa Ticci Uuiracocha, Pachac Acachi. Quiere decir imagen del Hacedor del cielo y de la tierra*. Das heißt: »Illa Ticci Viracocha, Schöpfer von allem, das soll heißen, Bild des Schöpfers von Himmel und Erde.«
Aber warum wurde Viracocha als Oval dargestellt?
Der Altertumsforscher R. Lehmann-Nitsche (*Coricancha — El Templo del Sol en el Cuzco y las Imagenes de su Altar Mayor*), der sich besonders mit dieser Frage befaßt hat, entwickelte die Theorie, das Oval sei das »kosmische Ei«, ein theogonischer Gedanke, der sich in den griechischen Sagen, in der Hindu-Religion und »sogar in der Genesis« wiederfinde. Es sei die älteste Theogonie, deren Einzelheiten weiße Autoren noch nicht begriffen hätten. Die indo-europäische Gottheit Mithra sei als ein von den Tierkreiszeichen umgebenes Ei dargestellt worden. »Vielleicht werden die Indianologen eines Tages die Ähnlichkeiten zwischen den Einzelheiten des Viracocha-Kultes, dem Brahma mit den sieben Augen und dem israelitischen Jahwe erkennen ... Im klassischen Altertum und im orphischen Kult gab es heilige Bilder des mystischen Eies — warum sollte im großen Heiligtum von Cuzco nicht dasselbe geschehen sein?«
Nach Lehmann-Nitsche ist das kosmische Ei die einzige Erklärung für die ungewöhnliche ovale Form, denn abgesehen von der Ähnlichkeit mit dem Ei, kommt die elliptische Form (die schwer zu zeichnen ist) nirgends auf natürliche Weise auf der Erde vor. Aber Lehmann-Nitsche und auch andere scheinen übersehen zu haben, daß über- und unterhalb des Ovals ein Sternsymbol vorhanden ist, ganz zu schweigen von den weiteren Sternen. Demnach hängt das Oval nicht mit etwas zusammen, das auf der Erde zu finden ist, sondern mit etwas im Himmel: Das Oval bedeutet den natürlichen Umlauf eines Planeten um die Sonne, und zwar, meines Erachtens, eines Planeten in unserem Sonnensystem.

Auf der heiligen Wand sind also nicht entfernte oder geheimnisvolle Konstellationen abgebildet, sondern unser Sonnensystem mit Sonne, Mond und den zehn Planeten. Die Planeten unseres Sonnensystems sind in zwei Gruppen eingeteilt. Die eine wird von den fünf Außenplaneten — Pluto, Neptun, Uranus, Saturn und Jupiter (von außen nach innen gezählt) — gebildet, die andere von den vier Innenplaneten Mars, Erde, Venus, Merkur. Diese Gruppen trennt die elliptische Umlaufbahn des zwölften Mitgliedes des Sonnensystems. Für die Inkas war dies der himmlische Viracocha.

Ist es verwunderlich, daß dies alles genau der sumerischen Anschauung unseres Sonnensystems entsprach?

Unterhalb des Himmels, Richtung Erde, ist auf der einen Seite ein gestirnter Himmel zu sehen, auf der anderen ein Wolkengebilde. Die Gelehrten stimmen darin überein, daß damit »Sommer« (heller Sternenhimmel) und »Winterwolken« gemeint sind. Bedenkt man, daß die Jahreszeiten ein Teil der Schöpfung sind, so folgt die Darstellung der Inkas auch in diesem Punkt dem nahöstlichen Beispiel. Der Neigungswinkel der Erde (der die Jahreszeiten verursacht) wurde in Sumer Nibiru und in Babylonien Marduk zugeschrieben. Dieselbe Vorstellung hat der Psalmist, wenn er singt: »Du hast Sommer und Winter gemacht.«

Unterhalb des »Sommers« ist ein Sternsymbol zu sehen, unterhalb des »Winters« ein wildes Tier. Es wird allgemein angenommen, diese Zeichen stellten die Sternbilder (auf der südlichen Halbkugel) dar, die mit den Jahreszeiten zusammenhängen, so der Löwe mit dem Winter. Das ist in mehr als einer Hinsicht verwunderlich. Erstens kommen in Südamerika keine Löwen vor, zweitens wurde der Kalender im vierten Jahrtausend vor Christus in Sumer eingeführt, wo die Sommersonnenwende eintrat, wenn die Sonne im Löwen (sumerisch: Urgula) stand. Aber zu dieser Jahreszeit wäre es auf der südlichen Hemisphäre Winter gewesen. Also haben die Inkas nicht nur die zwölf Tierkreiszeichen,

sondern auch den Ablauf der Jahreszeiten in Mesopotamien übernommen!
Nun zu den Zeichen, die — wie auch das »*Enuma Elisch*«-Epos und die Genesis — die Schöpfungsgeschichte darstellen: das erste Menschenpaar, Eden, ein großer Fluß, eine Schlange, Berge, ein heiliger See. »Ein Panorama der Welt«, wie Lehmann-Nitsche es nennt. Richtiger wäre es, zu sagen: Die biblische Geschichte in den Anden.
Die Analogie ist real, nicht nur figurativ. Mit denselben Bildern könnte man die mesopotamisch-biblischen Erzählungen von Adam und Eva im Garten Eden illustrieren, mit der Schlange (links) und dem Baum des Lebens (rechts). Das sumerische »Edin« (von dem *Eden* abstammt) war das von den hohen Bergen im Norden ausgehende Euphrat-Tal. Diese Geographie ist auf der linken Seite deutlich dargestellt: Eine Kugel, die Erde, trägt die Inschrift »Pacha Mama«, das heißt Mutter Erde. Sogar der Regenbogen, der in den nahöstlichen Geschichten von der Sintflut vorkommt, ist hier zu sehen.
(Es wird zwar allgemein angenommen, daß die mit »Pacha Mama« bezeichnete Kugel die Erde darstellt, aber kein Mensch hat sich jemals gefragt, woher die Inkas wußten, daß die Erde rund ist. Allerdings wußten es die Sumerer, und sie stellten die Erde und alle anderen Planeten dementsprechend dar.)
Die sieben Punkte unterhalb der Erdkugel haben den Forschern einige Rätsel aufgegeben. Sie hielten lange an der falschen Auffassung fest, die Alten hätten die Plejaden als sieben Sterne bezeichnet, und meinten deshalb, das Symbol stelle diesen Teil des Sternbilds Stier dar. Wenn dem so wäre, müßte sich das Symbol auf der Abbildung oberhalb der Erde befinden, nicht darunter. Lehmann-Nitsche und andere deuteten die sieben Punkte als »die sieben Augen des obersten Gottes«. Es wurde jedoch bereits gesagt, daß mit der Zahl Sieben in der sumerischen Numerierung der Planeten die Erde selbst benannt wurde. Das Symbol »Sieben« be-

findet sich also genau dort, wo es hingehört: es ist die Bildunterschrift der Erdkugel.

Dann bleibt noch der große See, der durch einen Wasserlauf mit einem kleineren Gewässer verbunden ist. Die Erklärung dazu lautet: »Mama Cocha«, das heißt »Mutter des Wassers«. Allgemein herrscht Übereinstimmung, daß damit der heilige See der Anden gemeint ist, der Titicaca-See. Bei seiner Darstellung haben die Inkas die Schöpfungsgeschichte vom Garten Eden auf die Anden übertragen.

Lehmann-Nitsche hat die Bedeutung und Botschaft der Darstellungen über dem Großen Altar mit den Worten zusammengefaßt: »Sie führen den Menschen vom Boden zu den Sternen.« Es ist gewiß erstaunlich, daß sie die Inkas zur anderen Seite der Erde geführt haben.

9
Verlorene und wiedergefundene Städte

Die Feststellung, daß auf dem Bild im Allerheiligsten des Inka-Tempels die mesopotamische Urfassung der Schöpfungsgeschichte dargestellt ist, wirft viele Fragen auf. In erster Linie die Frage: Woher kannten die Inkas diese Geschichte, nicht nur in der allgemeinen Form, in der sie überall bekannt ist (die Erschaffung des ersten Menschenpaares, die Sintflut), sondern auch in einer Art und Weise, die verrät, daß sie über das vollständige Sonnensystem und den Umlauf des Planeten Nibiru Bescheid wußten?
Man könnte es damit erklären, daß die Inkas diese Kenntnisse aus unvordenklichen Zeiten in die Anden mitgebracht haben. Man könnte es auch damit erklären, daß sie die Geschichten von Völkern gehört haben, mit denen sie in anderen Ländern zusammengekommen sind.
Da es hier, im Gegensatz zum Nahen Osten, keine schriftlichen Berichte gibt, hängt die Antwort in gewissem Maße von der Beantwortung einer anderen Frage ab: Wer waren die Inkas tatsächlich?
Salcamayhuas *Relacion* ist ein gutes Beispiel für den Versuch der Inkas, sich in der Staatspropaganda zu üben. Indem sie Inka Rocca, dem ersten Inka-Monarch, den Ehrentitel *Manco Capac* verliehen, machten sie dem Volk glauben, der erste Inka sei der wirkliche »Sohn der Sonne«, frisch aus dem heiligen Titicaca-See. In Wirklichkeit begann die Inka-Dynastie etwa dreieinhalbtausend Jahre nach diesem geheiligten Anfang. Außerdem sprachen die Inkas Quechua, die Sprache der Völker im mittleren Norden der Anden, die Völker in den Hochländern des Titicaca-Sees hingegen Aymarisch. Diese und andere Überlegungen haben einige Forscher veranlaßt, die Inkas als Nachzügler zu

betrachten, die aus dem Osten gekommen sind und sich im Cuzco-Tal angesiedelt haben, das an die große Amazonas-Ebene grenzt.
Das schließt den Ursprung aus dem Nahen Osten oder eine Verbindung mit ihm eigentlich nicht aus. Bei der Betrachtung des Bildes über dem Hochaltar hat sich niemand gewundert, daß es bei den Völkern, die Abbildungen ihrer Götter in Tempeln und Schreinen anbrachten, ein Volk gab, das weder in seinem Allerheiligsten noch in anderen Tempeln oder Schreinen ein Bild seines Idols aufgehängt hatte.
Die Chronisten berichten, daß bei Feierlichkeiten ein »Idol« herumgetragen wurde, aber das war kein Gott, sondern ein Bild Manco Capacs. Sie berichten auch, daß an einem bestimmten Feiertag ein Priester zu einem fernen Berg zu gehen pflegte, auf dem sich das Bild eines Gottes befand, dem er ein Lama opferte. Aber der Berg und das Idol stammten aus Vor-Inka-Zeiten.
Interessanterweise stimmen diese beiden Gebräuche mit biblischen Geboten aus der Zeit des Exodus überein. Das Verbot, sich ein Abbild von Idolen zu machen und es anzubeten, ist in den Zehn Geboten enthalten, und am Versöhnungstag hatte der Priester einen Ziegenbock zum Opfer in die Wüste zu bringen. Niemand hat jemals darauf hingewiesen, daß die *quipos* — Schnüre aus verschiedenfarbigen Wollfäden, die an bestimmten Stellen verknotet waren —, die von den Inkas als Gedächtnisstützen benutzt wurden, in bezug auf Machart und Zweck dem ausgefransten blauen Faden glichen, den die Israeliten an ihrem Kleid tragen mußten, um sich der Gebote des Herrn zu erinnern. Dann gibt es noch die Nachfolgeregel, nach der der legale Erbe der Sohn einer Halbschwester des Vaters war — eine sumerische Sitte, die von den hebräischen Patriarchen übernommen wurde. Dasselbe trifft auf das Beschneidungsritual in den Königsfamilien der Inkas zu.
Peruanische Archäologen haben von interessanten Funden in den peruanischen Provinzen am Amazonas berichtet, vor

allem in den Tälern der Flüsse Utcubamba und Marañón; dabei handelt es sich um Städte, die aus Gestein erbaut worden sind. Zweifellos gibt es in den tropischen Zonen »verlorengegangene Städte«; aber meistens werden Expeditionen zu bekannten Stätten geschildert. Das ist auch der Fall bei einem Bericht über Gran Patajen, der 1985 Schlagzeilen machte. Diese Stätte hatten der peruanische Archäologe F. Kauffmann-Doig und der Amerikaner Gene Savoy bereits zwanzig Jahre früher aufgesucht. Luftaufnahmen zeigten Bilder von »Pyramiden« auf der brasilianischen Seite der Grenze; es war die Rede von verlorengegangenen Städten wie Akador und von Erzählungen der Indianer über Ruinen, die unsagbare Schätze enthielten. Ein Dokument in den staatlichen Archiven von Rio de Janeiro ist angeblich ein Bericht aus dem achtzehnten Jahrhundert über eine verlorengegangene Stadt im Amazonas-Urwald, die Europäer bereits im Jahr 1591 gesehen haben; das Dokument enthält sogar die Übersetzung eines dort gefundenen Schriftstücks. Das war der Hauptgrund für die Expedition des Obersten Percy Fawcett, dessen geheimnisvolles Verschwinden im Urwald immer noch Stoff für Romane liefert.

All dies besagt jedoch nicht, daß es in dem Amazonasbecken, das in Südamerika von Guayana und Venezuela bis nach Ecuador und Peru verläuft, keine Ruinen gibt. Humboldt erwähnt in seinen Reiseberichten eine Überlieferung, daß Menschen von Ländern jenseits des Meeres in Venezuela gelandet und landeinwärts gezogen seien; dabei ist der Hauptfluß des Cuzco-Tales, der Urubamba, nur ein Nebenfluß des Amazonas. Offizielle brasilianische Gruppen haben zahlreiche Plätze aufgesucht (allerdings keine Ausgrabungen vorgenommen). An einem Ort in der Nähe der Amazonasmündung wurden verzierte Tonurnen gefunden, deren Muster an diejenigen auf den Tonkrügen von Ur (dem sumerischen Geburtsort Abrahams) erinnern. Eine kleine Insel, die Pacoval heißt, scheint künstlich geschaffen worden zu sein; auf ihr befinden sich mehrere Hügel, die aber nicht abgetragen worden sind. Laut L. Netto (*Investigaciones sobre la Archaeologia Braziliera*) hat man weiter oben am Amazonas ähnlich verzierte Urnen und Vasen »von bester Qualität« gefunden. Eine wichtige Straße, die von den Anden zum Atlantischen Ozean führt, soll es weiter südlich gegeben haben.

Es steht jedoch nicht fest, daß die Inkas diesen Weg benutzt haben. Nach alter Überlieferung wurde er nach einer Landung an der peruanischen Küste angelegt. Die Quechua-Sprache weist, was die Bedeutung der Wörter und den Dialekt betrifft, Ähnlichkeit mit fernöstlichen Sprachen auf. Die Inkas gehören entschieden der amerikanisch-indianischen Rasse an, dem vierten Zweig der Menschheit, die meines Erachtens von Kain abstammt. (Als ein Reiseleiter in Cuzco von meiner Theorie hörte, meinte er, ob *in-ka* wohl eine Silbenumkehrung von *ka-in* sein könnte. Eine gute Frage!)

Alles weist darauf hin, daß die Sagen und der Glaube im Nahen Osten, auch die Kenntnis von dem Planeten Nibiru und den auf die Erde gekommenen Anunnaki — den zwölf Göttern —, den Vorläufern der Inkas von Fremden aus einem Land jenseits des Meeres vermittelt worden sind. Das geschah zur Zeit des alten Reichs. Auch die Vermittler der Sagen und des Glaubens waren Fremde aus einem Land jenseits des Meeres, aber nicht unbedingt dieselben, die ähnliche Sagen und Glaubensvorstellungen sowie die Zivilisation nach Mesoamerika brachten.

Zu allen bisher gelieferten Tatsachen und Beweisen kommt noch etwas hinzu. Wenden wir uns deshalb Izapa zu, einem Ort in der Nähe der peruanischen Küste, wo Mexiko und Guatemala zusammentreffen und Olmeken und Mayas einander nahe waren. Erst in jüngster Zeit hat man festgestellt, daß Izapa die größte Niederlassung an der mittelamerikanischen Küste des Stillen Ozeans war und, wie Radiocarbon-Untersuchungen ergeben haben, von 1500 v. Chr. bis 1000 n. Chr., also zweieinhalbtausend Jahre lang, fortwährend belagert worden ist. Die Stadt hatte die üblichen Pyramiden und Ballspielplätze; doch am meisten staunten die Archäologen über die gemeißelten Steinmonumente. Stil, Phantasie, mythischer Gehalt und künstlerische Vollendung dieser Steinmetzarbeiten haben dazu geführt, daß man von einem »Izapa-Stil« spricht. Man weiß jetzt, daß dieser Stil sich von dort aus zu den Hängen von Mexiko und Guatemala ausgebreitet hat. Es ist die Kunst der frühen und mittleren vorklassischen Olmeken, die von den Mayas übernommen wurde, als die Stadt in ihren Besitz überging.

Die Archäologen von der Brigham-Young-Universität, die sich jahrzehntelang den Ausgrabungen und dem Studium dieser Stadt gewidmet haben, bezweifeln nicht, daß diese bei der Gründung nach den Sonnenwenden ausgerichtet wurde und daß sogar die verschiedenen Monumente »mit planetarischen Bewegungen in Verbindung gebracht worden sind« (V. G. Norman, *Izapa Sculpture*). Mit historischen Ereignissen vermischte religiöse, kosmologische und mythologische Themen kommen in den Steinschnitzereien zum Ausdruck. Wir haben bereits eine der vielen und verschiedenen Abbildungen von geflügelten Gottheiten gesehen (s. Abb. 51 b). Von besonderem Interesse ist hier ein fast zehn Quadratmeter großer Stein, von den Archäologen Izapa-Stele 5 genannt, der zu einem steinernen Altar gehört hat (Abb. 87). Die dargestellte verwickelte Szene, »ein phantastischer visueller Mythos«, handelt von der Entstehung der Menschheit an einem Lebensbaum, der an einem Fluß wächst. Die mythisch-historische Geschichte erzählt der links sitzende, bärtige alte Mann, und sie wird wiedererzählt von einem rechts sitzenden Mann, der wie ein Maya aussieht.

Die Abbildung ist voller Pflanzen, Vögel, Fische und menschlicher Gestalten. Interessanterweise haben die beiden Mittelfiguren Elefantenköpfe und -füße — Körperteile eines Tieres, das in Mesoamerika vollkommen unbekannt ist. Die Figur auf der linken Seite wird zusammen mit einem

Abb. 87

behelmten Olmeken gezeigt, was mich in meiner Überzeugung bestärkt, daß die durch die Kolossalköpfe porträtierten Olmeken ursprünglich Afrikaner waren.
Die Vergrößerung des unteren linken Teiles (Abb. 88 a) läßt Einzelheiten erkennen, die ich für sehr aufschlußreich halte. Der bärtige Mann erzählt seine Geschichte vor einem Altar mit dem Symbol des Nabelschnurzerschneiders (Abb. 88 b); das ist das Symbol, mit dem Ninti (die sumerische Göttin, die zusammen mit Enki den Menschen erschaffen hat) auf Rollsiegeln und Monumenten dargestellt wurde. Als die Erde unter den Göttern aufgeteilt wurde, erhielt Ninti die Herrschaft über die Halbinsel Sinai. Die Ägypter nannten sie Hathor und stellten sie mit Kuhhörnern dar, wie diese Szene von der Erschaffung des Menschen zeigt (Abb. 88 c). Diese Übereinstimmung, gewiß kein Zufall, bestärkt die Schlußfolgerung, daß die Izapa-Stele nichts anderes illu-

Abb. 88 a, b und c

striert als die Geschichten der Alten Welt von der Erschaffung des Menschen und dem Garten Eden.

Schließlich erkennt man weiter unten die Pyramiden, mit glatten Wänden wie die von Gize (also ohne Stufen) an einem Fluß. Ja, wenn man diesen jahrtausendealten Stein genau betrachtet, muß man sagen, daß ein Bild mehr wert sein kann als tausend Wörter.

Legenden und archäologische Funde besagen, daß die Olmeken und die Bärtigen sich nicht am Ufer des Ozeans niederließen, sondern südwärts nach Mittelamerika und in die nördlichen Länder von Südamerika vordrangen. Sie sind vermutlich über Land gezogen, denn sie haben im Landesinneren Spuren von Niederlassungen hinterlassen. Südwärts haben sie wahrscheinlich den leichteren Reiseweg mit dem Boot gewählt.

Die Sagen in den äquatorialen und nördlichen Teilen der Anden erzählen, daß nicht nur ihre Vorfahren (wie etwa Naymlap) über das Meer gekommen sind, sondern daß auch zweimal »Riesen« gelandet seien, das eine Mal zur Zeit der alten Reiche, das zweite Mal zur Mochica-Zeit. Cieza de Leon schildert das zweite Mal folgendermaßen: »Sie kamen an der Küste in Booten an, die aus Binsen bestanden und so groß wie Schiffe waren, Männer von solcher Größe, daß sie von den Knien bis zu den Füßen so groß waren wie ein gewöhnlicher Mann.« Sie besaßen Metallwerkzeug, mit dem sie Brunnen in den Fels schlugen, aber zum Essen holten sie sich die Nahrungsmittel der Eingeborenen. Sie vergewaltigten auch die eingeborenen Frauen, denn bei der Landung hatten sie keine Frauen bei sich. Die Mochicas bildeten diese Riesen, die sie versklavt hatten, auf ihren Tonwaren ab und

Abb. 89

a

b

Abb. 90 a und b

malten ihre Gesichter schwarz an, wohingegen die Gesichter der Mochicas selbst weiß waren (Abb. 89). In den Ruinen der Mochicas wurden auch Tonporträts älterer Männer mit weißem Bart gefunden.

Diese unerwünschten Besucher waren meines Erachtens Olmeken, die mit ihren bärtigen Gefährten (aus dem Nahen Osten) ums Jahr 400 v. Chr. vor den Aufständen in Mesoamerika geflüchtet waren. Sie hinterließen eine blutige Spur auf ihrem Zug durch Mittelamerika zu den äquatorialen Ländern weiter unten in Südamerika. Die Archäologen haben in den Äquatorialzonen an der Küste des Stillen Ozeans rätselhafte Monolithen gefunden, die aus dieser schlimmen Zeit stammen. George C. Heyes Expedition fand in Ecuador riesige Steinköpfe mit menschenähnlichen Zügen, aber mit Fängen, als ob es Jaguare wären. Eine andere Expedition entdeckte in San Agustin, einem Ort nahe der kolumbianischen Grenze, Statuen von Riesen, die ein Werkzeug oder eine Waffe in der Hand halten. Sie zeigen die Gesichtszüge der afrikanischen Olmeken (Abb. 90 a und b).

Die Eindringlinge können die Übermittler der Legenden sein, die auch in diesen Ländern von der Erschaffung des Menschen, einer Sintflut und einem Schlangengott handeln, der einen jährlichen Goldtribut forderte. Die Spanier berichteten, daß eine ihrer Zeremonien ein ritueller Tanz war, den zwölf rotgekleidete Männer am Ufer eines Sees vorführten und der mit der Sage von El Dorado zusammenhing.

Die Eingeborenen der Äquatorialzonen kannten ein Pantheon von zwölf Göttern — eine Zahl von großer Bedeutung und ein wichtiger Hinweis. Die führende Dreiheit bestand aus dem göttlichen Schöpfer, dem Bösen Gott und der Muttergöttin; ferner gehörten dazu Mondgott, Sonnengott und Gewittergott. Bemerkenswert ist, daß der Mondgott einen höheren Rang einnahm als der Sonnengott. Die Namen der Götter unterschieden sich zwar von Ort zu Ort, bezogen sich aber auf den Himmel. Der Führer des Pantheons wurde im Chibcha-Dialekt *abira* genannt — auffallend ähnlich dem mesopotamischen Gott *Abira* (Stärke, Macht) — und der Mondgott *Si* oder *Sian*, was an den mesopotamischen Mondgott *Sin* erinnert.

Das Pantheon dieser südamerikanischen Eingeborenen läßt sofort an dasjenige im alten Nahen Osten und am östlichen Mittelmeer denken, nämlich an das der Griechen und Ägypter, der Hethiter, Kanaaniter, Phönizier, Assyrer und Babylonier, ebenso an das Land, wo alles begonnen hat: bei den Sumerern im östlichen Mesopotamien, deren Götter und Mythologie alle anderen übernommen haben.

Das sumerische Pantheon bestand aus einem »olympischen Kreis« von zwölf Göttern, denn jeder von ihnen mußte ein himmlisches Gegenstück in Form eines Teils des Sonnensystems haben. Ja, die Götter und die Planeten trugen denselben Namen (außer wenn verschiedene Beinamen zur Kennzeichnung der Attribute des Gottes oder des Planeten benutzt wurden). Der Herrscher auf dem Nibiru war Anu (Himmel); seine Gattin, die der Zwölferrunde angehörte, hieß Antu. Weitere Mitglieder waren Anus Hauptsöhne Ea (Dessen Haus das Wasser ist), Anus Erstgeborener, allerdings kein Sohn von Antu, und Enlil (Kommandant), der den Thron erben sollte, weil seine Mutter Anus Halbschwester Antu war. Ea wird in den sumerischen Texten auch Enki (Herr Erde) genannt, weil er die erste Mission der Anunnaki von Nibiru zur Erde geleitet und ihre ersten Kolonien in Edin (Heimat der Gerechten), im biblischen Eden, gegründet hat.

Er hatte den Auftrag, Gold zu holen, das nur auf der Erde zu finden war. Nicht für Dekorationen und Schmuck, sondern um die Atmosphäre des Nibirus zu retten, die Goldstaub benötigte. Enlil sollte auf der Erde nur dann das Kommando übernehmen, wenn Enki sich außerstande sah, das Gold zu gewinnen. Dadurch wurde das Fundament einer langwährenden Fehde zwischen den Halbbrüdern und ihren beiderseitigen Nachkommen gelegt, die zu einem Krieg zwischen den Göttern führte. Nachdem Frieden geschlossen worden war, wurde die bewohnte Erde zwischen den Sippen aufgeteilt. Enlils drei Söhne — Ninurta, Sin, Adad — und Sins Zwillinge Schmasch (Sonne) und Istar (Venus) erhielten die Länder von Sem und Japhet (die Länder der Semiten und Indogermanen), Sin das Tiefland Mesopotamien, Ninurta (»Enlils Krieger«, Mars) das Hochland Elam und Assyrien, Adad (»Donnerer«, Merkur) Kleinasien (das Land der Hethiter) und Libanon. Istar herrschte als Göttin über die Zivilisation des Indus-Tales; Schamasch übernahm das Kommando über den Flughafen auf der Halbinsel Sinai.

Infolge dieser Aufteilung, die nicht gerade unwidersprochen zustande kam, herrschten Enki und seine Söhne über Hams Länder, wo die braun/schwarzen afrikanischen Völker lebten, über die Zivilisation des Niltals sowie über die Goldminen in Süd- und Westafrika — ein ganz schöner Preis für den Frieden. Enki, der ein bedeutender Naturwissenschaftler und Metallurg war, wurde von den Ägyptern *Ptah* (»Entwickler«) genannt. (Diesen Titel übersetzten die Griechen mit *Hephaestos*, die Römer mit *Vulkan*.) Er teilte den Erdteil mit seinen Söhnen. Marduk, den ältesten, nannten die Ägypter *Ra* und den zweiten, Ningischzida nannten sie Thoth (Hermes bei den Griechen); er war der Gott der Geheimwissenschaften, zu denen Astronomie, Mathematik und der Pyramidenbau gehörten.

Das durch diese Götter vermittelte Wissen und ihre Bedürfnisse veranlaßten die afrikanischen Olmeken und die Bärtigen aus dem Nahen Osten, unter Thoths Führung auf die andere Seite der Erdkugel zu gehen.

Nachdem sie an der Golfküste angekommen waren — genau wie die Spanier Jahrtausende später von den Meeresströmungen geführt —, steuerten sie durch den Isthmus und segelten weiter an der Ozeanküste von Mesoamerika entlang zu den Ländern von Mittelamerika und noch weiter. Denn dort gab es zur Zeit der Spanier und früher Gold.

Vor den Inkas, Chimus und Mochicas gab es in den Bergen, die in Nordperu zwischen der Küste und dem Amazonasbecken liegen, die sogenannte Chavín-Kultur. Einer der ersten, die sie erforschten, Julio C. Tello (*Chavín* und andere Schriften), nannte sie den Mutterboden der Anden-Zivilisation. Sie führt uns mindestens bis 1500 v. Chr. zurück; wie die gleichzeitige Olmeken-Zivilisation in Mexiko entstand sie unvermittelt, ohne erkennbare allmähliche Entwicklung. Im Mittelpunkt der Chavín-Kultur in dem großen Gebiet, das sich infolge weiterer Entdeckungen immer mehr ausdehnte, unweit des Dorfes Chavín, scheint die Tempelanlage Chavín de Huantar gestanden zu haben. Sie wurde am Osthang der Cordillera Blanca in über dreitausend Meter Höhe errichtet. Hier hat man in einem Tal, wo Nebenflüsse des Marañón ein Dreieck bilden, den Boden geebnet und terrassiert, um einen Gebäudekomplex zu erschaffen, der sehr sorgfältig geplant worden ist und alle Gegebenheiten der etwa dreißigtausend Quadratmeter großen Grundfläche berücksichtigt (Abb. 91 a). Die Gebäude und Plätze bilden nicht nur genaue Recht- und Vierecke, sondern sie sind auch auf die Kardinalpunkte mit einer Ost-West-Achse ausgerichtet. Die drei Hauptgebäude standen auf Terrassen an der einhundertfünfzig Meter langen westlichen Außenmauer. Anscheinend war die ganze Anlage auf drei Seiten von einer Mauer umgeben; nach Osten war sie offen.

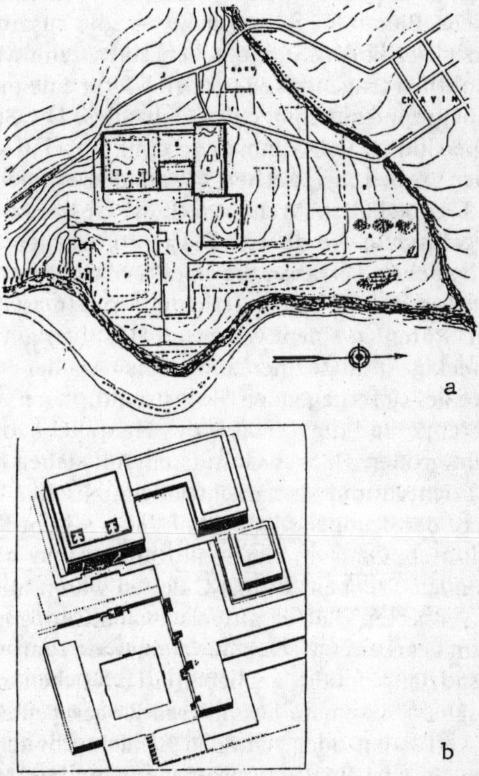

a

b

Abb. 91 a und b

Das größte Gebäude erhob sich an der südwestlichen Ecke; es hatte wenigstens drei Stockwerke (Abb. 91 b, Zeichnung aus der Vogelperspektive). Es bestand aus gutgeformten, aber unbearbeiteten Quadersteinen, die gleichmäßig übereinander lagen. Wie einige Überreste zeigen, waren die Mauern mit marmorähnlichen Platten belegt; an manchen erkennt man noch heute die eingearbeitete Dekoration. Von einer Terrasse im Osten führte eine wuchtige Steintreppe durch ein imposantes Tor zu dem Hauptgebäude. Das Tor flankierten zwei zylinderförmige Säulen — eine höchst ungewöhnliche Bauart in Südamerika —, die zusammen mit anliegenden vertikalen Steinblöcken einen zehn Meter langen Monolithen trugen. Weiter oben führte eine monumentale Doppeltreppe zur Spitze des Gebäudes. Die Steine dieser Treppe sind so vollkommen geschnitten, daß sie an die Bauart der großen ägyptischen Pyramiden erinnern. Oberhalb der Treppe haben Archäologen die Überreste von zwei Türmen gefunden; die oberste Plattform war leer.
Von der östlichen Terrasse, die einen Teil der Plattform bildete, auf der das Gebäude errichtet worden ist, gelangte man über Stufen zu einem vertieften Hof, den auf drei Seiten rechteckige Plattformen umgaben. An der südwestlichen Ecke des tieferliegenden Hofes stand, in gerader Linie auf die Treppe und die Terrasse des Hauptgebäudes ausgerichtet, ein großer, flacher Granitstein mit sieben herausgebohrten Löchern und einer rechteckigen Nische.
Das Innere der Tempelanlage erwies sich als ein Labyrinth aus Korridoren, Gängen, Galerien, Räumen und in Sackgassen führenden Treppen. Einige Galerien waren mit glatten, teilweise verzierten Platten ausgelegt; alle Gänge hatten ein so sorgsam gearbeitetes Dach aus steinernen Platten, daß es jahrtausendelang intakt geblieben ist. Nischen und Vorsprünge scheinen keinem besonderen Zweck gedient zu haben; die vertikalen oder schrägen Schächte halten die Archäologen für eine Ventilationsanlage, denn Fenster fehlen.
Wozu wurde Chavín de Huantar erbaut? Die Entdecker

konnten sich den Zweck nur damit erklären, daß die Anlage ein religiöses Zentrum, eine Art »Mekka« war. In dieser Auffassung wurden sie durch drei faszinierende und höchst rätselhafte Funde bestärkt. Der eine ist der Tello-Obelisk, den Tello im Hauptgebäude gefunden hat (Abb. 92 a und b, Vorder- und Rückseite). Er ist bedeckt von Darstellungen menschlicher Gestalten mit Tatzen, Fängen oder Flügeln; es sind Tiere, Bäume, Vögel, raketenartige Strahlen aussendende Götter und verschiedenartige geometrische Muster. War dies ein Totempfahl, der angebetet wurde, oder der Versuch eines »Picasso« aus alter Zeit, alle Mythen und Legenden auf einer einzigen Säule darzustellen?

a b

Abb. 92 a und b

Abb. 93

Ein zweiter geschnitzter Stein wird nach seinem Entdecker Piedra Raimondi genannt (Abb. 93). Er ist heute in Lima zu sehen. Es ist eine etwa zwei Meter hohe, fünfundsiebzig Zentimeter breite, auf der einen Seite behauene Granitsäule. Man nimmt an, daß sie ursprünglich auf dem Stein in der Südwestecke des tieferliegenden Hofes gestanden hat, in einer Linie mit der monumentalen Treppe.

Auf ihr ist eine Gottheit abgebildet, die in jeder Hand eine Waffe hält, einen Donnerkeil, wie manche annehmen. Körper und Glieder des Gottes sind im wesentlichen anthropomorph (menschenähnlich), das Gesicht hingegen nicht. Über dieses Gesicht haben die Gelehrten gerätselt, weil es

kein bekanntes Tier, etwa einen Jaguar, darstellt oder stilisiert, sondern eher das zu sein scheint, was man als mythologisches Tier bezeichnet, das heißt ein Tier, von dem der Künstler gehört, das er aber nie gesehen hat.
Für unsere Augen ist es das Gesicht eines Stiers, eines Tieres, das in Südamerika damals nicht vorgekommen ist, hingegen in den Überlieferungen und in der Ikonographie des Nahen Ostens eine große Rolle gespielt hat. Er war Adads »Kulttier«, und in den Bergen von Kleinasien wird er noch heute Bergstier genannt.
Der dritte ungewöhnliche und rätselhafte Fund in Chavín de Huantar ist ein dreieinhalb Meter hoher Granitstein, der wegen seiner Form *El Lanzon* (Dolch) genannt wird (Abb. 94). Er wurde im mittleren Gebäude entdeckt und dort ge-

Abb. 94

lassen, weil er höher ist als die dreieinhalb Meter hohe Galerie. Die Spitze dringt durch eine sorgfältig ausgeschnittene viereckige Öffnung in der Decke. Über die Abbildung auf diesem Monolithen ist viel spekuliert worden; ich halte sie für das vermenschlichte Gesicht eines Stiers. Würde das bedeuten, daß der Erschaffer dieses »Dolchs«, der offensichtlich vor der Errichtung des Gebäudes aufgestellt worden ist — es scheint um den Monolithen herum konstruiert worden zu sein —, den Stiergott angebetet hat?

Im großen und ganzen waren die Gelehrten nicht so sehr von der komplexen und ungewöhnlichen »Tempelanlage« beeindruckt, sondern vor allem von dem hohen Niveau der figurativen Kunst, so daß sie Chavín als Mutterboden der Kultur in Nord- und Mittelperu betrachteten und den Ort für ein religiöses Zentrum hielten. Aber neuerliche Funde in Chavín de Huantar bezeugen, daß die Anlage weniger religiösen als praktischen Zwecken gedient hat.

Die neuesten Ausgrabungen legten nämlich ein Netzwerk von unterirdischen Tunnels frei, die man in das Naturgestein gehauen hat; sie durchziehen die ganze Umgebung, sowohl bebauten als auch unbebauten Boden, und verbinden mehrere kettenartig arrangierte Abteile (Abb. 95) miteinander.

Die Öffnungen der Tunnels verblüfften die Entdecker, denn sie schienen die beiden Flußläufe, die die Anlage flankieren, der eine oben am Berg, der andere unten im Tal, zu verbinden. Einige Forscher vertraten die Ansicht, die Tunnels seien zur Flutkontrolle angelegt worden, und zwar so, daß das von den Bergen herabfließende Wasser zur Zeit der Schneeschmelze unter den Gebäuden hindurchströmte. Aber wenn die Gefahr einer Überflutung bestand — eher durch Regen als durch Schmelzwasser —, warum hat man dann die Anlage auf solch einem gefährdeten Platz gebaut? Das war, wie ich behaupte, Absicht. Die Erbauer benutzten die unterschiedliche Höhenlage der Flüsse zur Kontrolle eines Wasserstromes, den sie für ihre Tätigkeit in Chavín de

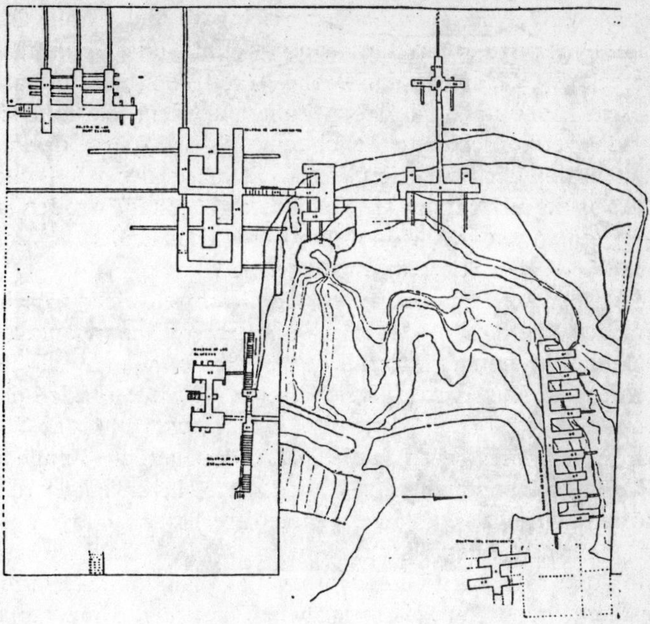

Abb. 95

Huantar brauchten. Denn hier wurden, wie an vielen anderen Orten auch, die Flußläufe zum Goldwaschen benutzt. Es gibt noch mehr derartig ausgeklügelte Wasserwerke in den Anden; wir haben sie, in rudimentärer Form, in den Niederlassungen der Olmeken gesehen. Sie waren in Mexiko Teile komplexer Dammbauten, in den Anden steinerne Meisterwerke, teils große Anlagen wie in Chavín de Huantar, teils einzelne Überreste von unglaublich exakt behauenen Steinen, wie die von E. G. Squier im Chavín-Gebiet entdeckten (Abb. 96), die aussehen, als seien sie für eine moderne technische Anlage bestimmt.

In der Tat liefern nicht die Gebäude, sondern die Kunstwerke die Antwort auf die Frage: Wer hat Chavín de Huantar geschaffen? Die Kunstfertigkeit und der Stil der Stein-

Abb. 96

schnitzereien erinnern überraschenderweise an die Kunst der Olmeken (in Mexiko). Unter den Gegenständen befinden sich ein Jaguargefäß, ein katzenartiger Stier, ein Adler/Kondor, ein Schildkrötenbecken, zahlreiche Vasen und andere Objekte, verziert mit verschlungenen Glyphen, die auch auf den Wandplatten zu finden sind (Abb. 97 a). Es gibt aber außerdem Platten mit ägyptischen Motiven, nämlich mit Schlangen, Pyramiden und dem heiligen Auge von Ra (Abb. 97 b). Als ob diese Vielfalt nicht genügte, sind auf manchen Steinfragmenten mesopotamische Motive abgebildet: Gottheiten auf geflügelten Scheiben (Abb. 97 c) und, auf Knochen eingeritzt, Götter mit konischem Kopfschmuck, genau wie die mesopotamischen Götter dargestellt wurden (Abb. 97 d).

Die Götter, die den konischen Kopfschmuck tragen, haben

»afrikanische« Gesichtszüge, und da es Knochenschnitzereien sind, dürften diese Gegenstände die frühesten künstlerischen Darstellungen an diesem Ort sein. Könnte es sein, daß Afrikaner — negroide Ägypter/Nubier — in frühester Zeit an diesem südamerikanischen Ort weilten? Die Antwort lautet: Ja. Tatsächlich waren Schwarzafrikaner hier und in nahen Ortschaften (besonders in Sechin) und hinterließen ihre Bildwerke. Auf zahlreichen Steinen sind diese Menschen abgebildet, meistens mit einem Werkzeug in der Hand und oft mit dem Symbol für Wasserwerke (Abb. 98). In Küstenstädten, von denen aus man nach Chavín gelangt, haben die Archäologen Köpfe aus Ton, nicht aus Stein, gefunden, die eindeutig Semiten darstellen (Abb. 99). Einer davon sieht den assyrischen Skulpturen so auffallend ähnlich, daß der Entdecker H. Ubbelohde-Doering (*On the*

Abb. 97 a, b, c und d

Abb. 98

Royal Highway of the Incas) ihn »König von Assyrien« getauft hat. Aber es steht nicht fest, daß diese Besucher bis zu den Ortschaften in den Bergen gekommen sind — zumindest nicht lebend; denn die in Chavín de Huantar gefundenen Steinköpfe mit semitischen Zügen zeigen groteske Grimassen und Verunstaltungen, und waren als Trophäen auf die umgebenden Mauern aufgesteckt.

Nach dem Alter von Chavín zu schließen, ist die erste Gruppe aus der Alten Welt — sowohl olmekische als auch semitische Auswanderer — ums Jahr 1500 v. Chr. gekommen. In der Tat regierte der zwölfte Monarch des alten Reichs, als nach Montesinos' Chronik »die Nachricht nach Cuzco gelangte, an der Küste seien Menschen von großer Gestalt an Land gegangen ... Riesen, die sich an der ganzen Küste niederließen«, und die Metallgeräte besaßen. Nach einiger Zeit zogen sie landeinwärts in die Berge. Der Herrscher schickte Läufer aus, um das Vorrücken der Riesen zu

Abb. 99

erkunden, falls sie sich der Hauptstadt näherten. Aber wie sich herausstellte, erzürnten die Riesen den Großgott, und er vernichtete sie. Das trug sich ungefähr ein Jahrhundert vor dem Stillstand der Sonne (etwa 1500 v. Chr.) zu, als in Chavín de Huantar das Wasserwerk gebaut wurde.

Es muß darauf hingewiesen werden, daß es sich hier nicht um die von Garcilaso beschriebenen Riesen handelt, die das Land verwüsteten und die Frauen vergewaltigten — das ereignete sich ums Jahr 400 v. Chr. zur Moche-Zeit. Damals flüchteten die Olmeken und Semiten aus Mesoamerika. Allerdings erlitten sie das gleiche Schicksal wie die Zurückgebliebenen in den nördlichen Anden. Außer den grotesken semitischen Steinköpfen in Chavín de Huantar wurden in dem ganzen Gebiet, vor allem in Sechin, verunstaltete negroide Skulpturen gefunden.

So kam es, daß die afrikanischen Semiten in den nördlichen Anden nach etwa tausend Jahren und in Mesoamerika nach fast zweitausend Jahren ein tragisches Ende fanden.

Wie Funde in Tiahuanacu bezeugen, sind einige Afrikaner zwar weiter südwärts gezogen, aber der afrikanisch-semitische Einfluß hat sich in den Anden Mesoamerikas nicht über das Gebiet der Chavín-Kultur hinaus verbreitet. Die Sage von den Riesen, die von göttlicher Hand besiegt wurden, könnte ein Körnchen Wahrheit enthalten; denn es ist durchaus möglich, daß in den nördlichen Anden die Reiche zweier Götter zusammengetroffen sind, die nur eine gedachte Grenze in bezug auf Zuständigkeit und Hierarchie getrennt hat.

Gerade in diesem Gebiet lebten Weiße. Sie wurden in Steinbüsten dargestellt (Abb. 100), waren elegant gekleidet, mit Turban oder Stirnband als Zeichen der Autorität, verziert mit sogenannten mythologischen Tieren.

Diese Büsten wurden hauptsächlich in Aija in der Nähe von Chavín gefunden. Die Gesichtszüge, insbesondere die gerade Nase, weisen sie als Indogermanen aus. Sie können nur aus Kleinasien, dem südöstlichen Elam und in späterer Zeit aus dem Indus-Tal stammen.

Abb. 100

Ist es möglich, daß in vorgeschichtlicher Zeit Menschen aus fernen Landen den Stillen Ozean überquert haben und zu den Anden gelangt sind? Daß es diesen Zusammenhang gegeben hat, bestätigen die Sagen und Abbildungen eines nahöstlichen Helden aus alter Zeit. Es handelt sich um Gilgamesch, den Herrscher von Uruk (den biblischen Erech), der etwa 2900 v. Chr. regierte. Er machte sich (laut der mesopotamischen Fassung) auf die Suche nach dem Helden der Geschichte von der Sintflut, dem die Götter Unsterblichkeit zugesichert hatten. Seine Abenteuer schildert das *Gilgamesch-Epos*, das zur Zeit der Sumerer in die anderen Sprachen des Nahen Ostens übersetzt worden ist. Eine seiner Heldentaten, sein Kampf mit zwei Löwen, die er mit bloßen Händen besiegte, wurde von den zeitgenössischen Künstlern mit Vorliebe dargestellt, wie hier auf einem hethitischen Monument (Abb. 101 a) zu sehen ist.

Abb. 101 a, b und c

Erstaunlicherweise trägt eine Steintafel aus Aija dieselbe Darstellung (Abb. 101 b), ebenso ein Stein in der unweit gelegenen Ortschaft Callejón de Huaylus (Abb. 101 c) in den nördlichen Anden!

Die Geschichte der Indoeuropäer hat man weder in Mesoamerika noch in Mittelamerika zurückverfolgen können, aber es ist anzunehmen, daß sie geradewegs über den Stillen Ozean nach Südamerika gekommen sind. Den Sagen nach zogen sie den beiden Gruppen von afrikanischen »Riesen« und mediterranen Bärtigen voran, und sie können die ersten Siedler gewesen sein, von denen die Naymlap-Geschichte erzählt. Die überlieferte Landestelle ist die Halbinsel Santa Elena (heute Ecuador). Archäologische Ausgrabungen haben hier frühe Siedlungen bestätigt, die mit der sogenannten Valdivian-Phase 2500 v. Chr. begonnen haben. Unter den Funden waren, wie der ecuadorianische Archäologe Emilio Estrada (*Ultimas zivilisaciones Pre-Historicas*) berichtet, sowohl Steinstatuetten mit derselben geraden Nase (Abb. 102 a) als auch ein Symbol dieser Nase auf Tonwaren (Abb. 102 b), das die hethitische Glyphe für »Götter« war (Abb. 102 c).

Es ist bemerkenswert, daß die megalithischen Bauten in den Anden wie in Cuzco, Sacsahuaman und Machu Picchu allesamt südlich der unsichtbaren Grenzlinie zwischen zwei göttlichen Gebieten liegen. Die Kunstfertigkeit der Megalithenbauer — Indoeuropäer, die von ihren Göttern geleitet wurden? —, die südlich von Chavín ihren Anfang nahm (Abb. 96), hat ihre Spuren den ganzen Weg südwärts bis ins Urubamba-Tal und darüber hinaus hinterlassen, überall dort, wo Gold gewaschen wurde. Allenthalben wurden aus Gestein, als wäre es weicher Knetgummi, Kanäle, Abteile, Nischen und Plätze geformt, Risse wurden zu Gängen vergrößert, deren glatte Wände exakte Winkel bilden. Überall, auch dort, wo die Einwohner das Trinkwasser nur aus dem Fluß beziehen konnten, kanalisierte man wunschgemäß Quell-, Nebenfluß- oder Regenwasser.

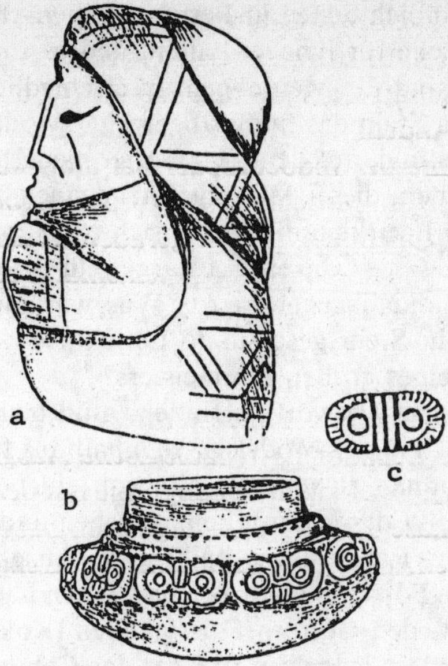

Abb. 102 a, b und c

Südwestlich von Cuzco, auf dem Weg zu der Stadt Abancay, liegen die Ruinen von Sayhuiti-Rumihuasi, und zwar in der Nähe der Mündung eines kleineren Flusses in einen größeren. Der Name bedeutet, wie Luis A. Pardos in seiner Studie *Los grandes Monolitos de Sayhuiti* erklärt, stumpfe Pyramide.

Diese Stätte ist berühmt für die Monolithen, besonders für den Großen Monolithen. Der Name paßt, denn es ist ein riesiger Felsblock, der aus der Ferne aussieht, als liege ein ungeheures helles Ei am Berghang. Er mißt fast fünf mal drei mal drei Meter. Der untere Teil ist eiförmig, der obere dürfte als maßstabgerechtes Modell gedient haben; denn er besteht aus winzigen Mauern, Plattformen, Treppen, Kanälen, Tunnels, Flüssen und verschiedenen repräsentativen Gebäuden mit Nischen und Stufen dazwischen. Die Abbildungen zei-

gen Tiere, ähnlich denen in Peru, und menschliche Gestalten, die manche für Krieger halten, andere für Götter.
Auch sonst sind die Meinungen unterschiedlich. Die einen sehen in dem Stein das maßstabgerechte Modell für ein religiöses Ehrenmal, auf dem sich Götter niederlassen sollten. Andere glauben, dieser Monolith stelle einen Teil von Peru dar, der drei Bezirke umfaßt und sich bis zum südlich gelegenen Titicaca-See (weil ein See dargestellt ist) und zu der alten Stadt Tiahuanacu erstreckt. Was war nun dieses Gebilde: Eine in Stein geschnitzte Landkarte oder vielleicht das Modell eines großen Baumeisters?
Um darauf eine Antwort zu finden, muß bedacht werden, daß sich durch dieses Modell zweieinhalb bis fünf Zentimeter breite Rinnen ziehen, die alle von einer »Schale« am höchsten Punkt des Monolithen ausgehen und im Zickzack zum untersten Rand führen und hier in Ausgußlöchern enden. Manche Forscher glauben, die Rinnen hätten Priestern dazu gedient, den Göttern Flüssigkeiten (Kokasaft) zu opfern. Das erklärt jedoch nicht, wer das Gebilde geschaffen hat und zu welchem Zweck.
Die Rinnen kommen auch bei einem anderen riesigen Felsenausläufer vor, der mit geometrischer Genauigkeit behauen und geformt worden ist und Stufen, Plattformen sowie kaskadenartige Nischen aufweist (Abb. 103). Auf der einen Seite sind auf der oberen Ebene kleine »Schalen« eingearbeitet. Diese sind mit einem größeren Sammelbecken verbunden, von dem ein tiefer Kanal abwärts führt, der sich in der Mitte in zwei Rinnen teilt. Die Flüssigkeit konnte in den ausgehöhlten Fels dringen, der an der Rückseite einen Zugang hatte.
Herumliegende Felsbrocken weisen ebenfalls die rätselhaften Rinnen und Löcher auf; am besten lassen sie sich mit den Prägestöcken oder Matrizen für moderne Instrumente vergleichen.
Östlich von Sacsahuaman befinden sich die Ruinen von Kenko; dieser Name bedeutet »gewundene Kanäle«. Die

Abb. 103

Hauptattraktion für Touristen ist ein großer Monolith auf einem Sockel; er könnte ein auf den Hinterbeinen stehendes Tier darstellen. Er ist umgeben von einer zwei Meter hohen Mauer aus behauenen Quadersteinen. Er steht vor einem riesigen natürlichen Felsen, bei dem die Mauer wie eine Zange anfängt und endet. Rückseitig ist er in mehrere Plateaus abgestuft, die übereinanderliegende Plattformen bilden. In den künstlich schräg geglätteten Seiten sind im Zickzack verlaufende Kanäle eingraviert, und das Innere hat man zu einem Labyrinth von Tunnels und Kammern ausgehöhlt. Aus einem Spalt wurde eine höhlenartige Öffnung gemacht, in der sich Steingebilde, die manche als Throne und Altäre beschreiben, befinden.

Es gibt noch mehr derartige Stätten in der Gegend von Cuzco, alle in dem heiligen Tal; sie erstrecken sich in südöstlicher Richtung bis zum sogenannten Goldenen See. In Torontoy gibt es einen Megalithen, der zweiunddreißig Winkel hat. In der Nähe, etwa siebzig Kilometer von Cuzco

entfernt, wurde zwischen zwei Mauern ein künstlicher Wasserfall geschaffen, der aus vierundfünfzig Stufen besteht, alle aus natürlichem Felsgestein gearbeitet. Dieser Ort heißt Cori-Huairachina, »Wo Gold gewaschen wird«.
Der Name *cuzco* bedeutet »Der Nabel«, und in der Tat scheint Sacsahuaman der Mittelpunkt all dieser Stätten gewesen zu sein. Ein Aspekt dieser Zentralisierung wird in Pampa de Anta deutlich, ein Ort, der fünfzehn Kilometer westlich von Sacsahuaman liegt. Hier hat man die Stufen sichelförmig aus dem Felsen geschnitten — daher der Name des Felsen: *quillarumi*, das heißt »Der Mondstein«. Da von hier aus nur der östliche Himmel zu sehen ist, folgerte Rolf Müller (*Sonne, Mond und Sterne über dem Reich der Inka*), dies sei so etwas wie ein Observatorium, so angelegt, um astronomische Daten nach Sacsahuaman zu übermitteln.
Was aber war Sacsahuaman selbst? Diese Frage erhebt sich, weil man die Vorstellung, die Inkas hätten die Anlage als Festung gebaut, ein für allemal verworfen hat. Die rätselhaften, labyrinthartigen Kanäle und andere, scheinbar beliebig vorgenommene Einschnitte in den Felsen erhalten durch neue Ausgrabungen einen Sinn, die seit mehreren Jahren im Gange sind. Zwar hat man erst einen kleinen Teil der Steingebilde auf der Hochebene hinter dem glatten Rodadero-Felsen ausgegraben, aber sie enthüllen bereits zwei wichtige Aspekte: Zum einen die Tatsache, daß Mauern, Leitungen, Auffanggefäße, Kanäle und dergleichen sowohl aus natürlichem Felsen als auch mittels exakt geformter Quader, von denen die meisten aus der Zeit der vieleckigen Megalithen stammen, geschaffen worden und so angeordnet sind, daß sie eine Kaskade bilden, wo der Abfluß von Stufe zu Stufe geregelt verläuft. Zum anderen hat man eine riesige runde Vertiefung entdeckt, die von Quadermauern umgeben ist. Sie hat nach einhelliger Meinung als Wasserbehälter gedient. Außerdem wurde eine unterirdische Schleusenkammer gefunden, in die das Wasser aus dem Reservoir fließen konnte. Spielende Kinder entdeckten einen Kanal, der von

der Schleusenkammer zu dem *chingana* (Labyrinth) führt, das aus einem natürlichen Felsen hinter und unter dem Reservoir herausgehauen worden ist.

Obwohl der ganze Komplex auf diesem Vorgebirge noch längst nicht ausgegraben ist, weiß man bereits, daß irgendein Mineral oder eine chemische Zusammensetzung über den Rodadero hinuntergeflossen ist und der Rückseite ihre Verfärbung verliehen hat. Was es auch gewesen sein mag — goldhaltige Schwemme? —, es floß in das große runde Reservoir. Auf der anderen Seite wurde frisches Wasser zugeführt. Das Ganze sieht aus wie eine riesige Goldwaschanlage. Das Wasser floß durch die Schleusenkammer und dann durchs Labyrinth ab. Was in den Steinbottichen zurückblieb, das war Gold.

Was schützten oder stützten eigentlich die kolossalen Zickzackmegalithen am Rande des Vorgebirges? Eine eindeutige Antwort gibt es noch nicht; es läßt sich nur vermuten, daß man für die Beförderungsmittel — Flugzeuge möglicherweise — eine Plattform benötigte, um das Gold wegzuschaffen.

Eine Stätte, die eine ähnliche Beförderungsfunktion gehabt haben könnte, ist Ollantaytambu, etwa hundert Kilometer nordwestlich von Sacsahuaman gelegen. Die Ruinen befinden sich auf einem steilen Vorberg; von dort hat man einen Blick durch eine Öffnung zwischen den Bergen, die sich beim Zusammenfluß von Urubamba-Vilcanota und Patcancha erheben. Am Fuß des Berges liegt das Dorf, das der Stätte ihren Namen gegeben hat, der »Ollantays Rastplatz« bedeutet. Dieser Name stammt aus der Zeit, in der ein Inka-Held hier ein Bollwerk gegen die Spanier errichtet hat. Mehrere hundert grob ausgehauene Stufen, die Terrassen im Stil der Inkas verbinden, führen zu den Hauptruinen oben auf dem Berg, die man für eine ehemalige Festung hält. Tatsächlich gibt es hier Überreste von Gebäuden, die im Inka-Stil aus Feldsteinen bestehen. Sie sehen primitiv und häßlich aus im Vergleich zu den Vor-Inka-Bauten aus der Megalithenzeit.

Die Megalithen-Bauten beginnen mit einer Schutzmauer aus wunderschön geformten, vieleckigen Steinen. Durch ein Tor, das aus einem einzigen Block gehauen worden ist, gelangt man auf eine Plattform, die ebenfalls von einer Schutzmauer umgeben ist. Auch sie besteht aus vieleckigen, aber größeren Steinen. Auf der einen Seite geht die Mauer in eine Einfriedung mit zwölf trapezförmigen Öffnungen über; zwei sind Eingänge, zehn sind angedeutete Fenster. Vielleicht hat Luis Pardo (*Ollantaytampu, una ciudad megalitica*) diese Struktur deswegen als »zentralen Tempel« bezeichnet. Auf der anderen Seite der Mauer ist ein massives und exakt geformtes Tor, durch das man früher (heute nicht mehr) zu den Hauptgebäuden gelangte (Abb. 104).

Abb. 104

Das größte Geheimnis von Ollantaytambu bildet eine Reihe von sechs riesigen Monolithen auf der obersten Terrasse. Diese Steinblöcke sind vier bis fünf Meter hoch; der Umfang variiert von ein bis zwei Meter (Abb. 105). Sie sind ohne Mörtel oder ein anderes Bindematerial aneinandergefügt, nur mit langen behauenen Steinen, die man zwischen die Blöcke geschoben hat. Die weniger als zwei Meter dicken Blöcke sind wie in Cuzco und Sacsahuaman mit großen, vieleckigen Steinen vergrößert worden, um Gleichmäßigkeit zu erzielen. Von vorn gesehen, bilden die Monolithen eine einzige, genau nach Südosten ausgerichtete Mauer, deren Oberfläche eine leichte Wölbung hat. Zwei von ihnen zeigen Reste einer verwitterten Reliefverzierung; auf dem vierten (von links gezählt) ist das Symbol der Stufen zum Himmel zu erkennen. Alle Archäologen stimmen darin überein, daß dieses Symbol aus Tiahuanacu am Titicaca-See stammt und den Aufstieg von der Erde zum Himmel — oder den Abstieg vom Himmel zur Erde — bedeutet. Einkerbungen, Vorsprünge und stufenartige Einschnitte oben am sechsten Monolithen verraten, daß der Bau nicht vollendet worden ist. In der Tat liegen noch Steinblöcke ver-

Abb. 105

schiedener Form und Größe herum; manche sind bereits zurechtgeschnitten. Einer gibt einen bedeutsamen Hinweis: Eine T-Form ist tief eingearbeitet. Da man derartige Einschnitte bei gigantischen Steinblöcken in Tiahuanacu gefunden hat, mußten die Forscher zugeben, daß er hier dazu dienen sollte, zwei Steinblöcke mit einer *metallenen* Klammer zusammenzuhalten, als Vorsichtsmaßnahme gegen Erdbeben (Abb. 106).

Abb. 106

Man muß sich wundern, daß die Forscher diese Ruinen immer noch den Inkas zuschreiben, die kein anderes Metall außer Gold besaßen, das viel zu weich und ungeeignet ist, um die von einem Erdbeben erschütterten Steinblöcke zusammenzuhalten. Ebenso naiv ist die Erklärung, Inka-Herrscher hätten riesige Badehäuser erbaut, weil das Baden zu ihren besonderen Vergnügungen gehört habe. Wenn zwei Flüsse am Fuß des Berges vorbeifließen, wozu dann ungeheure Felsblöcke von fünfundzwanzig Tonnen Gewicht hinaufschaffen, nur um in einer Wanne baden zu können? Und all das ohne Eisenwerkzeug?

Entschieden seriöser ist die Erklärung, daß die Reihe der sechs Monolithen Teil einer geplanten Schutzmauer war, weil man auf dem Berg eine große Plattform oder einen

Platz anlegen wollte. In diesem Fall erinnern Größe und Mächtigkeit der Steinblöcke an die kolossalen Quader, die man zum Bau der einzigartigen Plattform in Baalbek in den Bergen von Libanon benutzt hat. In meinem Buch *Stufen zum Himmel* habe ich sie ausführlich beschrieben und erklärt, daß die dortige megalithische Plattform, Gilgameschs erstes Reiseziel, ein Landeplatz für die Luftschiffe der Anunnaki war.

Zu den vielen Ähnlichkeiten zwischen Ollantaytambu und Baalbek gehört auch der Ursprung der Megalithen. Die kolossalen Steinblöcke in Baalbek wurden in einem meilenweit entfernten Tal gebrochen, dann unglaublicherweise hochgehoben, befördert und an Ort und Stelle mit den anderen zu einer Plattform zusammengefügt. Auch die Steinblöcke in Ollantaytambu am Berghang wurden auf der gegenüberliegenden Seite des Tales gebrochen. Nachdem man die schweren Brocken behauen und geformt hatte, beförderte man sie über zwei Flüsse vom Steinbruch nach Ollantaytambu hinauf, wo sie aufgestellt und zusammengefügt wurden.

Wessen Werk ist Ollantaytambu? Garcilaso de la Vega schreibt, es sei »von Anfang an da gewesen, vor den Inkas«. Blas Valera sagt, es stamme »aus einer Epoche vor der Epoche der Inkas, aus der Zeit der Götter vor den Inkas«. Damit stimmen die heutigen Archäologen überein.

Es wird auch Zeit, sich klarzumachen, daß diese Götter dieselben waren, denen die nahöstlichen Legenden den Bau von Baalbek zuschreiben.

Sollte Ollantaytambu eine Festung werden, wie Sacsahuaman sie gewesen sein könnte, oder ein Landeplatz, wie Baalbek einer gewesen ist?

In meinen früheren Büchern habe ich nachgewiesen, daß die Anunnaki bei der Bestimmung ihrer Landeplätze und Flughäfen zuerst einen Landekorridor an einem hervorragenden geographischen Punkt (wie dem Ararat) verankerten. Die Flugbahn innerhalb dieses Korridors bildete einen genauen Winkel von fünfundvierzig Grad mit dem Äquator. In nachsintflutlicher Zeit, als sich der Flughafen auf der Halbinsel Sinai und der Landeplatz in Baalbek befand, folgte das Kartennetz demselben Muster.

Der *torreon* in Machu Picchu hat außer den beiden Beobachtungsfenstern in dem halbkreisförmigen Teil noch ein Fenster mit einer umgekehrten Treppe, die unten eine Öffnung und oben einen keilförmigen Schlitz aufweist (Abb. 107). Ich habe errechnet, daß eine Linie von dem heiligen Felsen durch den Schlitz zum Intihuatana mit den Kardinalpunkten einen genauen Winkel von fünfundvierzig Grad bildet, womit die hauptsächliche Ausrichtung von Machu Picchu gegeben ist.

Diese Ausrichtung von fünfundvierzig Grad bestimmte nicht nur die Anlage von Machu Picchu, sondern auch den Standort der größeren, alten Niederlassungen. Wenn man auf einer Landkarte eine Linie einzeichnet, die Viracochas Aufenthalte von der Sonneninsel im Titicaca-See aus miteinander verbindet, führt diese Linie durch Cuzco nach Ollantaytambu, und zwar im genauen Winkel von fünfundvierzig Grad zum Äquator!

Maria Schulten de D'Ebneth faßt dies in ihrem Buch *La ruta de Viracocha* folgendermaßen zusammen: Diese Koordinate, an der Machu Picchu liegt, paßt in das Gitternetz eines schräggestellten Quadrats von fünfundvierzig Grad, bei dem die Ecken, nicht die Seiten, auf die Kardinalpunkte gerichtet sind. Sie erklärt, sie sei durch Salcamayhuas *Relacion* zu der Suche nach dem alten Kartennetzwerk angeregt worden. Als Illustration zu der Sage von den drei Fenstern machte er eine Zeichnung (Abb. 108 a) und gab jedem Fenster einen Namen: Tampu-Tocco, Maras-Tocco und Sutis-Tocco. Maria Schulten erkannte, daß dies Ortsnamen waren. Als sie das aufgestellte Quadrat auf eine Karte vom Cuzco-Urumbamba-Gebiet legte, Machu Picchu (alias Tampu-Tocco) auf die nordwestliche Ecke, sah sie, daß alle anderen Orte an der richtigen Stelle waren. Sie zog Linien, beginnend mit einem Winkel von fünfundvierzig Grad bei

Abb. 107

Tiahuanacu, die mit einem Quadrat und Kreisen alle alten Stätten, auch Ollantaytambu, in Verbindung brachten (Abb. 108 b).

Nicht weniger wichtig ist Maria Schultens zweite Entdeckung. Sie errechnete aus den Winkeln dieses Gitternetzes, daß es auf die Zeit zutrifft, in der der Neigungswinkel der Erde 24 Grad 8 Minuten betragen hat. Das heißt, das Gitter war 5125 Jahre alt, als sie es 1953 aufstellte; mit anderen Worten, es bezieht sich auf das Jahr 3172 v. Chr. Damit ist der Beweis für meine eigene Schlußfolgerung erbracht, daß die megalithischen Bauten dem Zeitalter des

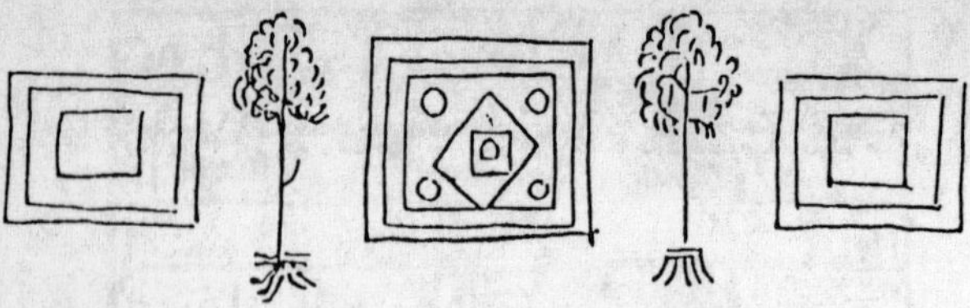

a

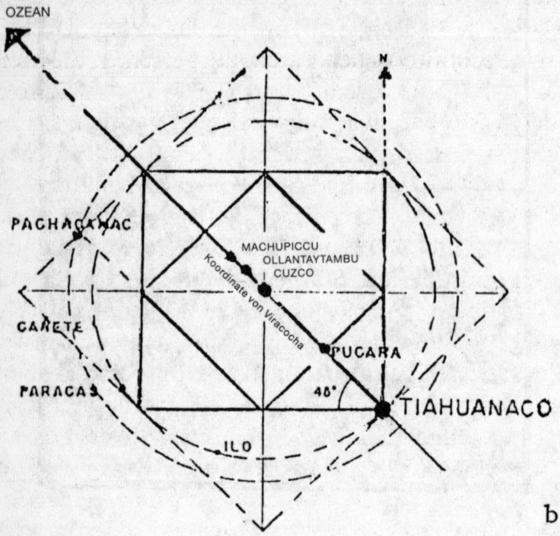

b

Abb. 108 a und b

Stiers angehören, der Zeit zwischen 4000 und 2000 v. Chr. Vergleicht man die modernen Studien mit den Daten der Chronisten, so ergibt sich die Bestätigung der Sagen: Alles nahm seinen Anfang am Titicaca-See.

10
Das Baalbek der Neuen Welt

Alle Fassungen der Anden-Sagen weisen auf den Beginn am Titicaca-See hin: Dort vollbrachte der große Gott Viracocha seine schöpferischen Taten, dort erschien die Menschheit nach der Sintflut wieder, dort wurde den Vorfahren der Inkas der goldene Zauberstab verliehen, mit dem sie die Zivilisation in den Anden schufen, denn am Titicaca-See stand die erste und größte Stadt von ganz Amerika.
Alle, die die Stadt Tiahuanacu gesehen haben, staunten über ihre Architektur, die Steinschnitzereien auf den Monumenten und über die Statuen, die die ersten Chronisten für die Europäer beschrieben. Jeder fragte sich, wer diese einzigartige Stadt gebaut haben mochte, auf welche Weise, und alles rätselte über ihr Alter. Das größte Rätsel aber gibt ihre Lage auf: Sie befindet sich auf dem peruanisch-bolivianischen Hochland in etwa viertausend Meter Höhe zwischen den höchsten Anden-Gipfeln mit ewigem Schnee. Warum hat man sich die unglaubliche Mühe gemacht, hier Kolossalbauten aus Steinen zu errichten, die von weit her in die baumlose, windgepeitschte Bergregion hinaufgeschleppt werden mußten?
Darüber dachte Ephraim George Squier nach, als er vor einem Jahrhundert zu dem See gelangte. In seinem Buch *Peru Illustrated* sagt er: »Die Inseln und Landzungen des Titicaca-Sees sind größtenteils unfruchtbar. Das Wasser birgt eine Vielfalt seltsamer Fische. Von ihnen ernährt sich eine Bevölkerung, der sich sonst wenig bietet, denn Gerste reift nur unter günstigsten Bedingungen, und Mais kann sich hier nicht entwickeln, die verschrumpelte Kartoffel schmeckt bitter, das einzige Getreide ist Quinoa, und die einzigen Tiere, die sich als Nahrung eignen, sind Biscacha, Lama und Vi-

cuña ... Doch in dieser baumlosen Welt entwickelten sich die Keime der Inka-Kultur aus einer früheren Zivilisation, die ihre Geschichte in massive Steine schnitzte, die auf der Ebene von Tiahuanacu aufgestellt wurden, und von denen die Überlieferung nur weiß, daß sie das Werk uralter Riesen gewesen sind, die sie in einer einzigen Nacht errichteten.«
Ein anderer Gedanke kam ihm jedoch als er ein Vorgebirge erkletterte und über den See und die alte Stätte blickte. Lag es vielleicht gerade an der Abgeschiedenheit, an den umgebenden Gipfeln, an dem Ausblick zwischen den Bergen hindurch, daß man diesen Ort gewählt hatte? Von einem Grat am südwestlichen Rande der Ebene, in der der See liegt, wo der Desaguadero abfließt, konnte Squier nicht nur den See mit seinen südlichen Inseln sehen, sondern auch die schneebedeckten Berge im Osten.
Zu seiner Skizze, die er gemacht hatte, schrieb er: »Hier erhebt sich die schneebedeckte Kette der Anden in all ihrer Majestät. Den See beherrscht der Illampu oder Sorata, die Krone des Kontinents, der höchste Berg von Amerika, der sich, wenn auch nicht in der Höhe, so doch in seiner Mächtigkeit, mit den Riesen des Himalayas messen kann; man schätzt ihn auf über siebentausendfünfhundert Meter. Im Süden endet die ununterbrochene Kette mit dem über sechstausend Meter hohen Illimani ... Vielleicht gibt es nirgend sonst ein so abwechslungsreiches und großartiges Panorama von einem einzigen Standpunkt aus zu sehen. Das gesamte Hochland von Peru und Bolivien, wo es am breitesten ist, mit seinem Wassersystem, seinen Flüssen und Seen, alles eingerahmt von den Cordilleren und den Anden, liegt vor einem wie auf einer Landkarte.« (Abb. 109)
Waren diese geographischen und topographischen Eigenschaften der Grund für die Wahl des Ortes — am Rande einer großen Hochebene, wo zwei Gipfel hoch aufragen, genau wie die beiden Gipfel des Ararats und die beiden Pyramiden von Gize, die den Anunnaki als Orientierungspunkte für ihre Landungen dienten?

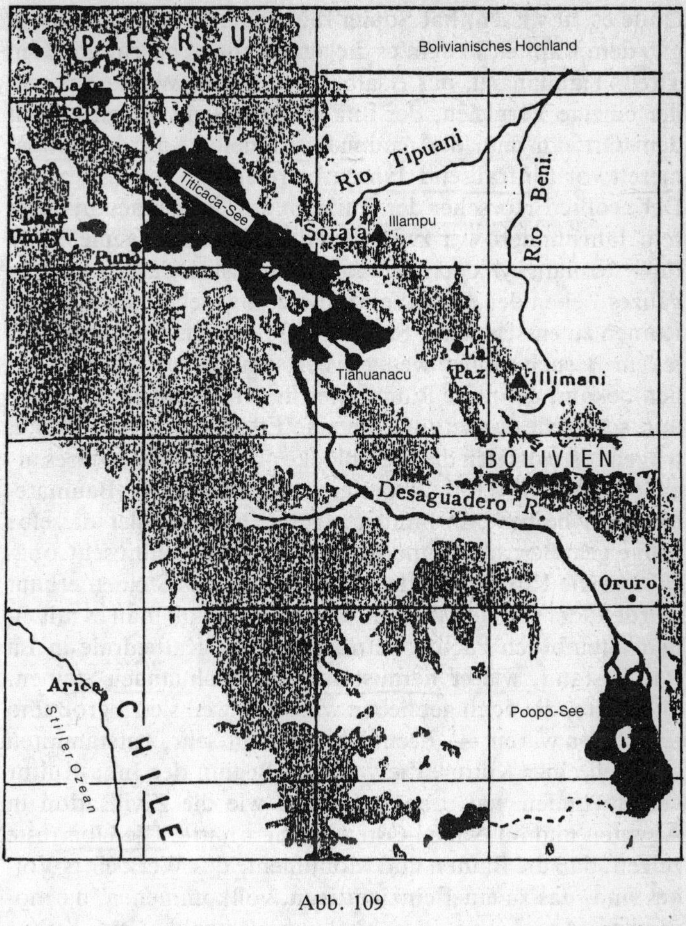
PERU
Bolivianisches Hochland
Lake Arapa
Rio Tipuani
Rio Beni
Titicaca-See
Lake Umayu
Puno
Sorata
Illampu
La Paz
Tiahuanacu
Illimani
BOLIVIEN
Desaguadero R.
Oruro
Arica
CHILE
Stiller Ozean
Poopo-See

Abb. 109

Ohne es zu wissen, hat Squier die Analogie erfaßt, denn er gab dem Kapitel, in dem er die alten Ruinen beschreibt, den Titel »Tiahuanacu, das Baalbek der Neuen Welt«; das war der einzige Vergleich, der ihm einfiel — ein Vergleich mit dem Ort, an dem die Anunnaki landeten und den Gilgamesch vor fünftausend Jahren betreten hat.

Der größte Erforscher der Ruinen von Tiahuanacu in unserem Jahrhundert war zweifellos der deutsche Ingenieur Arthur Posnansky, der nach Bolivien auswanderte und sein ganzes Leben der Aufgabe widmete, die Geheimnisse dieser Ruinen zu entschleiern. Schon 1910 bedauerte er, daß er bei jedem Besuch immer weniger von den Kunstwerken zu sehen bekam; denn die Baumeister in der Hauptstadt La Paz und sogar die Regierung, die eine Eisenbahnstrecke baute, trugen systematisch die Steinblöcke ab, nicht wegen ihres archäologischen Wertes, sondern als kostenloses Baumaterial. Ein halbes Jahrhundert früher hatte Squier dieselbe Klage geäußert, als er merkte, daß auf der Halbinsel Copacabana die Kirche und die Wohnhäuser aus Steinen erbaut wurden, die von den Ruinen stammten, als ob man es mit einem Steinbruch zu tun hätte. Sogar die Kathedrale in La Paz bestand, wie er herausfand, aus Tiahuanacu-Steinen.

Die Reste, die noch geblieben waren — weil sie zu groß und zu schwer waren —, beeindruckten ihn sehr, entstammten sie doch einer Kultur, die vor dem Beginn der Inka-Kultur verschwunden war, aber zeitgleich wie die Zivilisation in Ägypten und im Nahen Osten existiert hatte. Die Überreste zeigen, daß die Bauten und Monumente das Werk eines Volkes sind, das zu einer einzigartigen, vollkommenen, harmonischen Architektur befähigt war, obwohl diese Kultur »keine Kindheit und keine Periode des Reifens erlebt hat«. Kein Wunder also, daß die Indios den Spaniern sagten, diese Kunstwerke seien über Nacht von Riesen erschaffen worden.

Pedro de Cieza de León, der von 1532 bis 1550 Peru und Bolivien bereiste, schreibt in seiner Chronik, die Ruinen von

Tiahuanacu seien zweifellos die ältesten von allen, die er gesehen habe. Er staunte insbesondere über »einen von Menschenhand geschaffenen Hügel auf einem Steinfundament, der an der Basis dreihundert zu hundertdreißig Meter mißt und vierzig Meter hoch ist. Dahinter sind zwei Steinidole von menschlicher Gestalt mit so feingearbeiteten Gesichtszügen, daß sie von der Hand eines großen Meisters stammen müssen. Sie sind so groß, daß sie wie kleine Riesen wirken, und natürlich tragen sie andere Kleider als die Eingeborenen in dieser Gegend. Auf dem Kopf haben sie Schmuck«.
In der Nähe befanden sich ein anderer Bau und eine Mauer. Alles sah sehr alt und verwittert aus. In einem anderen Teil der Stätte sah er »Steine von so enormer Größe, daß es zum Verwundern ist. Man fragt sich, wie Menschenkraft dazu ausreicht, sie an den Platz zu stellen, wo sie stehen, so groß sind sie. Sie sind ganz verschieden geschnitzt, einige haben menschliche Gestalt, es müssen ihre Idole gewesen sein«.
Auf dem Boden bei der Mauer und bei den großen Steinen fielen ihm Löcher und Vertiefungen auf, über die er sich wunderte. Weiter westlich entdeckte er andere Überreste, darunter »viele große Türen mit Sturz, Pfosten und Schwelle, alles aus einem Stück, eine großartige, prachtvolle Arbeit. Ich kann nicht verstehen, mit welchen Werkzeugen oder Instrumenten das gemacht worden ist, denn es ist gewiß, daß diese Vollkommenheit nur möglich ist, wenn die Steinmetze viel besseres Werkzeug gehabt haben als das, was die Indios jetzt benutzen«.
Von all den Artefakten, die die ersten spanischen Ankömmlinge gesehen haben, liegen die großen Türen aus einem Stück, die Cieza de Leon so beeindruckt haben, noch immer an der Stelle, wo sie hingefallen sind. Die Gegend, etwa anderthalb Kilometer südwestlich der Hauptruinen, nennen die Indianer Puma-Punku, als ob es eine eigene Stätte wäre; aber es steht heute fest, daß sie zu dem Tiahuanacu-Komplex gehört hat.
Alle Reisenden, die Tiahuanacu in den vergangenen zwei

Abb. 110

Jahrhunderten gesehen haben, waren äußerst beeindruckt, aber wissenschaftlich beschrieben wurden die Ruinen erst 1892 von A. Stübel und Max Uhle (*Die Ruinenstätte von Tiahuanacu im Hochland des alten Peru*). Die Fotografien und Zeichnungen in diesem Buch zeigen, daß die riesigen Steinblöcke Teile eines östlich liegenden Gebäudekomplexes sind (Abb. 110 nach neuesten Studien). Er bestand aus vier Teilen, die auf großen Plattformen errichtet waren (Abb. 111). Die abgebrochenen Stücke wiegen fast hundert Tonnen. Es ist roter Sandstein, und Posnansky (*Tiahua-*

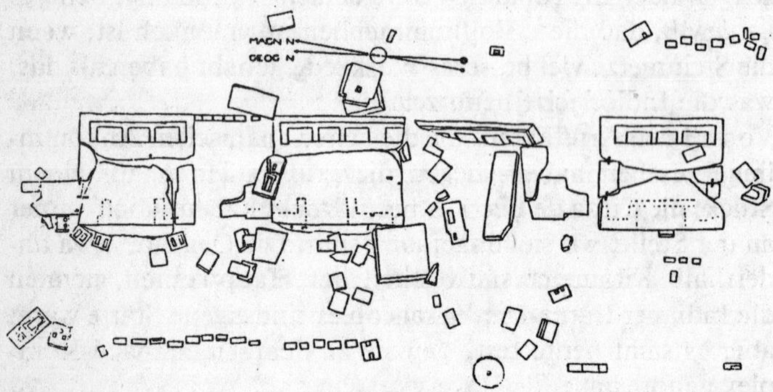

Abb. 111

Abb. 112

nacu — die Wiege des Amerikaners) hat schlüssig bewiesen, daß die Blöcke aus einem Steinbruch stammen, der fünfzehn Kilometer entfernt am Westufer des Titicaca-Sees liegt.

Die Blöcke, die vier auf drei Meter messen und fast sechzig Zentimeter dick sind, weisen Vertiefungen und Rillen auf. An manchen Stellen sind T-förmige Einschnitte angebracht, bestimmt für Metallklammern (Abb. 112), denen wir ja schon in Ollantaytambu begegnet sind. Die Erklärung, die dortigen Klammern hätten aus Gold bestanden, dem einzigen Metall, das die Inkas kannten, ist in Anbetracht der Weichheit des Goldes unsinnig. Hier bestanden sie jedenfalls aus Bronze, was erwiesen ist, weil man tatsächlich einige gefunden hat. Das ist eine Entdeckung von sehr großer Bedeutung; denn Bronze ist eine Kupfer-Zinn-Legierung. Kupfer ist in natürlichem Zustand (gediegen) zu finden, Zinn hingegen muß aus Zinnerz gewonnen werden. Dazu bedarf es metallurgischer Kenntnisse.

Wie hat man die Bronze gewonnen? Ergibt die Antwort einen Hinweis auf die Beantwortung anderer Fragen?

Lassen wir die übliche Deutung, der riesige, komplizierte

Gebäudekomplex von Puma-Punku sei ein Tempel gewesen, beiseite, und überlegen wir lieber, welche Funktion es wohl gehabt haben kann, wenn man so ungeheure Anstrengungen und spitzfindige Techniken aufgewendet hat? Der deutsche Architekt Edmund Kiss (dessen Vorstellung des ursprünglichen Aussehens der Gebäude ihn zu seinen Plänen für die monumentalen Nazi-Bauten angeregt haben könnte) glaubte, die Anlage habe zu einem Hafen gehört, da der See sich in alter Zeit so weit erstreckt hat. Aber das läßt die Frage offen, verstärkt sie sogar: Was wurde hier denn importiert und was wurde aus dieser unfruchtbaren Höhe verschifft?

Bei weiteren Ausgrabungen in Puma-Punku sind halbunterirdische Einfriedungen aus vollendet behauenen Steinblöcken zum Vorschein gekommen. Sie erinnern an die Vertiefungen in Chavín de Huantar und lassen an die Möglichkeit denken, daß es hier ein ähnliches Stauwerksystem mit Reservoirs und Schleusenkammern gegeben hat.

Die rätselhaftesten Funde sind ebenso vollendet behauene und geschliffene Steinblöcke, die zweifellos von anderen, größeren, abgebrochen sind. Die Steinmetze müssen, um derartig exakte Winkel zu erhalten, über entsprechendes Werkzeug verfügt haben. Eine Abbildung dieser technischen Wunder macht es deutlich (Abb. 113).

Es gibt dafür keine andere Erklärung als die Annahme (aufgrund unserer heutigen Technik), daß die Erbauer Matrizen besaßen, Gußformen für komplizierte Metallteile, über die der Mensch in den Anden — übrigens auch woanders — in der Vor-Inka-Zeit unmöglich verfügt haben kann.

Verschiedene Archäologen und Forscher haben seit den dreißiger Jahren mehr oder weniger lange in Tiahuanacu gearbeitet — Wendell C. Bennett, Thor Heyerdahl, Carlos Ponce Sangines, um nur einige zu nennen —, aber im großen und ganzen entdeckten sie nichts Neues seit Arthur Posnansky, dessen Resultate sie übernahmen, indem sie darauf aufbauten oder diese bestritten. Posnansky hatte 1914 sein

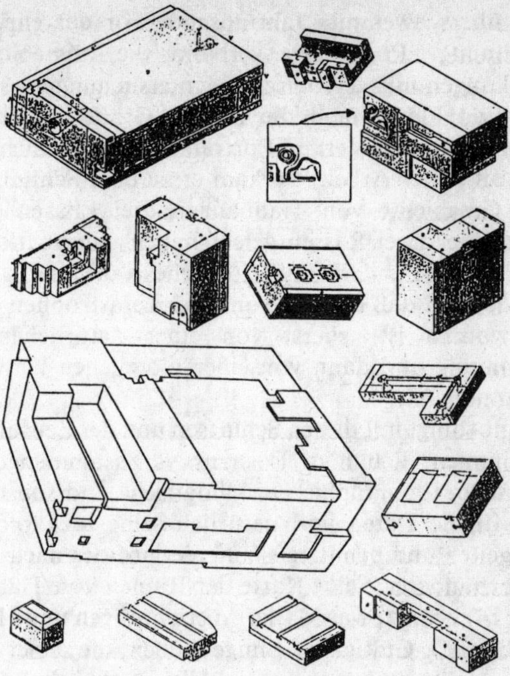

Abb. 113

großes Werk *Una Metropoli Prehistorica en la America del Sur* veröffentlicht, und nach weiteren dreißigjährigen Forschungen kamen 1945 die vier Bände *Tiahuanacu — Cuna del Hombre de las Americas* heraus. Die bolivianische Regierung verfaßte dazu das Vorwort und feierte »das zwölftausendste Jahr von Tiahuanacu« (dieser Teil des Titicaca-Sees gehörte nach der Trennung von Peru zu Bolivien).
Das war nämlich Posnanskys erstaunlichste (und umstrittenste) Schlußfolgerung: Tiahuanacu war einige Jahrtausende alt; während der ersten Bauphase war der Seespiegel dreißig Meter höher gewesen, und vorher hatte eine gewaltige Wasserlawine — vielleicht die berüchtigte Sintflut — das ganze

Gebiet überschwemmt, Jahrtausende vor der christlichen Zeitrechnung. Posnansky verband die archäologischen Entdeckungen mit geologischen Untersuchungen, studierte Fauna und Flora, maß die in den Gräbern gefundenen Schädel und die steinernen Porträts und berücksichtigte jedes Detail seiner Arbeit. So kam er zu dem Schluß, daß es in der Geschichte von Tiahuanacu drei Phasen gegeben hat, daß hier zwei Rassen gelebt haben, zuerst mongolenartige Menschen, dann mittelöstliche Kaukasier, aber nie Negroide, und daß der Ort von zwei Katastrophen heimgesucht worden ist, zuerst von einer natürlichen Überschwemmung und dann von einer plötzlichen Umwälzung unbekannter Art.

Ohne unbedingt mit diesen Schlüssen und der Zeittafel übereinzustimmen, ließ man Posnanskys zusammengetragene geologische, topographische, klimatische und sonstige wissenschaftliche Daten und natürlich seine archäologischen Daten gelten und benutzte sie im Verlauf des nächsten halben Jahrhunderts. Seine Karte der Ruinen von Tiahuanacu (Abb. 114) behielt, was Maße, Ausrichtungen und Hauptgebäude betrifft, Gültigkeit. Einige Stellen, die seiner Ansicht nach zusätzliche Altertümer und Überreste enthalten könnten, wurden ausgegraben, und zwar mit Erfolg, aber das hauptsächliche Interesse galt und gilt immer noch drei Fundstücken des Trümmerfeldes.

Der eine Fund, im südöstlichen Teil, ist eine Erhöhung, die *akapana* genannt wird. Wahrscheinlich hat sie ursprünglich die Form einer Stufenpyramide gehabt. Es wird angenommen, sie sei eine Art Festungswachtturm gewesen, weil (wie sich bei der Ausgrabung herausstellte) oben in der Mitte dieses Pyramidenhügels eine ovale, mit Quadersteinen ausgekleidete Vertiefung ist, die als Wasserreservoir gedient hat. Die Erklärung lautet: Hier sollte das Regenwasser gesammelt werden, damit den Verteidigern Wasser zur Verfügung stand, wenn sie sich auf diese Festung zurückziehen mußten. Aber es hielt sich hartnäckig das Gerücht, hier sei Gold versteckt, und im achtzehnten Jahrhundert habe ein Spanier namens Oyaldeburo Schürfrechte erhalten. Oyaldeburo baute auf der Ostseite einen Graben, um das Wasser abfließen zu lassen, durchwühlte den Boden des Reservoirs, riß die Verzierungen an den Quadern ab und grub sich tief in den Hügel hinein.

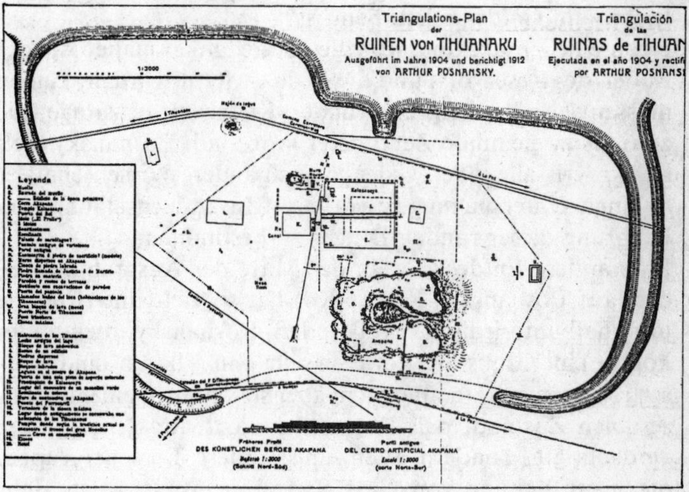

Abb. 114

Immerhin enthüllte die Zerstörung, daß der Akapana kein natürlicher Hügel, sondern ein sehr komplexer Bau war. Weitere Ausgrabungen haben folgendes ergeben: Das Steinreservoir ist mit meisterhaften Schleusen verbunden, die den Abfluß des Wassers durch kunstvoll aus Quadern zusammengefügte Kanäle regelten. Im Innern des komplizierten Baus sind senkrechte und waagerechte Absätze so angebracht, daß das Wasser im Zickzack einen weiten Weg zurücklegen mußte. Es mündete in einen dreißig Meter breiten künstlichen Graben, der die ganze Anlage umgibt. Von hier gelangte das Wasser zu den Gebäuden an der Nordseite und floß dann in den See. Hätte man nur den Überlauf nach heftigen Regenfällen ableiten wollen, so hätte eine gerade Röhre (wie eine in Tula gefunden wurde) durchaus genügt. Aber hier haben wir gewundene Kanäle aus sorgsam behauenen, zusammengefügten Steinen, die das Wasser von einer Ebene zur anderen lenkten — und das weist auf ein technisches Verfahren hin. Wurde das fließende Wasser vielleicht zum Goldwaschen benutzt?

Noch eine Entdeckung legt diesen Gedanken nahe. Als der Boden des Reservoirs und die Erde entfernt wurden, kamen massenweise dunkelgrüne runde »Kieselsteine« zutage, die zwei bis zweieinhalb Zentimeter groß sind. Posnansky hielt sie für Kristalle, aber weder er noch andere Wissenschaftler nahmen Untersuchungen vor, um Zusammensetzung und Ursprung dieser runden Dinger zu bestimmen.

Eine andere Entdeckung in der Mitte des Ausgrabungsfeldes (auf Posnanskys Karte »K«) hat so viele unterirdische und halbunterirdische Teile, daß Posnansky meinte, es könnte eine Grabstätte gewesen sein. Rings herum sind Wasserleitungen aus Steinblöcken; aber sie waren in einem so miserablen Zustand, daß Posnansky nicht nur Schatzgräber verdächtigte, sondern auch eine frühere Forschergruppe, die unter Leitung von Graf Crequi de Montfort im Jahr 1903 Ausgrabungen vorgenommen, einfach herumgewühlt und viele Gegenstände mitgenommen hatte. Der Bericht über die Entdeckungen und Schlußfolgerungen dieser französischen Expedition ist in einem Buch von George Courty enthalten; außerdem hielt Manuel Gonzales de la Rosa im Jahr 1908 darüber vor dem internationalen Kongreß der Amerikanisten einen Vortrag. Die Quintessenz ihrer Befunde lautete, es gebe »zwei Tiahuanacus«, nämlich sichtbare und unterirdische Ruinen.

Posnansky selbst beschrieb die Leitungen, Kanäle und eine Schleuse (ähnlich wie auf dem Akapana) dieses Gebildes und meinte, die auf verschiedenen Ebenen verlaufenden Leitungen führten vielleicht zum Akapana und wären auch mit anderen unterirdischen Bauten im Westen, in Richtung des Sees, verbunden. Er versah seinen Text mit einigen Zeichnungen der unterirdischen und halbunterirdischen Kammern (Abb. 115 a und b) und äußerte sein Erstaunen über die vollendete Arbeit, denn die Steine bestehen aus hartem Andesit und sind absolut wasserdicht. Über allen Fugen liegt eine fünf Zentimeter dicke Kalkschicht. Dazu merkt er an: »Zum ersten und einzigen Male haben wir bei einem vorgeschichtlichen amerikanischen Bauwerk Kalk gefunden.«

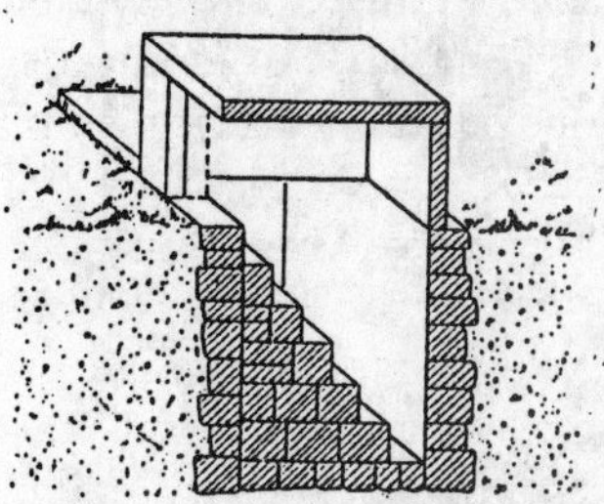

a

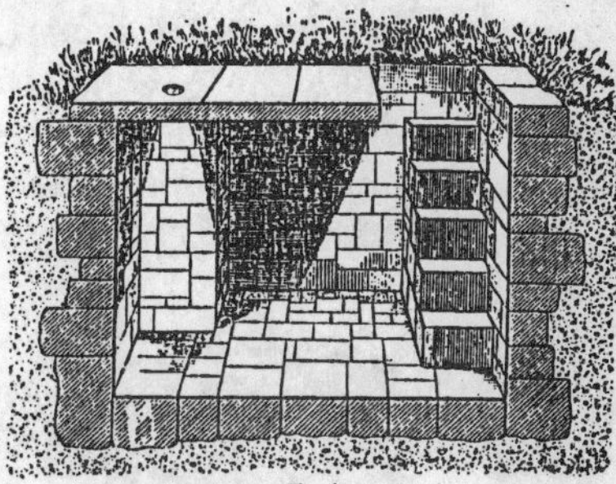

b

Abb. 115 a und b

Wozu diese unterirdischen Kammern dienten, warum man sie gebaut hatte, konnte er nicht sagen. Vielleicht enthielten sie Schätze, aber in diesem Fall wären sie von Schatzsuchern zerstört gewesen. In der Tat, kaum hatte er einige dieser Kammern ausgegraben, da wurden sie auch schon »von den bilderstürmenden Mischlingen, die heute in Tiahuanacu hausen, geleert«. Abgesehen von den ausgegrabenen und herumliegenden Stücken konnte man Leitungsteile aller Formen, Größen und Durchmesser in der nahen Kirche, an Brücken und Unterführungen der modernen Eisenbahnstrecke und sogar in La Paz wiederfinden.

Alles wies auf ausgedehnte unterirdische Wasserwerke in

Abb. 116

Tiahuanacu hin, und Posnansky widmete ihnen in seinem Werk *Hydraulic Works in Tiahuanacu* ein ganzes Kapitel. Jüngste Ausgrabungen haben noch mehr Kanäle und Leitungen freigelegt, die Posnanskys Schlußfolgerungen bestätigen.

Das zweite auffällige Bauwerk in Tiahuanacu bedurfte der geringsten Ausgrabungsarbeit, denn es steht immer noch majestätisch für alle sichtbar da — ein kolossales Steintor, das sich gleich einem Triumphbogen auf der flachen Stätte erhebt (Abb. 116, Vorder- und Rückseite).

Es wird Sonnentor genannt, und Posnansky beschreibt es als das »vollkommenste und wichtigste Werk ... Erbe und elegantes Zeugnis eines Kulturvolkes und des Wissens seiner Führer«. Alle, die es gesehen haben, stimmen ihm darin bei; es ist nicht nur bewundernswert, weil es aus einem einzigen Block gearbeitet ist (der sieben mal drei Meter mißt und über hundert Tonnen wiegt), sondern auch wegen der wunderbaren Bildhauerkunst.

Abb. 117

Der untere Teil weist auf beiden Seiten Nischen und geometrische, ausgehauene Öffnungen auf, aber am erstaunlichsten sind die Schnitzereien auf dem vorderen Oberteil (Abb. 117). Die Mittelfigur, fast dreidimensional, obwohl nur als Relief gearbeitet, ist flankiert von drei Reihen geflügelter Gehilfen; die Reihe darunter, die nur das Gesicht der Figur, umrahmt von einer Mäanderlinie, wiedergibt, vollendet die Komposition.

Man ist sich darüber einig, daß die beherrschende Figur in der Mitte Viracocha darstellt, der in der rechten Hand eine Waffe oder ein Zepter hält, in der linken einen geteilten Blitz (Abb. 118). Dieses Bild taucht in Südperu und in den Nachbarländern immer wieder auf Vasen, Stoffen und anderen Gegenständen auf, woraus zu ersehen ist, wie weit sich die sogenannte Tiahuanacu-Kultur ausgebreitet hat. Neben dem Gott sind auf jeder Seite acht geflügelte Gehilfen dreireihig angeordnet. Posnansky hat darauf aufmerk-

Abb. 118

sam gemacht, daß nur die ersten fünf in jeder Reihe reliefartig geschnitzt sind, die drei äußeren hingegen nur geringfügig vorstehend, als wären sie nachträglich hinzugefügt worden.
Er machte eine Zeichnung von der Figur, dem Mäanderstreifen und der fünfzehn Unterteilungen auf jeder Seite (Abb. 119) und schloß daraus, daß dies der Kalender eines zwölfmonatigen Jahres ist, beginnend bei der Frühlingstagundnachtgleiche (Herbsttagundnachtgleiche im September auf der südlichen Hemisphäre), und daß die große Mittelgestalt, die den Gott als ganze Figur zeigt, diesen Monat und seine Tagundnachtgleiche darstellt. Das Gesicht unterhalb des Gottes in der Mitte der Mäanderlinie, so folgerte er, bedeutet den Monat der anderen Tagundnachtgleiche, nämlich März. Die übrigen Monate ordnete er der Reihe nach den anderen Gesichtern in der Mäanderlinie zu. Da die äußersten ein Horn auf dem Kopf haben, mutmaßte er, daß sie die beiden extremen Monate sind, in denen die Sonnenwende erfolgt, das heißt Juni und Dezember, wo die Priester an dem betreffenden Tag ins Horn zu blasen pflegten, um die weit entfernte Sonne zurückzurufen. Mit anderen Worten, das Sonnentor ist ein Kalender aus Stein.

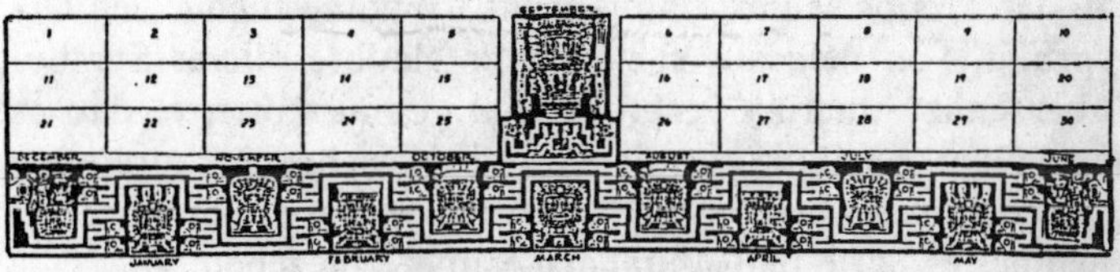

Abb. 119

Posnansky hielt ihn für einen Sonnenkalender. Nicht nur war er der Frühlingstagundnachtgleiche angeglichen, sondern er datierte auch die andere Tagundnachtgleiche sowie die Sonnenwenden. Es war ein Kalender mit elf Monaten zu je dreißig Tagen (die Zahl der geflügelten Gehilfen über der

Mäanderlinie) und einem »großen Monat« von fünfunddreißig Tagen, dem Monat Viracochas, und das ergibt ein Sonnenjahr mit 365 Tagen.

Er hätte erwähnen sollen, daß das zwölfmonatige Jahr, das bei der Frühlingstagundnachtgleiche beginnt, einem nahöstlichen Kalender entspricht, der etwa 3800 v. Chr. in Sumer, und zwar in Nippur, seinen Anfang genommen hat.

Die Abbildung der Gottheit, der geflügelten Gehilfen und der Monatsgesichter, die naturalistisch zu sein scheinen, bestehen in Wirklichkeit aus vielen Einzelaspekten, die ihre individuellen, meistens geometrischen Formen haben. Diesen verschiedenen Abbildungen widmete Posnansky ein intensives Studium. Sie kommen auch auf anderen Monumenten und Steinskulpturen sowie auf Tonwaren vor. Er teilte sie einerseits piktographisch gemäß dem dargestellten Objekt ein (Tier, Fisch, Auge, Stern und so weiter), andererseits nach den Symbolen (Himmel, Erde, Bewegung und so weiter). Er erkannte, daß Kreise und Ovale in vielfacher Darstellung und in verschiedenen Farben Sonne, Mond, Planeten, Kometen und andere Himmelskörper bedeuteten (Abb. 120 a), daß die Verbindung zwischen Erde und Himmel häufig vorkam (Abb. 120 b), und daß die vorherrschenden Symbole Kreuz und Treppe waren (Abb. 120 c und d). In der Treppe sah er Tiahuanacus »Wahrzeichen«, den Ursprung, von dem aus sich, wie er glaubte, dieses Symbol über ganz Amerika verbreitet hat. Er akzeptierte, daß es eine Glyphe sei, die auf die mesopotamischen Zikkurate zurückzuführen war, betonte aber, daß er deswegen nicht annehme, es hätte in Tiahuanacu Sumerer gegeben.

All das bestärkte ihn in seiner Vermutung, daß das Sonnentor zu einem größeren Gebäudekomplex in Tiahuanacu gehört habe, und zwar zu einer Sternwarte, und das führte ihn zu seinen wichtigsten und, wie sich herausstellen sollte, auch umstrittensten Schlußfolgerungen.

Aus offiziellen Berichten der Kommission zur Ausrottung des Aberglaubens, die den Spaniern nicht zuletzt die Jagd

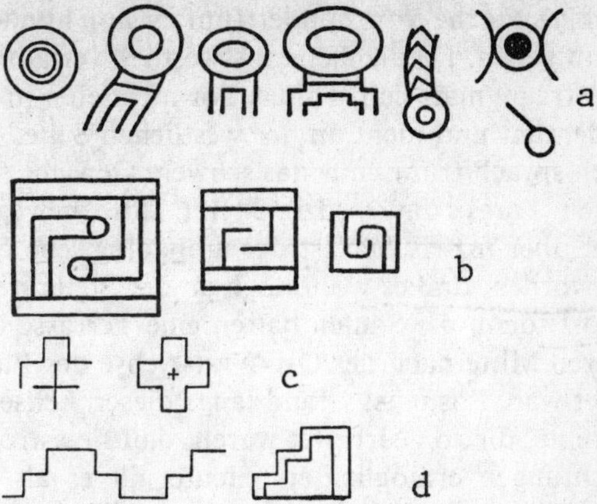

Abb. 120 a, b, c und d

nach Schätzen ermöglichte, geht hervor, daß die Kommissare 1625 nach Tiahuanacu gelangten. Pater Joseph de Arriga zählt in seinem Bericht über fünftausend »abergläubische Gegenstände« auf, die zerbrochen, eingeschmolzen oder verbrannt wurden. Was in Tiahuanacu angerichtet wurde, ist nicht bekannt. Wie frühe Fotografien zeigen, war das Sonnentor, als es im neunzehnten Jahrhundert entdeckt worden war, oben in der Mitte zerbrochen, und der rechte Teil lehnte an der anderen Hälfte.

Wann und von wem das Tor repariert wurde, das ist ein Geheimnis. Man weiß auch nicht, wie es zerbrochen ist. Posnansky hielt es nicht für das Werk der Kommission; seines Erachtens entging es ihrem Zorn, weil es umgefallen und von Erde bedeckt war, so daß diese Fanatiker es nicht sahen. Da es offenbar neu errichtet worden ist, fragt man sich, ob es heute an seinem ursprünglichen Platz steht; denn es kann ja nicht als Einzelstück auf der großen Fläche gestanden haben, sondern es hat wahrscheinlich zu dem Gebäudekomplex weiter östlich gehört. Dieser wird *kalasasaya* (Stehende Säulen) genannt und besteht aus Säulen, die eine

rechteckige Fläche von hundertfünfzig auf hundertdreißig Meter umgeben. Da die Achse ostwestlich verlaufen zu sein scheint, fragte man sich, ob das Tor nicht eher in der Mitte gestanden hat und nicht an der westlichen Seite.
Dagegen sprach früher nur das schwere Gewicht des monolithischen Tores, das sechzig Meter hätte bewegt werden müssen, aber inzwischen ist der archäologische Beweis erbracht worden, daß es wohl doch an der Stelle steht, wo es hingehört; denn die Säulen hatten eine Terrasse umschlossen, deren Mitte nach der Ost-West-Achse des Platzes ausgerichtet war. Posnansky fand längs dieser Achse verschiedene Steine, die so gearbeitet waren, daß sie astronomische Beobachtungen ermöglichten. Heute gilt es als erwiesen, daß der Kalasasaya eine genial erdachte Sternwarte war.
Die offensichtlichen Überreste davon sind die Säulen, die nicht alle als Träger für eine zusammenhängende Mauer gedient haben. Ihre Zahl deutet eine Verbindung mit der Zahl der Tage in einem Sonnenjahr und in einem Mondjahr an. Posnansky interessierte sich besonders für die elf Säulen auf der Westseite (Abb. 121). Seine Messungen der Sichtlinien, die Ausrichtung der Anlage und die geringe Abweichung von den Kardinalpunkten überzeugten ihn, daß der Kalasasaya von Menschen erbaut worden ist, die in der Astronomie so bewandert waren, daß sie sowohl die Tagundnachtgleichen als auch die Sonnenwenden genau errechnen konnten.
Die Baupläne von Edmund Kiss (*Das Sonnentor von Tiahuanacu*), die nicht nur auf Posnanskys Arbeit beruhen, sondern auch auf eigenen Messungen und Berechnungen, geben den (wahrscheinlich richtigen) Eindruck wieder, den er sich gemacht hat: Innerhalb der Einfriedung stand eine hohle Stufenpyramide. Die Haupttreppe ging von der Mitte der Ostmauer aus; die wichtigsten Beobachtungsposten bildeten die beiden breiten Terrassen auf der Westseite der »Pyramide« (Abb. 122).
Seine verblüffendste Entdeckung machte Posnansky, als er

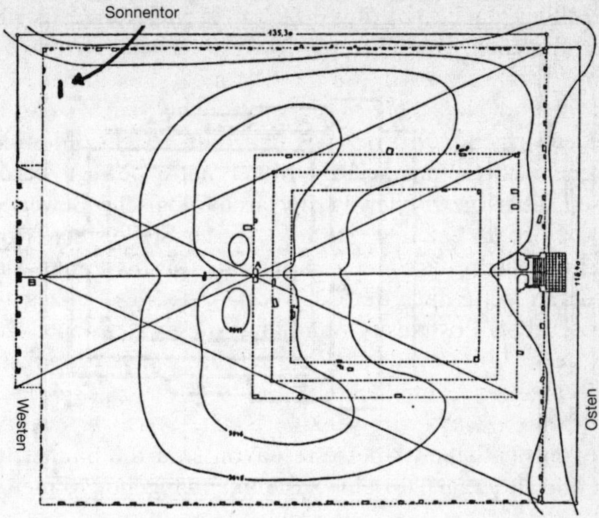

Abb. 121

die Entfernung und die Winkel zwischen den beiden Punkten der Sonnenwenden berechnete und feststellte, daß der Wert der Schiefe der Ekliptik, auf dem die astronomischen Berechnungen des Observatoriums fußten, nicht mit den 23,5 Grad der heutigen Zeit übereinstimmt.
Er fand heraus, daß die Ausrichtung der astronomischen Sichtlinien auf den Wert von 23 Grad 8 Minuten 48 Sekunden abgestimmt ist. Das bedeutet nach den Formeln der Ephemeriden (astronomische Jahrbücher), die seit einer internationalen Konferenz der Astronomischen Recheninstitute 1911 in Paris auch Lage und Höhe des Ortes berücksichtigen, daß der Kalasasaya 15000 v. Chr. erbaut worden ist!
Mit der Ankündigung, daß Tiahuanacu die älteste und vor der Sintflut erbaute Stadt der Welt sei, erregte Posnansky unvermeidlich die Entrüstung der wissenschaftlichen Gemeinschaft seiner Zeit; denn bis dahin hatte man aufgrund

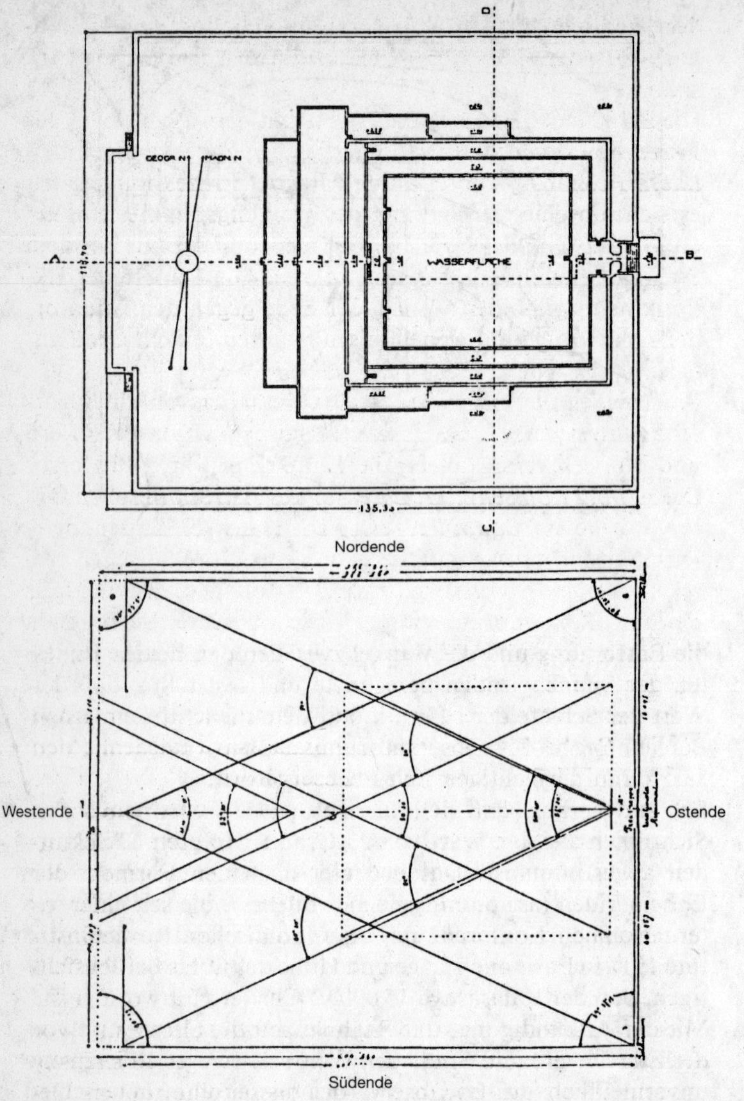
D
A
B
C
WASSERFLÄCHE
GEOGR. N
MAGN. N
113,70
135,30
Nordende
Westende
Ostende
Südende

Abb. 122

der Theorien von Max Uhle daran festgehalten, daß Tiahuanacu aus der Zeit kurz vor Beginn der christlichen Ära stamme.

Die Schiefe der Ekliptik darf nicht mit dem Phänomen der Präzession verwechselt werden (dieser Fehler ist einigen Kritikern Posnanskys unterlaufen). Bei der Präzession handelt es sich um eine Verlagerung des Frühlingspunktes um ein Grad in zweiundsiebzig Jahren, also um dreißig Grad in zweitausendeinhundertsechzig Jahren. Die Schiefe der Ekliptik nennt man den Winkel der Erde gegen den Äquator, der sich in ungefähr siebentausend Jahren um ein Grad ändern kann.

Posnanskys Befund wirkte so ungeheuerlich, daß die deutsche Astronomische Gesellschaft eine Expedition nach Peru und Bolivien veranstaltete; die Teilnehmer waren Professor Dr. Arnold Kohlschütter, Direktor des Astronomischen Observatoriums in Bonn; Professor Dr. Hans von Ludendorff, Direktor des Astronomischen und Astrophysikalischen Observatoriums in Potsdam, und Dr. Rolf Müller, ebenfalls ein Astronom vom Potsdamer Observatorium. Sie nahmen zwischen November 1926 und Juni 1928 in Tiahuanacu Messungen und Beobachtungen vor.

Erstens bestätigten ihre Messungen, Untersuchungen und visuellen Beobachtungen, daß der Kalasasaya tatsächlich ein astronomisch-kalendarisches Observatorium gewesen ist. Sie stellten zum Beispiel fest, daß von der westlichen Terrasse aus, dank dem Standort und der Breite der Säulen sowie ihren Abständen, die jahreszeitlichen Bewegungen der Sonne genau gemessen werden konnten und daß dabei die unterschiedliche Anzahl der Tage von der Sonnenwende zur Tagundnachtgleiche zur Sonnenwende und zurück berücksichtigt wurde.

Auch Posnanskys umstrittenste Behauptung erwies sich als richtig: Die Schiefe der Ekliptik, auf der die astronomische Architektur des alten Observatoriums beruhte, unterschied sich wesentlich von dem Winkel der Schiefe in unserer Zeit.

Aufgrund von Untersuchungen im alten China und in Griechenland hatten sich die Astronomen bisher damit zufriedengegeben, die Veränderung des Schiefe nur ein paar Jahrtausende zurückzuverfolgen. Die Gruppe in Tiahuanacu kam zu dem Ergebnis, das Datum 9300 v. Chr. sei sicher, es könne aber auch, je nach der angenommenen Krümmung, 15000 v. Chr. sein.

Unnötig zu sagen, daß die wissenschaftliche Gemeinschaft nicht einmal das erstgenannte Datum gelten ließ. Infolge der Kritik setzte Rolf Müller seine Studien in Peru und Bolivien fort und tat sich in Tiahuanacu mit Posnansky zusammen. Sie fanden heraus, daß die Ergebnisse sich änderten, wenn bestimmte Varianten berücksichtigt wurden. Wenn man die Punkte der Sonnenwende von einer anderen Stelle aus beobachtete, veränderte sich der Winkel zwischen den äußersten Punkten ein wenig und damit auch die Schiefe. Außerdem konnte man ja nicht wissen, welchen Zeitpunkt die alten Astronomen für die Sonnenwende angesetzt hatten: Bei Sonnenaufgang, wenn die Sonne in der Mitte stand, oder bei Sonnenuntergang? Der Bericht, den Rolf Müller im *Baesseler-Archiv*, Bd. 14, veröffentlichte, enthielt alle diese Varianten und schloß damit, wenn man den Winkel von 24 Grad 6 Minuten als den richtigen annähme, würde die Schiefe entweder dem Jahr 10000 oder 4000 v. Chr. entsprechen.

Posnansky wurde aufgefordert, beim 32. internationalen Kongreß der Amerikanisten einen Vortrag über das Thema zu halten. Er hielt 24 Grad 6 Minuten 52,8 Sekunden für die richtige Schiefe, was die Wahl zwischen der Jahreszahl 10150 und 4050 v. Chr. ergab. Mit der Erklärung, dies alles sei »theoretisches Material«, ließ er die Frage offen und stimmte der Forderung nach mehr Untersuchungen zu.

Die Forschungsarbeiten wurden tatsächlich fortgesetzt, wenn auch nicht unmittelbar in Tiahuanacu. Ich habe bereits erwähnt, daß der Kalender der Inkas zu Beginn des

Stier-Zeitalters begann, nicht im Zeitalter des Widders. Rolf Müller schätzte, daß die megalithischen Ruinen in Cuzco und Machu Picchu aus dem Jahr 4000 v. Chr. stammten. Ebenso wurde schon gesagt, daß Maria Schulten de D'Ebneth bei ihrem Studium der Viracocha-Netzstruktur eine Schiefe von 24 Grad 8 Minuten errechnete und damit das Datum 3172 v. Chr.

Da überall in Südperu und sogar weiter nördlich und südlich immer mehr Gegenstände mit Viracochas Abbild — Stoffe, Mumienhüllen, Keramiken — gefunden wurden, ließen sich Vergleiche mit anderen Jahreszahlen anstellen. Daraufhin datierten sogar eigensinnige Archäologen wie Wendell C. Bennett das Alter von Tiahuanacu immer weiter zurück, zuerst auf das erste Jahrtausend nach Christus, dann auf das erste Jahrtausend vor Christus.

Aber durch die Radiocarbonmethode änderte sich wieder alles. In den sechziger Jahren begann CIAT (Centro de Investigaciones Arqueologicas en Tiwanaku, Bolivien) mit Ausgrabungen und systematischer Restaurierung in Tiahuanacu. Als erstes wurde der »kleine Tempel« östlich vom Kalasasaya ausgegraben und restauriert, wobei zahlreiche Steinstatuen und Köpfe gefunden wurden. Zutage kam ein halbunterirdischer Hof, vielleicht für rituelle Opfer bestimmt, den eine Steinmauer umgab, auf der Köpfe steckten — ähnlich wie in Chavín de Huantar. In dem 1981 herausgegebenen Bericht *Description Sumaria del Temple Semisubterraneo de Tiwanaku* von Carlos Ponce Sangines, dem Direktor des staatlichen bolivianischen Archäologischen Instituts, stand, mit der Radiocarbonmethode untersuchtes organisches Material habe das Datum 1580 v. Chr. ergeben. In seinem umfassenden Werk *Panorama de la Arqueologia Boliviana* betrachtet Carlos Ponce Sangines denn auch diese Zeit als den Beginn der »alten Phase« von Tiahuanacu.

Die Altersbestimmung durch die Radiocarbonmethode schließt natürlich nicht aus, daß die Steine einer Ruine, die nicht zu den organischen Stoffen wie Holz und Kohle gehören, noch älter sein können. In der Tat, Sangines verbessert sich selbst in einer späteren Abhandlung über Tiahuanacu: Eine neue Technik der Altersbestimmung von Gegenständen aus Obsidian habe es ermöglicht, bei den Obsidianstücken im Kalasasaya ein früheres Datum zu ermitteln: 2134 v. Chr.

In diesem Zusammenhang ist es interessant, in den Schriften von Juan de Betanzos (*Suma y narración de los Incas*, 1551) folgendes zu lesen: »Als Tiahuanacu zum erstenmal unter dem Häuptling Contici Viracocha besiedelt wurde, hatte er eine gewisse Anzahl von Leuten bei sich ... Und er kam aus der Lagune und ging zu einer Stelle in der Nähe, wo heute das Dorf steht, das Tiahuanacu heißt ... Sie sagen, einstmals, als das Volk dort schon lebte, habe Dunkelheit im Land geherrscht. Aber Viracocha befahl der Sonne, den Lauf wiederaufzunehmen, in dem sie sich jetzt bewegt. Er machte, daß die Sonne den Tag begann.«

Die Dunkelheit infolge des Sonnenstillstands und »der Beginn des Tages«, als sie ihren Lauf wiederaufnahm, sind zweifellos eine Erinnerung an dasselbe Ereignis, das nach meiner Berechnung etwa 1400 v. Chr. auf beiden Seiten der Erde stattgefunden hat. Götter und Menschen haben also nach Betanzos' Wiedergabe einer überlieferten Kunde bereits früher Tiahuanacu bevölkert — vielleicht so früh, wie die astronomischen Daten angeben?

Warum aber wurde Tiahuanacu an dieser Stelle und zu dieser frühen Zeit gegründet?

Vor einigen Jahren wurden ähnliche Anlagen zwischen Teotihuacan in Mexiko und Tiahuanacu in Bolivien gefunden. José de Mesa und Teresa Gisbert (*Akapana, la piramide de Tiwanaku*) weisen darauf hin, daß der Grundplan von Akapana (ein Quadrat mit vorgebautem Zugang) dem der Mondpyramide in Teotihuacan entspricht und dieselben Basismaße und dasselbe Verhältnis zwischen Höhe und Breite gehabt hat wie die Sonnenpyramide. In Anbetracht meiner Schlußfolgerung, daß die Gebäude in Teotihuacan Wasserwerke gewesen sind, dürfte es klar sein, daß die Wasserkanäle im Akapana und überall in Tiahuanacu demselben Zweck gedient haben. Wurde Tiahuanacu an der Stelle errichtet, wo es sich befindet, weil hier eine Veredelungsindustrie betrieben werden konnte? Und wenn ja, was gab es hier abzubauen?

Ibarra Grasso beschreibt in seinem Buch über die Ruinen von Tiahuanacu eine viel größere Anlage, die Puma-Punku umfaßt und sich meilenweit auf einer Ost-West-Achse erstreckt, ähnlich der Straße der Toten in Teotihuacan, von der mehrere Abzweigungen nach Norden und Süden führen. In der Nähe des Titicaca-Sees, wo Kiss einen Hafen vermutet, könnten Schiffe beladen und Waren gelöscht worden sein. Aber was hat Tiahuanacu eingeführt und was ausgeführt?

Ibarra Grasso berichtet, daß die »kleinen grünen Kiesel«, die Posnansky im Akapana gefunden hat, auch noch an anderen Stellen in Tiahuanacu entdeckt worden sind: in den Trümmern einer kleinen, dem Akapana ähnlichen Pyramide im Süden, deren Steine grün verfärbt sind, und in der Gegend der unterirdischen Bauten westlich des Kalasasayas und in großen Mengen unter den Puma-Punku-Ruinen.

Bezeichnenderweise sind auch die Mauern von Puma-Punku grün geworden. Das kann nur eines bedeuten: das Vorkommen von Kupfer, denn oxydiertes Kupfer verleiht Steinen und der Erde eine grünliche Patina (genau wie oxydiertes Eisen einen rotbraunen Ton verleiht).

Wurde also in Tiahuanacu Kupfer verarbeitet? Wahrscheinlich; aber weshalb hat man das nicht an einem weniger abgelegenen Ort und näher bei einem Kupfervorkommen getan? Es scheint, das Kupfer wurde nach Tiahuanacu gebracht, nicht ausgeführt.

Was in Tiahuanacu produziert wurde, das geht aus der Bedeutung des Namens Titicaca hervor. Dieser Name ist von einer der beiden Inseln abgeleitet, die vor der Halbinsel Copacabana liegen. Hier trafen, wie die Sage erzählt, die

Sonnenstrahlen, als die Sonne nach der Sintflut wiedererschien, den heiligen Felsen *titikalla* auf der Insel Titicaca. (Darum wird sie Sonneninsel genannt.) Hier, bei dem heiligen Felsen, verlieh Viracocha dem Manco Capac den göttlichen Zauberstab.

Und was bedeuten alle diese Namen? In der Aymara-Sprache war *titi* der Name eines Metalls — entweder Blei oder Zinn, je nach Ansicht der Linguisten.

Titikalla bedeutet meines Erachtens »Zinnfelsen«, und *titicaca* bedeutet »Stein aus Zinn«. Der Titicaca-See war der Ursprung des Zinns.

Zinn und Bronze waren die Produkte, derentwegen Tiahuanacu gegründet wurde.

11
Ein Land, aus dem die Metalle stammen

»Es war ein Mann im Lande Ur, der Hiob hieß, und dieser Mann war vorzüglich und rechtschaffen und einer, der Gott fürchtete und das Böse mied.« Er war gesegnet mit einer großen Familie und Tausenden von Schafen und Vieh. Er war »der größte Mann im Osten«.

»Dann traten eines Tages die Söhne der Götter vor Jahwe, und unter ihnen war Satan. Und Jahwe fragte Satan, wo er gewesen sei, und Satan antwortete: Ich bin auf der Erde umhergestreift und überall umhergezogen.«

So beginnt die biblische Geschichte von Hiob, dem rechtschaffenen Mann, der von Satan bis an die Grenze des Gottvertrauens auf die Probe gestellt wird. Als ein Unglück dem andern folgt und Hiob an seinem Herrn zweifelt, kommen drei Freunde aus fernen Landen zu ihm, um ihm Mitgefühl zu erweisen und ihn zu trösten. Als Hiob seine Klagen und seine Zweifel an der göttlichen Weisheit äußert, machen ihn seine Freunde auf die vielen Wunder des Himmels und der Erde aufmerksam, die nur Gott kennt; darunter sind die Wunder der Metalle und ihrer Ursprünge, des Scharfsinns, dessen es bedarf, sie zu finden und aus der Tiefe der Erde hervorzuholen:

»Wohl gibt es einen Fundort für Silber
und einen Ort, wo man Gold kennt,
wo Eisen aus Erz gewonnen
und Kupfer aus Steinen geschmolzen wird.
Der Finsternis macht man ein Ende,
die Nützlichkeit des Gesteins
erforscht man in Dunkelheit und Tiefe.
Man macht einen Schacht fern von Wohnorten,
wo sich vergessene und fremdartige Menschen bewegen.
Es gibt ein Land, daher das Metall kommt,

darauf doch oben Speise wächst.
Man findet Saphir an etlichen Örtern,
und Erdenflöße, da Gold ist.
Den Steig kein Adler erkannt hat
und kein Geierauge gesehen ...
Auch hier legt man Hand an die Felsen
und gräbt die Berge um.
Man reißt Bäche aus den Felsen;
und alles, was köstlich ist, sieht das Auge.
Man wehrt dem Strome des Wassers
und birgt, was drinnen verborgen ist, ans Licht.«

Ob man diese Orte kenne, will Hiob wissen. Ob der Mensch all die metallurgischen Verfahren selbst entdeckt habe? Ja, er fordert seine drei Freunde mit der Frage heraus, woher denn diese Kenntnisse von Mineralen und Metallen stammten?

»Wo will man aber die Weisheit finden?
Und wo ist die Stätte des Verstandes?
Niemand weiß, wo sie liegt,
und sie wird nicht gefunden im Lande der Lebendigen ...
Man kann nicht Gold um sie geben
noch Silber darwägen, sie zu bezahlen.
Es gilt ihr nicht gleich ophirisch Gold
oder köstlicher Onyx und Saphir.
Gold und Glas kann man ihr nicht vergleichen
noch um sie golden Kleinod wechseln.
Korallen und Kristall achtet man gegen sie nicht.
Die Weisheit ist höher zu wägen denn Perlen.«

Freilich, räumt Hiob ein, all dieses Wissen komme von Gott, der ihn sowohl reich als auch arm gemacht habe und der ihn auch wiederaufrichten könne.

»Gott weiß den Weg dazu und kennt ihre Stätte.
Denn er sieht die Enden der Erde
und schaut alles, was unter dem Himmel ist.«

Die Einbeziehung der Wunder des Bergbaus in Hiobs Gesprächen mit seinen drei Freunden dürfte nicht zufällig sein. Man erfährt zwar nicht viel von Hiob selbst und von dem Land, in dem er gelebt hat, aber die Namen seiner Freunde geben einige Hinweise. Der eine ist Eliphas von Theman in Südarabien; sein Name bedeutet: »Gott ist mein reines Gold.« Der zweite ist Bildad von Shuha, einem Lande, das südlich der hethitischen Stadt Carcemish gelegen haben soll; dessen Name bedeutet »Ort der tiefen Gruben«. Der dritte ist Zophar von Naamah, einem Ort, der laut der Bibel nach Tubal-Cains Schwester, »Meister aller Schmiede« genannt worden ist. Alle drei kamen aus Ländern mit Bergwerken.

Bei all diesen Fragen offenbart Hiob (oder der Verfasser des Buches Hiob) mineralogische und metallurgische Kenntnisse. Er muß lange nach der Zeit gelebt haben, in der der Mensch zum erstenmal Kupfer in Form hämmerte, in der Periode, wo Metalle aus Erz gewonnen und verarbeitet wurden. Im klassischen Griechenland des ersten Jahrtausends vor Christus wurde die Kunst der Metallgewinnung und -verarbeitung auch als Entschleierung der Naturgeheimnisse betrachtet; denn das griechische Wort *metallao* bedeutet »suchen, verborgene Dinge finden«.

Die griechischen Dichter und Philosophen, denen römische folgten, übernahmen Platos Einteilung der Menschheitsgeschichte in die vier Metallzeitalter von Gold, Silber, Bronze (Kupfer) und Eisen. Gold bedeutete das ideale Zeitalter, in dem der Mensch den Göttern am nächsten war. Die biblische Einteilung in Daniels Traum beginnt mit Ton, worauf die Metalle folgen; sie ist stimmiger, was den Fortschritt der Menschheit betrifft. Nach einer langen Altsteinzeit (Paläolithikum) begann um 11 000 v. Chr. im Nahen Osten die Mittelsteinzeit (Mesolithikum) — unmittelbar nach der Sintflut. Ungefähr 3600 Jahre später stieg der Mensch im Nahen Osten von den Bergketten in die fruchtbaren Täler hinab, und Landwirtschaft, Tierzucht und die Benutzung vorhandener Metalle, die als Klumpen in Flußbetten gefunden wurden und keiner Bearbeitung bedurften, nahmen ihren Anfang. Die Gelehrten haben dieses Zeitalter Neolithikum (Jungsteinzeit) genannt, aber in

Wirklichkeit war es die Zeit, in der das Gestein von Tonerde abgelöst wurde, genau wie der Prophet Daniel es darstellt.

Zuerst wurde das Kupfer in Form von Kupferstein benutzt, und das ist der Grund, warum einige Gelehrte den Übergang von den Steinzeiten zu den Metallzeiten nicht als Kupferzeit bezeichnen, sondern lieber als chalkolithische Zeit, als Kupfer-Steinzeit. Das Verfahren bestand darin, das Kupfer in die gewünschte Form zu hämmern oder es in glühendem Zustand zu schmieden. Es wird angenommen, daß die Kupferverarbeitung im Hochland des Nahen Ostens angefangen wurde, weil die äußeren Umstände hier besonders günstig waren, später auch für das Gold.

Gold und Kupfer findet man »in natürlichem Zustand« — das heißt gediegen — nicht nur als Adern tief im Gestein der Erde, sondern auch in Form von Nuggets (Klumpen) — Gold sogar als Staub —, die Naturgewalten, Stürme, Überschwemmungen oder das beständige Fließen des Wassers sie von dem Gestein losgelöst haben. Diese natürlichen Metallklumpen fand man in Flußbetten oder in deren Nähe und trennte sich durch die sogenannte Wäsche von Erde und Kies, entweder mittels einer Pfanne oder eines Siebes. Das schließt nicht aus, daß das Gold auch abgebaut und geschürft wurde. Die Goldgewinnung in Minen nahm in den Bergen von Mesopotamien ihren Anfang, und zwar schon im fünften Jahrtausend vor Christus.

Diese Art der Gewinnung wurde in allen Zeitaltern fortgesetzt, aber die wenigsten wissen, daß die sogenannten Mineure im neunzehnten Jahrhundert in Wirklichkeit gar keine Mineure waren, die ja tief in der Erde nach Gold graben wie zum Beispiel die Goldsucher in Südafrika. Sie waren ganz einfach Goldwäscher, die in den Flußbetten Nuggets oder Goldstaub aus dem Gestein wuschen. Beim Goldrausch am Yukon in Kanada sollen sie mit Hacke und Pfanne in den Spitzenzeiten jedes Jahr über eine Million Unzen Gold gewaschen haben. (Es ist interessant, daß im Yukon

und im Klondike sowie in deren Nebenflüssen noch heute jedes Jahr Tausende von Unzen Gold gefunden werden.)
Obgleich sowohl Gold als auch Kupfer in natürlichem Zustand verfügbar waren und Gold sich für den Gebrauch besser eignete, weil es nicht oxydiert, benutzten die Menschen im Nahen Osten es vor Jahrtausenden nicht, sondern bevorzugten Kupfer. Das wird im allgemeinen kaum beachtet. Die Erklärung finden wir meines Erachtens in der Neuen Welt: Gold war ein Metall, das den Göttern gehörte. Als Gold zu Beginn des dritten Jahrtausends oder mehrere Jahrhunderte früher Verwendung fand, benutzte man es nur zur Verschönerung des Tempels (wörtlich: »Gotteshaus«) und für goldene Gefäße im Dienst der Götter. Erst ungefähr 2500 v. Chr. wurde es als königlicher Schmuck benutzt, was eine veränderte Einstellung bedeutet, deren Gründe noch nicht erforscht sind.
Die sumerische Kultur stand etwa 3800 v. Chr. in voller Blüte, und archäologische Entdeckungen beweisen, daß sie im Jahr 4000 v. Chr. sowohl im nördlichen als auch im südlichen Mesopotamien begann. Das ist auch die Zeit, in der hier Gold abgebaut und verarbeitet wurde, wozu metallurgische Kenntnisse erforderlich waren, die den Menschen, wie auch anderes Wissen, von den Anunnaki vermittelt worden sind, von den Göttern, die vom Nibiru auf die Erde gekommen waren. (So steht es in den alten Texten.) L. Aitchison erzählt in seiner *Geschichte der Metalle*, er habe mit Verwunderung festgestellt, daß 3700 v. Chr. »jede Kultur in Mesopotamien auf Metallbearbeitung beruhte«. Mit offensichtlicher Bewunderung zog er daraus den Schluß, daß die Metallurgie damals einen Standard erreicht haben müsse, »der unvermeidlicherweise der technischen Genialität der Sumerer zuzuschreiben ist«.
Nicht nur Kupfer und Gold, die ja auch in Form von natürlichen Rohstoffen zu haben waren, sondern noch andere Metalle wurden benutzt, die schwierige Schürfarbeiten (wie zum Beispiel bei Silber) oder Raffination (wie zum Beispiel

bei Blei) voraussetzten. Die Kunst des Legierens — das Verbinden oder Mischen von zwei oder mehreren Metallen miteinander — wurde entwickelt. Primitives Hämmern wich der Kunst des Gießens, und das schwierige Verfahren der Ceroplastik (Wachsbildnerei) wurde in Sumer erfunden. Der Fortschritt breitete sich weltweit aus. Darüber schreibt R. J. Forbes (*Studies in Ancient Technology*): »Um 3500 v. Chr. beherrschte die Zivilisation in Mesopotamien die Metallurgie völlig. Dieses Stadium wurde in Ägypten etwa dreihundert Jahre später erreicht, und um 2500 v. Chr. waren die Menschen des Gebiets zwischen den Nil-Wasserfällen und dem Indus vom Metall wie besessen. In dieser Zeit scheint die Metallurgie in China entwickelt worden zu sein, aber die Chinesen wurden erst in der Lungshan-Zeit (1800 bis 1500 v. Chr.) geschickte Metallurgen ... In Europa gab es die ersten metallenen Gegenstände kaum früher als 2000 v. Chr.«
Vor der Sintflut, als die Anunnaki in Südafrika für ihre eigenen Bedürfnisse auf dem Nibiru auf der Erde Gold schürften, wurde das Gold über das heutige Arabische Meer und den Persischen Gold nach ihrem eigenen Edin verschifft. Die Ladung wurde zur Raffination in Bad-Tibira gelöscht. Der Name bedeutet »Für Metallurgie gegründeter Ort«. Man nannte ihn auch Bad-Tibila zu Ehren Tibils, des Gottes der Metallarbeiter und Schmiede. Zweifellos stammt der Name von Kains Sohn *Tubal*, dem Stammvater derjenigen, die Geräte aus Kupfer und Eisen herstellten, also aus dem Sumerischen.
Nach der Sintflut war die große Euphrat-Tigris-Ebene, wo *Edin* gewesen war, unter Schlamm begraben; es dauerte fast sieben Jahrtausende, bis sie trocken genug war, daß die Menschen sich dort wieder ansiedeln konnten. Obwohl es hier weder Steine noch Erze oder Minerale gab, verlangte es die Tradition, daß die sumerische Zivilisation und die Städteplanung nach altem Muster fortgesetzt wurden. Das sumerische metallurgische Zentrum entstand dort, wo

Bad-Tibira einst gewesen war. In den zahlreichen sumerischen Texten, die man gefunden hat, kommen nicht weniger als dreißig Bezeichnungen für die verschiedenen Kupferarten (*urudu*) und die Legierungen vor. Die Vorsilbe *zag* (manchmal abgekürzt zu *za*) bezeichnete den Glanz des Metalls, *ku* seine Reinheit. Auch die Legierungen von Gold und Silber trugen Namen, selbst das Eisen (*anbar*), das allerdings erst ein Jahrtausend nach der sumerischen Blütezeit Verwendung fand. Je nach der Qualität des Erzes wurde es verschieden benannt. Die sumerischen Texte waren geradezu Lexika, eingeteilt in »weiße Steine«, farbige Minerale, bituminöse Stoffe und Salze, die in Bergwerken abgebaut wurden. Aus Berichten und Funden geht hervor, daß die sumerischen Händler weit herumreisten, um an den Fundorten nicht nur Getreide und Wollkleider, sondern auch fertige Metallgeräte gegen die Rohstoffe einzutauschen.

Das alles kann zwar dem Wissen und dem Scharfsinn der Sumerer zugeschrieben werden, aber es bedarf einer Erklärung, weshalb sie die Terminologie und die Piktographie (Bilderschrift) der Metallgewinnung beherrschten, die ja in fernen Ländern, nicht in Sumer, betrieben wurde. So wird in dem Text »Inannas Abstieg in die Unterwelt« die Gefährlichkeit der Bergwerksarbeit in Afrika erwähnt, und im Gilgamesch-Epos ist die Rede von den Höllenqualen, die jene durchmachten, die dazu verurteilt waren, in den Minen auf der Halbinsel Sinai zu arbeiten; denn Gilgameschs Gefährte Enkidu wird von den Göttern dazu verdammt, seine Tage dort zu beenden. Die sumerische Bilderschrift enthält eindrucksvolle Zeichen (Abb. 123), die Bergwerksschächte und die jeweiligen Minerale darstellen.

Wo diese Minen lagen — in Sumer gewiß nicht —, ist nicht immer klar, da viele Ortsnamen nicht ermittelt werden konnten. Aber einige königliche Inschriften weisen auf ferne Länder hin. Ein gutes Beispiel ist das folgende Zitat aus einer Inschrift Gudeas, des Königs von Lagasch (drittes Jahrtausend v. Chr.), in dem er die seltenen Materialien be-

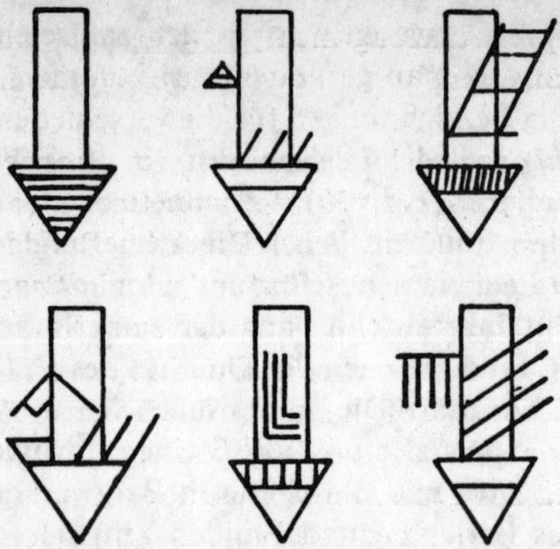

Abb. 123

nennt, die beim Bau des Tempels Eninnu für seinen Gott benutzt worden sind:

»Gudea baute den Tempel glänzend von Metall,
Er machte ihn glänzend von Metall.
Er baute den Eninnu aus Steinen,
Er machte ihn glänzend von Juwelen;
Aus Kupfer vermischt mit Zinn baute er ihn.
Ein Schmied, ein Priester der göttlichen Herrin des Landes,
Arbeitete an der Fassade;
Mit zwei Handbreit glänzenden Steinen
Rahmte er das Ziegelsteinmauerwerk ein,
Mit einer Handbreit glänzendem Diorit.«

Der Schlüssel in diesem Text, den Gudea auf einem zweiten Zylinder wiederholte, um sicherzugehen, daß die Nachwelt sich seiner frommen Taten erinnern würde, ist die Benutzung von »Kupfer vermischt mit Zinn« für den Bau eines Tempels. Die Knappheit an Steinen in Sumer hatte zu der Erfindung der Tonziegel geführt, aus denen die höchsten und eindrucksvollsten Gebäude erbaut wurden. Aber für diesen Tempel wurden importierte Steine benutzt, und sogar das Mauerwerk erhielt eine Fassung aus »einer Handbreit Diorit« und zwei Handbreit weniger seltener Steine. Dafür genügte Kupferwerkzeug nicht, härteres war notwendig — Werkzeug aus dem »Stahl« der Alten Welt, nämlich aus Bronze.

Wie Gudea ganz richtig bemerkt, ist Bronze eine »Mischung« (Legierung) aus Kupfer und Zinn, also kein natürliches, sondern ein künstliches Produkt. Bei den Sumerern bestand die Legierung aus fünfundachtzig Prozent Kupfer und fünfzehn Prozent Zinn, was als bestes Verhältnis gelten kann. Die Bronze war aber auch in anderer Hinsicht eine technische Leistung. Sie kann nur durch den Guß in eine bestimmte Form gebracht werden, nicht durch Hämmern oder Glühen, und das Zinn läßt sich nur aus Zinnerz gewinnen; es kommt sehr selten gediegen vor, es muß geschlämmt werden. Zinnerz findet sich im allgemeinen in Schwemmablagerungen, die von natürlichen Einwirkungen wie schweren Regenfällen, Überschwemmungen und Bergrutschen zurückbleiben. Das gereinigte Zinn wird in Verbindung mit gelöschtem Kalk im Ofen geschmolzen. Selbst diese sehr vereinfachte Beschreibung der Gewinnung dürfte genügen, um klarzumachen, daß Bronze eine Legierung ist, die sich nicht ohne erhebliche metallurgische Kenntnisse herstellen läßt.

Um die Schwierigkeiten noch zu vergrößern, war Zinn schwer zu finden. Wo es auch in oder um Sumer herum Zinnerz gegeben haben mag — was nicht erwiesen ist —, die Quelle dürfte bald versiegt gewesen sein. Einige sumerische Texte erwähnen zwei »Zinnberge« im fernen Lande, von denen man nichts Genaues weiß. Etliche Forscher (zum Beispiel B. Landsberger im *Journal of Near Eastern Studies*) verweisen sogar auf Fundorte in so fernen Ländern wie Burma, Thailand und Malaysia, das heißt auf den sogenannten Zinngürtel, wo heute das meiste Zinnerz gewonnen wird. Fest steht, daß sumerische Händler auf dieser wichtigen Suche über Vermittler in Kleinasien bis zu den Quellen an der Donau, vor allem nach Böhmen und Sachsen, vorgedrungen sind (wo die Zinnerzvorkommen heute längst erschöpft sind). Der Geologe David Forbes schrieb 1861:

»Die Funde im königlichen Friedhof von Ur (2500 v. Chr.) zeigen, daß die Schmiede in Ur sich auf die Verarbeitung von Bronze und Kupfer vollendet verstanden. Woher das Zinnerz, das sie benutzten, kam, ist immer noch ein Geheimnis.« Das ist es auch heute noch.

Nicht nur Gudea und andere sumerische Könige, deren Schriften von Zinn sprechen, mußten sich sehr bemühen, es zu ergattern (wahrscheinlich in bereits gereinigtem Zustand), sogar eine Göttin, die berühmte Istar, von den Sumerern Inanna genannt, mußte Gebirge überqueren, um es sich zu beschaffen. In dem Text *Inannah und Ebih* — Ebih ist ein ferner, unbekannter Berg — ersucht sie die Oberen Götter um die Erlaubnis:

> »Laßt mich den Weg zu den Zinnbergen beschreiten,
> laßt mich die Minen kennenlernen.«

Aus all diesen Gründen und vielleicht auch, weil die Götter — die Anunnaki — die Menschen darüber belehrt hatten, wie Zinn aus dem Erz zu gewinnen war, wurde es als ein »göttliches« Metall betrachtet. Es hieß *anna*, wörtlich übersetzt »heiliger Stein«. Als Eisen, das ja auch aus Erz herausgeschmolzen werden mußte, in Gebrauch kam, wurde es *anbar* genannt, »himmlisches Metall«, und Bronze, die Legierung aus Kupfer und Zinn, *zabar*, »glänzendes Doppelmetall«.

Anna, die Bezeichnung für Zinn, ist unverändert dem Hethitischen entlehnt. Aber im Akkadischen, der Sprache der Babylonier, der Assyrer und der übrigen semitischen Völker, erfuhr das Wort eine Abwandlung zu *anaku*. Gewöhnlich wird angenommen, das Wort bedeute *anak-ku*, »reines Zinn«, aber ich frage mich, ob die Abwandlung nicht eine Verbindung zwischen dem Metall und den Anunnaki-Göttern wiedergibt, denn es wird auch *annakum* geschrieben, und das bedeutet: »Was den Anunnaki gehört und von ihnen kommt«.

In der Bibel wird das Wort *anakh* mehrmals erwähnt. Mit

weichem »kh« am Ende bedeutete es eine Senkschnur, die der Prophet Amos in seiner dritten Vision in den Händen des Herrn sieht. Es soll Amos überzeugen, daß der Herr Israel nicht länger verschonen will. Als *anak* bedeutete es ein Halsband und spiegelte den hohen Wert dieses glänzenden Metalls, als es immer seltener und so kostbar wie Silber wurde. Es bedeutete aber auch »Riese«, und als Riesen bezeichneten die Hebräer die mesopotamischen Anunnaki. Das läßt an die Sagen denken, die sowohl in der Alten als auch in der Neuen Welt dieses oder jenes Geschehnis den »Riesen« zuschreiben.

Alle diese Verbindungen zwischen Zinn und den Anunnaki könnten davon herstammen, daß die Anunnaki den Menschen dieses Metall schenkten und ihnen das dazu notwendige Wissen verliehen. In der Tat läßt die Abwandlung vom sumerischen *anna* ins akkadische *anaku* an eine gewisse zeitliche Begrenzung denken. Sowohl aus den Texten als auch aus archäologischen Entdeckungen geht hervor, daß der große Aufschwung zur Bronzezeit etwa 2500 v. Chr. nach-

Abb. 124

ließ. Der Begründer der akkadischen Dynastie, Sargon von Akad, schätzte die Legierung so viel mehr als Gold oder Silber, daß er sich damit etwa 2300 v. Chr. ein Denkmal setzte (Abb. 124).

Einschlägig spezialisierte Historiker sehen in der Tatsache, daß der Prozentsatz des Zinns bei der Herstellung von Bronze immer mehr gesenkt wurde, eine Bestätigung der schwindenden Bezugsquellen. Auch in der Entdeckung, daß, wie die Texte besagen, die meisten neuen Bronzegegenstände aus alten eingeschmolzenen Geräten hergestellt wurden, wobei man der Legierung mehr Kupfer beisetzte, manchmal in solchem Maße, daß der Zinngehalt nur noch zwei Prozent betrug. Dann änderte sich die Lage plötzlich aus unerklärlichen Gründen. Forbes schreibt dazu: »Erst von der Mitte der Bronzezeit an, sagen wir um 2200 v. Chr., wurden echte Bronzeformen benutzt, und höhere Zinnanteile tauchten regelmäßiger auf, übrigens nicht nur für schwierige, ausgeklügelte Formen wie in der früheren Periode.«

Nachdem die Menschheit Bronze erhalten hatte, mit der sie die großen Zivilisationen des vierten Jahrtausends vor Christus begründen konnte, scheinen die Anunnaki ihr ein Jahrtausend später nochmals zu Hilfe gekommen zu sein. Das erstemal lagen die Zinnquellen in der Alten Welt, beim zweitenmal sind sie unbekannt.

Hier nun kommt mir ein kühner Gedanke: *Die neue Quelle war die Neue Welt*.

Das Zinn der Neuen Welt kann nur vom Titicaca-See stammen, nicht nur weil der Name »See der Zinnsteine« bedeutet, sondern auch, weil dieser Teil von Bolivien immer noch, Jahrtausende später, zu den größten Zinnlieferanten der Welt gehört. Zinn kommt nur an wenigen Orten in kommerziell nutzbaren Mengen vor. Heute stammt es zu neunzig Prozent aus Malaysia, Thailand, Indonesien, Bolivien, Kongo-Brazzaville, Nigeria und China (in dieser Reihenfolge abnehmend). Einige frühere Vorkommen im Nahen Osten und in Europa sind erschöpft. Es kommt, außer in Cornwall und Bolivien, nur als Kassiterit (Zinnstein), SnO_2, ein schweres, hartes, sehr beständiges Mineral, vor. Die Zinngruben in Cornwall sind erschöpft; Bolivien liefert immer noch aus den Bergen, die tatsächlich »Zinnberge« zu sein scheinen, wie der sumerische Inanna-Text besagt.

Diese reichen, aber schwierig abzubauenden Zinnminen finden sich in viertausend Meter Höhe hauptsächlich südöstlich von der bolivianischen Hauptstadt La Paz und östlich vom Poopo-See. Der leichter zu gewinnende Zinnstein in den Flußbetten stammt vom östlichen Küstengebiet des Titicaca-Sees. Hier wurde es von den Urbewohnern gesammelt und verarbeitet, und diese Industrie gibt es dort noch heute.

Mit der Zinngewinnung in uralter Zeit hat sich David Forbes vor über einem Jahrhundert befaßt (*Researches on the Mineralogy of South America*). Er konnte einen Eindruck liefern, der dem der Zeit der spanischen Eroberung am ehesten entspricht, denn damals war die Landschaft noch nicht durch die technischen Mittel des zwanzigsten Jahrhunderts so verändert wie heute. Da gediegenes Zinn selten vorkommt, war er sehr überrascht, als er einen Felsbrocken sah, den reines Zinn umgab, nicht umgekehrt. Er fand heraus, daß dieses Muster nicht von einer Mine in Oruro stammte, sondern aus einer großen angeschwemmten Ablagerung von Kassiterit.

Er lehnte die naheliegende Erklärung völlig ab, daß das Zinn in Folge von durch Blitzschlag entfachten Waldbränden aus Kassiterit »ausgeschmolzen« worden war. Der Prozeß der Zinngewinnung aus Kassiterit erfordert nämlich mehr als das bloße Erhitzen des Minerals: zuerst wird Kohlenstoff zugesetzt, (um das Mineral $SnO_2 + C$ in $CO_2 + Sn$ zu verwandeln), und dann wird in den meisten Fällen noch Kalkstein zugegeben, um die Schlacke zu reinigen.

Man zeigte ihm auch Zinn, das beim Goldwaschen an den Ufern des Tipuani, eines Nebenflusses des Benis, gefunden

worden war. Zu seiner Verwunderung — seine eigenen Worte — stellte er fest, daß diese Gegend reich an Gold- und Kassiteritvorkommen war. Wer immer hier Gold gesucht hatte, der mußte auch die Zinnverarbeitung gekannt haben. Das Vorkommen des Zinns in diesem Gebiet ließ sich nicht durch natürliche Ursachen erklären. In der Nähe von Sorata fand er eine bronzene Waffe. Wie die Analyse ergab, bestand die Legierung aus achtundachtzig Prozent Kupfer und etwas über elf Prozent Zinn, »genau wie bei vielen alten Bronzen im Nahen Osten und in Europa. Diese Stätte scheint uralt zu sein«.
Forbes wunderte sich auch, daß die Indianer rings um den Titicaca-See, Abkömmlinge der Aymara-Stämme, diese interessanten Stätten kannten. In der Tat berichtet der spanische Chronist Barba (1640), daß die Spanier sowohl Kupfer- als auch Zinngruben gefunden haben, in denen Indianer arbeiteten; die Zinnminen seien »in der Nähe des Titicaca-Sees« gewesen. Posnansky entdeckte solche Vor-Inka-Bergwerke zehn Kilometer von Tiahuanacu entfernt. Er und andere nach ihm fanden in Tiahuanacu eine Unmenge von Bronzegegenständen. Seiner festen Überzeugung nach waren die Nischen hinten am Sonnentor mit beweglichen goldenen Paneelen zusammengefügt, deren Zapfen oder Angeln aus Bronze bestanden haben müßten, um ein solches Gewicht tragen zu können. In Tiahuanacu fand er in Steinblöcken Nischen, die wie in Puma-Punku dazu dienten, bronzene Klammern festzuhalten. In Puma-Punku hatte er ein Bronzestück gesehen, das »mit seinen Zangen und Haken wie ein Schwergewichtheber aussah«. Diesen Gegenstand zeichnete er 1905, bei seinem nächsten Besuch war er allerdings nicht mehr da. In Anbetracht der systematischen Plünderungen in Tiahuanacu, sowohl zur Zeit der Inkas als auch noch heute, ist das Bronzewerkzeug, das man auf den heiligen Inseln des Titicaca-Sees gefunden hat, ein Maßstab für das geworden, was es einstmals hier gegeben hat. Darunter sind Stangen, Hebel, Meißel, Messer und

Beile — lauter Werkzeug, das bei Bauarbeiten ebenso wie unter Tage im Bergwerk benutzt worden sein kann.
Ja, Posnanskys vierbändiges Werk beginnt mit einer Abhandlung über das Minenwesen in vorgeschichtlicher Zeit im bolivianischen Hochland im allgemeinen und am Titicaca-See im besonderen. »In den Bergen des Hochlands finden sich Tunnels und Schächte, die von den alten Bewohnern zu dem Zweck geschaffen wurden, sich mit nützlichen Metallen zu versorgen. Diese Höhlungen sind von den Öffnungen zu unterscheiden, die die Spanier auf der Suche nach kostbaren Metallen gebohrt haben. In weit zurückliegender Zeit hat sich eine intelligente und wagemutige Rasse mit nützlichen, wenn auch nicht kostbaren Metallen versorgt. Was für Metalle suchten die vorgeschichtlichen Andenbewohner in der Tiefe der Berge vor so langer Zeit? War es Gold oder Silber? Gewiß nicht! Ein viel nützlicheres Metall bewog sie, die höchsten Gipfel der Anden zu erklettern: Es war Zinn.« Und das Zinn, erklärt er, brauchte man zur Legierung mit Kupfer, um »die edle Bronze« zu erschaffen. Daß dies der Zweck war, das beweise die Tatsache, daß man im fünfzig Kilometer weiten Umkreis von Tiahuanacu zahlreiche Zinnminen entdeckt hat.
Aber brauchten die Andenbewohner das Zinn, um selbsterfundenes Bronzewerkzeug herzustellen? Anscheinend nicht. Erland Nordenskiöld, ein führender Metallurg, hält in seiner Abhandlung über *Die Kupfer- und Bronzezeit in Südamerika* fest, daß sich dort keine Spur von einer Bronze- oder auch Kupferzeit entwickelt hat, sondern das Bronzewerkzeug entstand durch die Technik und aus den Formen der Alten Welt. »Nach genauer Untersuchung unseres ganzen Materials an Waffen und Werkzeugen aus Bronze und Kupfer müssen wir zugeben, daß nicht viel davon südamerikanischen Ursprungs ist«, schreibt Nordenskiöld. »Die meisten einfachen Werkzeuge sind dieselben wie in der Alten Welt.« Es ist ihm offenbar schwergefallen, diese Schlußfolgerung zu ziehen, denn er fährt zurückhaltend fort: »Es

muß zugegeben werden, daß zwischen der Metalltechnik der Neuen Welt und derjenigen der Alten Welt während der Bronzezeit beträchtliche Ähnlichkeit besteht.« Bedeutsamerweise hatten einige seiner Werkzeuge einen Griff, der wie der Kopf der sumerischen Göttin Ninti geformt war und auch die beiden Nabelschnurzerschneider aufwies, die ihr Symbol waren — sie wurde später die Beherrscherin der Minen in Sinai.

Die Geschichte der Bronze in der Neuen Welt ist also mit der Alten Welt verbunden, und die Geschichte des Zinns in den Anden, wo die Bronze der Neuen Welt ihren Ursprung hat, ist unweigerlich mit dem Titicaca-See verknüpft. Infolgedessen spielte Tiahuanacu die Hauptrolle, denn wozu wurde die Stadt dort erbaut, wenn nicht wegen der mineralhaltigen Berge ringsumher?

Die drei Kulturzentren der Alten Welt entstanden in fruchtbaren Tälern: das sumerische in der Ebene zwischen Euphrat und Tigris, das ägyptisch-afrikanische längs des Nils, das indische am Indus. Ihre Grundlage bildete die Landwirtschaft; die Flüsse lieferten Rohmaterial und ermöglichten die Beförderung von Getreide und Fertigprodukten, so daß der Handel aufblühen konnte. An den Flüssen entstanden Ortschaften, der Handel erforderte schriftliche Berichte, und die Zivilisation entwickelte sich weiter, als die Gesellschaft sich organisierte und internationale Beziehungen entwickelte.

Tiahuanacu paßt nicht in dieses Muster. Es war, wie ein englisches Sprichwort sagt, »fein herausgeputzt, ohne ausgehen zu können«. Eine große Metropole, deren Kultur und Kunst fast die gesamte Andenregion beeinflußte — erbaut an den Ufern eines Sees auf der Spitze der Welt. Und wenn auch wegen der Minerale, warum gerade dort? Betrachten wir einmal die geographische Lage, sie könnte eine Erklärung bieten.

Es ist üblich, jede Beschreibung des Titicaca-Sees mit der Bemerkung zu beginnen, daß er der höchstgelegene schiffbare Landsee der Erde ist, 3812 Meter über dem Meeresspiegel, hundertneunzig Kilometer lang, im Mittel fünfzig Kilometer breit, achttausendzweihundert Quadratkilometer groß, bis zweihundertsiebzig Meter tief. Die zerklüftete Küstenlinie, bedingt durch die umgebenden Berge, bildet zahlreiche Halbinseln, Kaps, Landengen und Straßen. An der Ostseite liegt die Bergkette Cordillera Real der bolivianischen Anden mit dem aufragenden Zwillingsgipfel des Illampus in der Sorata-Gruppe und dem imposanten Illimani südöstlich von La Paz. Außer einigen kleinen Flüssen, die von dieser Kette aus in den See münden, fließen alle ostwärts über die weite brasilianische Ebene zum dreitausend Kilometer entfernten Atlantischen Ozean. Hier, auf der Ostseite des Sees, hat man die reichhaltigen Metallablagerungen gefunden.

Nicht weniger imposant sind die nördlichen Berge. Hier fließt das Regenwasser nordwärts und speist Flüsse wie den Vilcanota, der von vielen als die wahre Quelle des Amazonas betrachtet wird. Sie alle sammeln die Nebenflüsse ein und münden in den Urubamba, der nordostwärts zum Amazonasbecken strömt. Dort, zwischen den Bergen und Cuzco, ist das meiste Gold der Inkas gefunden worden.

Die Westseite des Titicaca-Sees ist am dichtesten bevölkert, obwohl es eine ziemlich langweilige Gegend ist. Zwischen den Bergen und Buchten, am Ufer und auf den Halbinseln wechseln moderne Dörfer und Städte mit alten Ausgrabungsstätten ab. Hier liegt auch Puno, die größte Hafenstadt, nahe bei den rätselhaften Ruinen von Sillustani. Von hier aus führt eine Eisenbahn nicht nur nach Norden, sondern man konnte auch, wie moderne Eisenbahningenieure herausgefunden haben, eine Strecke durch eine der wenigen Täler in den Anden anlegen, die beim nur dreihundert Kilometer entfernten Stillen Ozean endet.

Maritime und terrestrische Geographie und Topographie ändern sich erheblich, wenn man den südlichen Teil des Sees betrachtet (der, wie auch der größte Teil der Ostküste, nicht

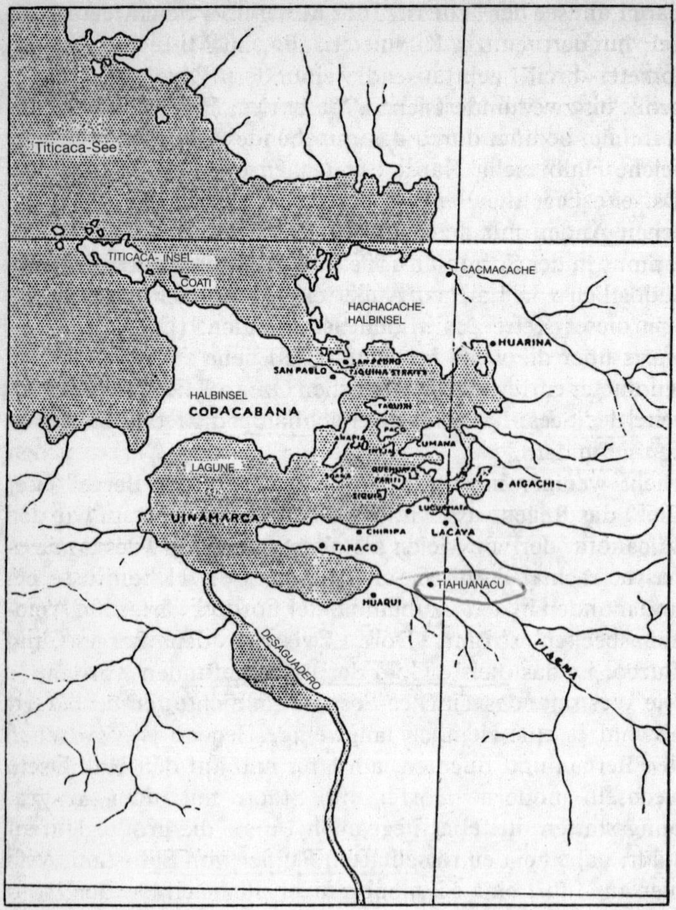

Abb. 125

zu Peru, sondern zu Bolivien gehört). Hier liegen die beiden größten Halbinseln, Copacabana im Westen und Hachacache im Osten, die sich fast berühren, da nur eine schmale Straße den größeren Teil des Sees vom kleineren trennt

(Abb. 125). Der südliche Teil hat etwas von einer Lagune (so wurde er denn auch von den spanischen Chronisten genannt); das Wasser ist ruhig im Vergleich zum windgepeitschten nördlichen Teil. Die beiden Hauptinseln, Titicaca (der Sage nach die Sonneninsel) und Coati (Mondinsel), liegen nahe bei der Nordküste von Copacabana (Abb. 125). Auf diesen Inseln versteckte der Schöpfer seine Kinder, Sonne und Mond, während der Sintflut. Vom *titi-kala* aus, einem heiligen Felsen auf Titicaca, stieg die Sonne nach der Sintflut zum Himmel auf, heißt es in der einen Fassung; nach einer anderen fielen die Sonnenstrahlen nach der Sintflut als erstes auf den Felsen. Aus einer Höhle unter dem heiligen Felsen tauchte das erste Menschenpaar auf, das beauftragt wurde, die Länder wieder zu bevölkern; hier erhielt Manco Capac den goldenen Zauberstab, mit dem er Cuzco suchen und die Zivilisation in den Anden entstehen lassen sollte.

Der Desaguadero, der Hauptabfluß des Sees, beginnt an der südwestlichen Ecke. Er bringt das Wasser des Titicaca-Sees südwärts zum Poopo-See, der vierhundert Kilometer entfernt in der bolivianischen Provinz Oruro liegt. Auf der gesamten Strecke bis zum Stillen Ozean, wo Bolivien an Chile grenzt, sind Kupfer und Silber zu finden.

Nur südlich des Sees gibt es in diesem Gebirgsland ein Plateau, und hier liegt bei 16 Grad 33 Minuten Breite und 68 Grad 21 Minuten Länge Tiahuanacu. Nirgends sonst gibt es festes Land, das mit dem See verbunden wäre, so daß ein Transport zu Wasser hierher möglich ist. Und nirgends sonst sind kostbare Metalle — Gold und Silber, Kupfer und Zinn — so greifbar nahe. Hier wurde Tiahuanacu erbaut, weil diese Stelle sich am besten für das eignete, was es werden sollte: die metallurgische Hauptstadt von Südamerika — von der Neuen Welt.

Alle Namen, die man ihr gab — Tiahuanaco, Tihahuanacu, Tiwanaku, Tianaku — sind nur aus der Bemühung entstanden, den Namen so auszusprechen, wie ihn die Eingeborenen überliefert haben. Ursprünglich hieß sie wohl Tianaku, Ort von *titi* und *anaku*: *Zinnstadt*.

Anuku stammt aus dem Mesopotamischen und bedeutet, daß Zinn dasjenige Metall war, das die Anunnaki den Menschen in Mesopotamien schenkten. Folglich bestand eine direkte Verbindung zwischen Tiahuanacu und dem Titicaca-See einerseits und dem alten Nahen Osten andererseits. Dafür gibt es Beweise.
Bronze begleitete das Aufblühen der Zivilisationen im Nahen Osten und wurde hier um 3500 v. Chr. dringend benötigt. Aber die Zinnvorräte schwanden dahin und waren um 2600 v. Chr. fast aufgebraucht. Dann plötzlich, etwa 2200 v. Chr., setzten die Anunnaki der Zinnkrise ein Ende und retteten die Zivilisationen, die sie der Menschheit geschenkt hatten. Wie kam das zustande?
Betrachten wir einmal die bekannten Tatsachen.
Als um 2200 v. Chr. im Nahen Osten plötzlich neue Zinnvorräte bekannt wurden, erschien ein rätselhaftes Volk im Nahen Osten. Ihre Nachbarn nannten sie *cassiten* (die Griechen in späterer Zeit Kosseanen). Für diesen Namen haben die Gelehrten keine Erklärung. Aber als *cassiterit* wurde in alter Zeit das Zinnerz bezeichnet. Demnach waren die Cassiten Menschen, die Zinnerz liefern konnten oder aus einer Gegend kamen, wo Zinnerz zu finden war.
Der römische Gelehrte Plinius (geb. 23 n. Chr.) schrieb, daß das Zinn, von den Griechen *cassiteros* genannt, wertvoller als Blei sei. Die Griechen hätten es seit dem Trojanischen Krieg besonders geschätzt. Der Trojanische Krieg hat im dreizehnten Jahrhundert v. Chr. im Westen von Kleinasien stattgefunden, wo die frühen mediterranen Griechen mit den Hethitern (oder vielleicht mit ihren indo-europäischen Verwandten) in Berührung gekommen sind. »Den Sagen nach suchten die Menschen diese Cassiteros auf den Inseln im Atlantischen Ozean«, sagt Plinius in seiner *Historia naturalis*. »Sie sollen in Booten aus Weidenzweigen, die mit zusammengenähten Häuten bezogen waren, befördert worden sein ... Die Inseln, die die Griechen wegen ihrer Überfülle an Zinn Cassiteriten nannten, liegen draußen im Atlan-

tischen Ozean gegenüber dem Kap, das als Ende der Welt bezeichnet wird. Es sind die sechs Inseln der Götter, die manche Leute ›gesegnete Inseln‹ nennen.« Das ist eine interessante Bemerkung; denn wenn die Hethiter, von denen die Griechen alles gelernt haben, von den Göttern als Anunnaki sprachen, haben wir hier einen Hinweis auf die Bedeutung des Ausdrucks *anaku*.

Doch im allgemeinen wird angenommen, die Scilly-Inseln an der Südwestspitze der Grafschaft Cornwall seien gemeint, weil bekannt ist, daß die Phönizier im ersten Jahrtausend vor Christus dort Zinn zu holen pflegten. Der Prophet Hesekiel, ihr Zeitgenosse, erwähnt Zinn als eines der Metalle, das die Phönizier mit ihren Schiffen nach Tyros gebracht haben.

Die Hinweise bei Plinius und Hesekiel sind die bedeutsamsten, wenn auch nicht die einzigen Säulen, auf die sich zahlreiche moderne Autoren hinsichtlich der phönizischen Landungen in Amerika stützen. Sie gehen von der Überlegung aus, daß die Phönizier, nachdem die Assyrer im neunten Jahrhundert vor Christus der Unabhängigkeit der phönizischen Stadtstaaten ein Ende gemacht hatten, am westlichen Mittelmeer in Afrika ein neues Zentrum gründeten: Karthago (*Keret-Hadascha*, »Neue Stadt«). Von dieser neuen Basis aus setzten sie ihren Metallhandel fort, begannen aber auch mit Überfällen, um sich afrikanische Sklaven zu beschaffen. Um 600 v. Chr. umschifften sie Afrika auf der Suche nach Gold für den ägyptischen König Necho, womit sie König Salomo nachahmten, der diese Fahrt vier Jahrhunderte früher unternommen hatte, und 425 v. Chr. segelten sie unter einem Führer namens Hanno um Westafrika herum, wo sie Stützpunkte für den Nachschub an Gold und Sklaven errichteten. Hannos Expedition kehrte unversehrt nach Karthago zurück, und er selbst lebte noch, um seine Reise schildern zu können. Aber andere vor oder nach ihm, so heißt es, kamen vom Kurs ab und erlitten an einer amerikanischen Küste Schiffbruch.

Da die Entdeckungen in Nordamerika, die auf eine Verbindung mit dem Mittelmeer hinweisen, eher spekulativer Natur sind, wenden wir uns lieber den Beweisen in Süd- und Mittelamerika zu. Einer der wenigen Akademiker, die diese Richtung eingeschlagen haben, ist Professor Cyrus H. Gordon (*Before Columbus* und *Riddles in History*). Er erinnert seine Leser daran, daß der Name Brasilien von der semitischen Bezeichnung *barzel* für Eisen abstammt, und beschäftigt sich ausgiebig mit der sogenannten Paraiba-Inschrift, die man 1872 an diesem nordbrasilianischen Ort gefunden hat. Ihr Verschwinden kurz danach und die ungeklärten Umstände der Entdeckung haben die meisten Gelehrten dazu veranlaßt, sie für eine Fälschung zu halten, zumal die Anerkennung der Echtheit die Ansicht, daß es zwischen der Alten und der Neuen Welt keinerlei Berührung gegeben habe, in Frage stellen würde. Aber Gordon, ein sehr gebildeter Mann, setzte sich für die Anerkennung der Echtheit ein und erklärte, die Inschrift sei eine Botschaft des Kapitäns eines phönizischen Schiffes, das durch einen Sturm von seinem Schwesterschiff getrennt worden und um 534 v. Chr. aus dem Nahen Osten gekommen ist.

All diese Studien haben zwei Behauptungen gemeinsam: Erstens wurde Amerika rein »zufällig« infolge eines Schiffbruchs oder einer Abweichung vom Kurs entdeckt, und zweitens geschah dies im ersten Jahrtausend vor Christus, vermutlich in der zweiten Hälfte.

Aber wir sprechen von einer viel früheren Zeit — fast zweitausend Jahre früher —, und wir vertreten die Meinung, daß der Austausch der Güter und Menschen zwischen der Alten und der Neuen Welt nicht auf einem Zufall beruhte, sondern das Ergebnis der geflissentlichen Einmischung seitens der Götter, das heißt der Anunnaki, war.

Es steht fest, daß die Cassiten keine vermummten Briten waren. Nach nahöstlichen Schriften kamen sie aus Sumer, aus dem heutigen Iran. Sie waren sowohl mit den Hethitern aus Kleinasien als auch mit den Hurrianen (den biblischen *Ho-*

riten, dem »Volk aus den Schächten«) verwandt und bildeten ein geographisches und kulturelles Verbindungsglied zwischen Sumer in Südmesopotamien und den indo-europäischen Völkern im Norden. Sie und ihre Vorgänger, einschließlich der Sumerer, hätten nach Südamerika gelangen können, indem sie westwärts segelten, um die Spitze von Afrika herum und über den Atlantischen Ozean nach Brasilien, oder ostwärts um die Spitze von Indochina herum und über den Stillen Ozean nach Ecuador und Peru. Beide Routen hätten navigatorisches Können und Seekarten erfordert.

Derartige Karten muß es also gegeben haben.

Der Verdacht, daß die Europäer schon früh Seekarten zur Verfügung hatten, entstand bei Kolumbus. Es wird heute allgemein angenommen, daß er wußte, wohin er fuhr, weil er von Paolo Toscanelli del Pozzo, einem Florentiner Astronom, Mathematiker und Geograph, Kopien von dem Brief und den Karten erhielt, die Toscanelli 1474 der Kirche und dem Hof in Lissabon geschickt hatte. In dem Brief riet er den Portugiesen dringend, lieber eine westliche Passage nach Indien zu suchen, anstatt Afrika zu umschiffen. Toscanelli sah von dem jahrhundertealten Dogma ab, das auf den Werken des christlichen Gnostikers Ptolemäus (zweites Jahrhundert nach Christus) beruhte; er schloß sich lieber dem Denken vorchristlicher griechischer Gelehrter wie Hipparchos und Eudoxos an, die die Erde für eine Kugel hielten, und übernahm ihre Maße und ihre Größe von griechischen Wissenschaftlern früherer Jahrhunderte. Eine Bestätigung dafür fand er in der Bibel, und zwar in dem prophetischen Buch Esdras II, das in der ersten lateinischen Übersetzung der Bibel vorkommt und deutlich von einer »runden Erde« spricht. Toscanelli übernahm alle Informationen, irrte sich jedoch in der Berechnung der Breite des Atlantischen Ozeans; außerdem glaubte er, das etwa sechstausend Kilometer westlich von den Kanarischen Inseln entfernte Land sei die Spitze von Asien. Hier sichtete Kolum-

bus Land, das er für die »Westindischen Inseln« hielt — eine falsche Bezeichnung, die bis heute erhalten ist.
Moderne Forscher sind überzeugt, daß der König von Portugal Karten von der atlantischen Küste Südamerikas besaß, die über tausendfünfhundert Kilometer ostwärts von den Westindischen Inseln entfernt ist. Eine Bestätigung findet sich in dem Kompromiß, den der Papst im Mai 1493 anordnete, indem er eine Grenzlinie zwischen den von den Spaniern entdeckten Ländern und den vermeintlich unbekannten östlich davon zog. Auf diese Weise erhielt Portugal Brasilien und den größeren Teil von Südamerika, zwar zur Überraschung der Spanier, aber nicht der Portugiesen, die es ja besser wußten.
Tatsächlich sind erstaunlich viele Karten aus vorkolumbianischer Zeit gefunden worden. Auf einigen, auf der mediceischen Karte von 1351, der Pizingi-Karte von 1367 und anderen, ist Japan als große Insel im Atlantischen Ozean eingezeichnet und — bedeutsamerweise — auf halbem Wege nach Japan eine Insel namens Brasil. Andere Karten weisen Umrisse von Amerika und von der Antarktis auf, was verwunderlich ist, wenn man bedenkt, daß die Antarktis ja mit Eis bedeckt war. Deshalb ist anzunehmen, daß diese Landkarten auf Angaben beruhen, die für eine Zeit gelten, in der das Eis verschwunden war — und das war gleich nach der Sintflut um 11000 v. Chr. und noch kurze Zeit danach.
Die bekannteste dieser unwahrscheinlichen, doch existierenden Landkarten ist die von Piri Re'is, einem türkischen Admiral; sie trägt das moslemische Datum, das dem Jahr 1513 n. Chr. entspricht. Der Admiral hat darauf vermerkt, daß sie teilweise auf Karten beruht, die Kolumbus benutzt hat. Lange Zeit nahm man an, sowohl die europäischen Karten aus dem Mittelalter als auch arabische basierten auf der ptolemäischen Geographie; aber Studien zur Zeit der Jahrhundertwende bewiesen, daß die europäischen Karten aus dem 14. Jahrhundert von phönizischer Kartographie hergeleitet waren, besonders von der des griechischen Geographen

Marinus von Tyros (2. Jahrhundert n. Chr.). Aber woher hatte er seine Daten? C. H. Hapgood (*Maps of the Ancient Sea Kings*) hat in einer der besten Abhandlungen über Piri Re'is' Landkarten und die seiner Vorgänger den Schluß gezogen, »alles spreche dafür, daß die alten Karten aus weit zurückliegender Zeit stammen ... aus einer fortgeschrittenen Kultur«, fortgeschrittener als Griechenland oder Rom und in bezug auf nautische Kenntnisse dem Europa des achtzehnten Jahrhunderts weit voraus. Er erkannte, daß es vor allem die mesopotamische Kultur gewesen sei, die mindestens sechstausend Jahre zurückliege. Aber manche Eintragungen auf den Karten, wie zum Beispiel die Antarktis, stellten ihn vor die Frage, wer denn den Mesopotamiern vorangegangen sei.

Die meisten Studien dieser Karten befassen sich mit dem Atlantischen Ozean, doch Hapgood und seine Mitarbeiter machten darauf aufmerksam, daß auf der Karte von Piri Re'is auch die Anden und die von ihnen ostwärts ausgehenden Flüsse, so der Amazonas, durchaus richtig eingetragen sind, außerdem die südamerikanische Küste des Stillen Ozeans von vier bis vierzig Grad Süden, das heißt von Ecuador über Peru bis halbwegs nach Chile. Zu ihrem Erstaunen stellten sie fest, »die Art, wie die Berge eingezeichnet sind, läßt darauf schließen, daß sie vom Meer aus betrachtet worden sind«. Die Küsten waren so detailliert gezeichnet, daß man die Halbinsel Paracas erkennen konnte.

Stuart Piggott (*Aux portes de l'histoire*) entdeckte, daß dieser Teil der Pazifik-Küste auch auf den europäischen Kopien der Weltkarte von Ptolemäus eingetragen war, allerdings nicht als ein Erdteil jenseits des Großen Ozeans, sondern als *tierra mitica* (»mythisches Land«), das sich von der Südspitze Chinas über eine Halbinsel namens *quersoneso de oro* (»Halbinsel des Goldes«) weit nach Süden zu einem Erdteil erstreckte, den wir heute Antarktis nennen.

Diese Beobachtung regte den südamerikanischen Archäologen D. E. Ibarra Grasso zu einem umfassenden Studium alter Landkarten an. Er veröffentlichte die Ergebnisse in seinem Buch *La representación de America en mapas romanos de tiempos de Cristo*. Wie andere Forscher schloß auch er, daß die europäischen Landkarten, die das Zeitalter der Entdeckungen eingeleitet haben, auf dem Werk von Ptolemäus beruhten, das seinerseits von der Kartographie und Geographie des Marinus von Tyros und sogar noch früherer Kartographen abgeleitet war.

Ibarro Grasso legt überzeugend dar, daß der Umriß der Westküste, der Tierra Mitica, der Form der Westküste von Südamerika an der Stelle entspricht, wo sie in den Stillen Ozean hineinragt. Dort haben der Sage nach die vorgeschichtlichen Landungen stattgefunden!

Auf den europäischen Kopien der ptolemäischen Weltkarte kommt mitten auf der mythischen Halbinsel der Name *cattigara* vor. Das sei die Stelle, schreibt Ibarro Grasso, »wo Lambayeque liegt, das Zentrum der Goldmetallurgie von ganz Amerika«. Es überrascht nicht, daß hier Chavín de Huantar, die Wiege der vorgeschichtlichen Goldverarbeitung, gegründet wurde. Hier waren sich die afrikanischen Olmeken, die bärtigen Semiten und die Indo-Europäer begegnet.

Landeten hier die Cassiten oder in der Paracas-Bucht, näher bei Tiahuanacu?

Die Cassiten haben ein reiches Erbe metallurgischer Kunstfertigkeit hinterlassen, das aus dem dritten und zweiten

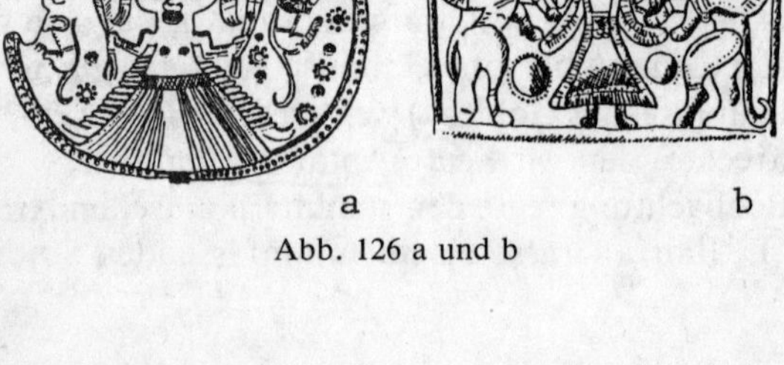

a b

Abb. 126 a und b

Jahrtausend vor Christus stammt. Sie verarbeiteten Gold, Silber und sogar Eisen, aber ihr bevorzugtes Material war Bronze, so daß die Fachleute von den »Luristan-Bronzen« (nach der persischen Stadt Luristan) sprechen. Die Bronzen — Streitäxte, Nadeln mit kunstvoll gestalteten Köpfen, Anhänger, Pferdegeschirr, Stangenaufsätze und so weiter — verraten ungewöhnliche Beherrschung der Gußtechnik und außerordentliches Gestaltungsvermögen. Oft versahen sie die Gegenstände mit dem Bildnis ihrer Götter (Abb. 126 a) und ihrer legendären Helden, von denen der mit den Löwen kämpfende Gilgamesch der beliebteste war (Abb. 126 b). Unglaublich, aber ähnliche Themen und künstlerische Formen finden sich auch in den Anden. In dem Buch *La Religion en el Antiguo Peru* von Rebecca Carnon-Cachet de Girard sind die von den Peruanern verehrten Götter abgebildet, die auf Tongefäßen aus zentralen und nördlichen Küstengebieten vorkommen; die Ähnlichkeit mit den Bronzen der Cassiten fällt auf (Abb. 127 a). In Chavín de Huantar — man wird sich erinnern — gibt es Statuen von hethitischem Typus, aber auch Abbildungen von der Gilgamesch-Szene. Wer immer aus der Alten Welt gekommen sein und von den dortigen Sagen erzählt haben mag, das gleiche geschah in Tiahuanacu: Unter den dortigen Bronzen gibt es eine Pla-

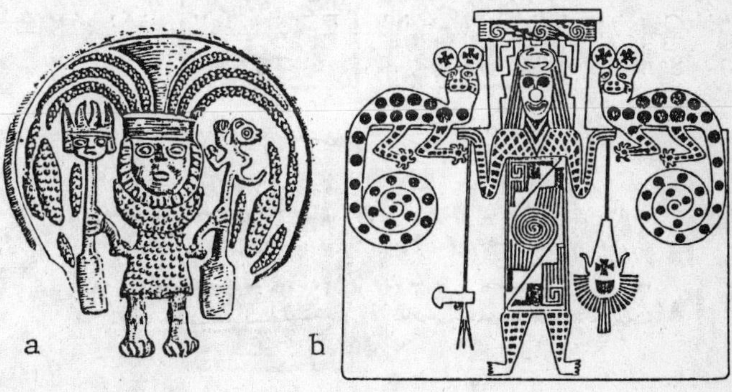

Abb. 127 a und b

kette, auf der, wie auf den Luristan-Bronzen, unverkennbar der nahöstliche Held in derselben Szene abgebildet ist (Abb. 127 b)!
Darstellungen von »Engeln«, den »geflügelten Boten Gottes« (in der Bibel *mal'achim*, das heißt wörtlich: Gesandte), kommen in der bildenden Kunst aller alten Völker vor. Die der Hethiter (Abb. 128 a) gleichen am meisten den geflügelten Boten zu beiden Seiten der Gottheit auf dem Sonnentor (Abb. 128 b). Um den Ereignissen im amerikanischen Altertum nachzuspüren, ist zu beachten, daß in Chavín de Huantar, wo die Reiche der Götter von Teotihuacan und von Tia-

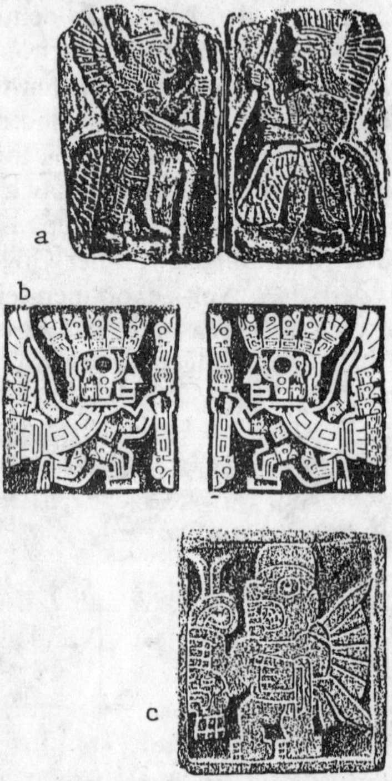

Abb. 128 a, b und c

huanacu zusammentrafen, die olmekischen Kennzeichen die mesopotamischen verdrängt haben (Abb. 128 c).
In Chavín de Huantar war die indo-europäische Gottheit der Stiergott, ein mythisches Tier für die dortigen Steinmetze. Aber obwohl Rinder in Südamerika unbekannt waren, bis die Spanier sie einführten, stellten die Gelehrten zu ihrer Verwunderung fest, daß in einigen Indianerniederlassungen in der Nähe von Puno am Titicaca-See und sogar auch bei Pucara (einem legendären Rastplatz auf Viracochas Weg vom See nach Cuzco) bei Zeremonien, die aus vorspanischer Zeit stammten, der Stier angebetet wurde (J. C. Spahni, *Lieux de culte précolombiens*, Zeitschrift für Ethnologie, 1971). In Tiahuanacu und in den südlichen Anden wurde dieser Gott mit einem Donnerkeil und einem metallenen Zauberstab auf Steinskulpturen, Keramik und Stoffen dargestellt. Diese Kombination von Symbolen kannte man von Darstellungen im Nahen Osten, wo der Gott von den Babyloniern und Assyrern *Ramman* (»Der Donnerer«), von den Westsemiten *Hadad* (»Rollendes Echo«) und von den Hethitern und Cassiten *Teshub* (»Windbläser«) genannt wurde. Dort stand er auf einem Stier, seinem Kulttier, in der einen Hand hatte er ein Metallwerkzeug, in der anderen einen gegabelten Blitz (Abb. 129 a).
Die Sumerer nannten diesen Gott *Adad* oder *Ischkur* (»Der von den fernen Bergen«) und bildeten ihn bereits mit dem metallenen Werkzeug und dem gegabelten Blitz ab (Abb. 129 b). Sie gaben ihm auch den Beinamen *Zabar Dibba* (»Er, der Bronze gewinnt und verteilt«) — ein aufschlußreicher Hinweis.
War es etwa Rimac von der Südküste von Peru und Viracocha im Anden-Hochland, dessen Abbild mit dem metallenen Werkzeug und dem gegabelten Blitz überall zu sehen war, und dessen Blitzsymbol auf Monumenten abgebildet wurde? Ribero und Tschudi entdeckten ihn sogar südwestlich vom Titicaca-See auf einem Stier stehend (Abb. 129 c). Forscher, die sich mit den Varianten des Namens *Viracocha*

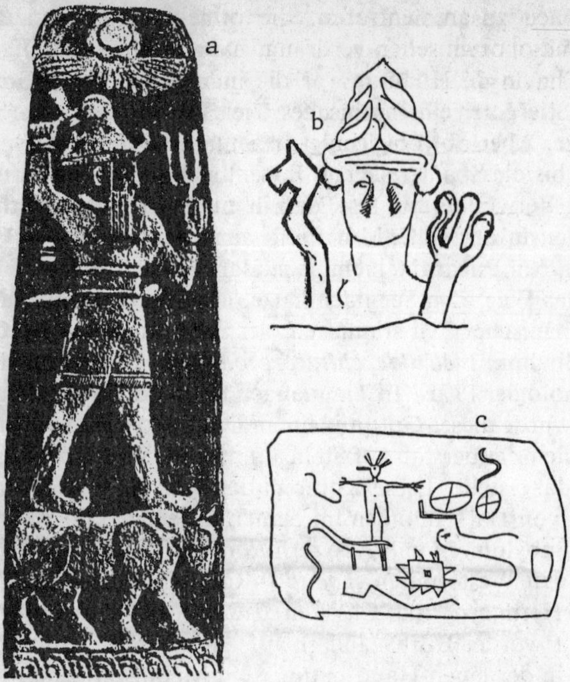

Abb. 129 a, b und c

beschäftigt haben, stimmen überein, daß seine Komponenten »Herr/Oberster«, »Der des Regens/Sturmes/Blitzes« bedeuten und zusammen den Begriff »Hersteller/Schöpfer« ergeben. Eine Inka-Hymne beschreibt ihn als den Gott, »der im Donner und in den Sturmwolken kommt«. Das ist fast wortwörtlich die Art und Weise, wie diese Gottheit, der Gott der Stürme, in Mesopotamien gepriesen wurde; und die goldene Scheibe von Cuzco (Abb. 85 b) stellt eine Gottheit mit dem Symbol des geteilten Blitzes dar.

Irgendwann in jenen fernen Tagen prägte Ischkur/Teschub/Viracocha sein Symbol des geteilten Blitzes einem Berghang an der Paracas-Bucht auf, sichtbar für alle von der Luft und vom Meer aus (Abb. 130), an der Bucht, die Hapgood auf Piri Re'is' Landkarte erkannt hat, und die wahrscheinlich der Ankerplatz für die Schiffe war, die Zinn und Bronze von Tiahuanacu zur Alten Welt brachten. Das Symbol verkündete den Göttern und den Menschen gleichermaßen: *Dies ist das Reich des Sturmgottes!*

Denn es gab, wie es im Buch Hiob heißt, tatsächlich ein Land, »daher das Gold kam, dessen Untergrund von Feuer hochgehoben wurde, so hoch zwischen den Gipfeln, daß sogar der Geier den Weg dorthin nicht kannte und das Auge des Falken es nicht erspähen konnte«. Dort hatte der Gott, der die lebenswichtigen Metalle lieferte, »die Hand an den Granit gelegt, die Berge von der Wurzel an umgewühlt und Stollen durch die Felsen gebrochen«.

Abb. 130

12
Die Götter der goldenen Tränen

Kurz nach dem Jahr 4000 v. Chr. kam der große Anu, Herrscher auf dem Nibiru, zu einem Staatsbesuch auf die Erde. Er machte diese lange Raumfahrt nicht zum erstenmal. Schon 440 000 Erdenjahre früher — nur hundertzweiundzwanzig Jahre nach Nibiru-Zeit — hatte sein erstgeborener Sohn Enki die erste Gruppe von fünfzig Anunnaki angeführt, um auf der Erde das Gold zu suchen, mit dem dieser siebte Planet gesegnet war. Die Atmosphäre des Nibirus, die nicht nur zum Atmen gebraucht wurde, sondern den Planeten auch zu einem Treibhaus machte, begann dünner zu werden, so daß er zu vereisen drohte. Davor konnte er nur bewahrt werden, wenn Goldpartikel in die Atmosphäre verteilt wurden.

Enki, ein brillanter Naturwissenschaftler, landete zu Wasser im Persischen Gold und errichtete an der Küste seine Basis Eridu. Er wollte das Gold aus dem Golfwasser gewinnen. Doch es stellte sich heraus, daß der Ertrag nicht genügte, und die Krise auf dem Nibiru verschlimmerte sich zusehends. Anu schenkte Enkis Behauptungen, er werde mit seinem Plan gewiß Erfolg haben, keinen Glauben mehr und kam mit seinem Thronerben Enlil auf die Erde, um selbst nach dem Rechten zu sehen. Enlil, zwar nicht der Erstgeborene, galt aber nach dem Gesetz als »Kronprinz«, weil seine Mutter Antu eine Halbschwester von Anu war. Ihm fehlte Enkis technische Begabung, aber er war ein vortrefflicher Administrator; die Geheimnisse der Natur interessierten ihn nicht, er war der Praktiker, der gern zupackte. Und er packte zu, indem er dafür eintrat, das Gold durch Bergbau dort zu gewinnen, wo es in Hülle und Fülle vorkam: in Südafrika.

Erbitterter Streit brach aus, nicht nur wegen des Projekts, sondern auch aufgrund der Rivalität zwischen den Halbbrüdern. Anu dachte bereits daran, auf der Erde zu bleiben und einen seiner Söhne auf dem Nibiru regieren zu lassen; aber dieser Plan führte nur zu weiteren Unstimmigkeiten. Schließlich ließ man das Los entscheiden. Die Entscheidung fiel folgendermaßen aus: Enki sollte nach Afrika gehen und den Bergwerksbetrieb organisieren, Enlil sollte sich in Edin (Mesopotamien) niederlassen und dort die Leitung der Goldraffination und der Verschiffung zum Nibiru übernehmen. Anu kehrte daraufhin zu dem Planet der Anunnaki zurück. Das war sein erster Besuch auf der Erde gewesen.

Den zweiten Besuch erzwang ein anderer Notfall. Vierzig Nibiru-Jahre nach der ersten Landung kam es zu einem Aufstand der Anunnaki, die in den Goldminen arbeiteten. Ob die harte Arbeit unter Tage die Ursache war oder der Neid und die Streitereien zwischen den Halbbrüdern, das bleibe dahingestellt. Jedenfalls meuterten die von Enki in Südafrika überwachten Anunnaki, streikten und hielten Enlil als Geisel fest, als er hinkam, um die Krise zu beheben.

Alle diese Ereignisse wurden verzeichnet, denn Jahrtausende später erfuhren die Erdlinge, wie alles angefangen hatte. Der Rat der Götter wurde einberufen. Enlil bestand darauf, daß Anu auf die Erde käme und über Enki zu Gericht säße. In Anwesenheit der versammelten Führer beschrieb Enlil den Ablauf der Ereignisse und beschuldigte Enki, den Aufstand veranlaßt zu haben. Aber als die Meuterer ihre Geschichte erzählten, ergriff Anu Partei: Sie seien Raumfahrer, keine Bergarbeiter, und ihre Arbeit sei wirklich unerträglich.

Aber mußte die Arbeit nicht getan werden? Wie konnte man auf dem Nibiru ohne das Gold der Minen leben? Enki wußte eine Lösung: Wir wollen primitive Arbeiter schaffen, sagte er, die die Schwerarbeit übernehmen! Der erstaunten Versammlung erklärte er, daß er mit Hilfe der führenden Heilkundigen Ninti/Ninharsag Experimente gemacht hätte.

Es gebe auf der Erde, in Ostafrika, bereits ein primitives Wesen — den Affen. Dieses Wesen habe sich aus dem Lebenssamen entwickelt, der bei der Entstehung der Erde vom Nibiru herabgekommen sei. Er verstehe sich auf Genetik; man müsse dieses Lebewesen hochzüchten, und zwar durch die Gene der Anunnaki. Dann entstünde ein Geschöpf nach dem Bilde der Anunnaki, das in der Lage sein würde, Werkzeuge zu handhaben, und intelligent genug wäre, Befehle auszuführen.

So wurde der Lulu Amelu (der »gemischte Arbeiter«) erschaffen, durch genetische Manipulation und die Befruchtung des Eies eines Menschenaffenweibchens in einem Laboratoriumsgefäß. Diese Hybriden konnten sich nicht fortpflanzen; weibliche Anunnaki mußten als Geburtsgöttinnen dienen. Durch alle möglichen Experimente wurde das neue Geschöpf von Enki und Ninharsag vervollkommnet. Sie nannten es Adam (»Er von der Erde« = Erdling). Diese dienstbaren Wesen förderten Gold in Hülle und Fülle zutage, aus den sieben Niederlassungen wurden Städte, und die Anunnaki — sechshundert auf der Erde, dreihundert in kreisenden Raumstationen — gewöhnten sich an ein bequemeres Leben. Einige von ihnen nahmen trotz Enlils Einspruch die Töchter des Erdlings zur Frau und bekamen sogar Kinder von ihnen. Für die Anunnaki war die Goldgewinnung jetzt eine Aufgabe ohne Tränen; aber für Enlil sah es ganz so aus, als hätte sich die Mission zum Schlechten gewendet.

Mit der Sintflut nahm alles ein Ende. Schon lange war infolge wissenschaftlicher Beobachtungen davor gewarnt worden, daß die Eiskappe, die die Antarktis bildete, instabil wurde; wenn der Nibiru das nächste Mal in Erdnähe zwischen Mars und Jupiter durchginge, könnte sein Schwergewicht diese gewaltige Eismasse zum Abrutschen bringen, wodurch eine weltweite Flutwelle entstünde, die Temperatur der Meere und der Erde sich änderte und unvorstellbare Stürme verursacht würden. Nach einer Beratung mit Anu

gab Enlil den Befehl, das Raumschiff bereitzustellen und sich aufs Verlassen der Erde vorzubereiten.
Aber was wird mit den Menschen? fragten ihre Schöpfer Enki und Ninharsag. Laßt die Menschheit untergehen, sagte Enlil. Er ließ alle Anunnaki die Geheimhaltung schwören, damit die Erdlinge sich nicht in die Abreisevorbereitungen der Anunnaki einmischen konnten. Auch Enki legte, zwar widerstrebend, den Eid ab; aber unter dem Vorwand, mit einer Mauer zu sprechen, wies er seinen treuen Anhänger Ziusudra an, ein *tibatu*, ein Unterseeboot, zu bauen, damit er und seine Familie sowie genügend Tiere der Wasserflut entgehen könnten, so daß das Leben auf der Erde nicht ausgelöscht würde. Er gab Ziusudra auch einen Navigator mit, der das Schiff zum Ararat steuern sollte, dem auffälligsten Doppelgipfel im Nahen Osten.
Die von den Anunnaki überlieferten sumerischen Texte erzählen die Geschichte von der Schöpfung und der Sintflut viel detaillierter und ausführlicher als die vielfach überarbeiteten und kurzen biblischen Fassungen. Zur Zeit der Katastrophe gab es auf der Erde nicht nur Halbgötter. Einige der Hauptgottheiten, die dem Pantheon angehörten, waren in gewisser Weise selbst Erdlinge: Nannar/Sin und Ischkur/Adad, Enlils jüngste Söhne, waren auf der Erde geboren, natürlich auch Sins Zwillinge Utu/Schamasch und Inanna/Istar. Enki und Ninharsag (der er seine geheime »Operation Noah« anvertraut haben könnte) stimmten dem Vorschlag der anderen zu, die Erde nicht für immer zu verlassen, sondern sie eine Weile zu umkreisen, um zu sehen, was sich ereignete. Und in der Tat, nachdem die Flutwelle gekommen und gegangen war und der Regen aufgehört hatte, tauchten die Berggipfel der Erde allmählich wieder auf, und die Sonnenstrahlen, die durch die Wolken drangen, malten Regenbogen an den Himmel.
Als Enlil dahinterkam, daß die Menschheit gerettet worden war, tobte er zuerst. Dann aber beruhigte er sich. Es wurde ihm klar, daß die Anunnaki auf der Erde bleiben und nach

dem Wiederaufbau ihrer Zentren die Goldgewinnung fortsetzen konnten. Der Mensch mußte sich stark vermehren und sollte nicht mehr als Sklave behandelt werden, sondern als Partner.

In vorsintflutlicher Zeit war der Flughafen der Anunnaki Sippar gewesen. Hier waren die Raumschiffe gelandet und gestartet, und von hier aus war das Gold verschifft worden. Jetzt aber bedeckten Milliarden Tonnen von Schlamm das fruchtbare Tal zwischen Euphrat und Tigris. Der zweigipflige Ararat blieb weiterhin der Orientierungspunkt für die Verankerung des Landekorridors, doch als Landesignale wurden auf dem dreißigsten Breitengrad am Nil zwei künstliche Berge geschaffen, die beiden großen Pyramiden von Gise, denn der neue Flughafen wurde auf der Halbinsel Sinai angelegt, etwas näher bei den afrikanischen Goldminen als der frühere Flughafen in Mesopotamien.

Damit die Erdlinge leben, sich vermehren und den Anunnaki dienstbar sein konnten, wurden sie zivilisiert. Sie erhielten Getreidesamen vom Nibiru, Tiere wurden gezähmt, Ton- und Metallbearbeitung gelehrt. Die Metallbearbeitung war für die Anunnaki wegen der Goldgewinnung am wichtigsten, da die alten Minen von Wasser und Schlamm zerstört worden waren.

Seit der Sintflut hatte erst eine Raumfahrt vom Nibiru zur Erde stattgefunden; lebenswichtige Materialien waren gebracht worden, aber wenig Wertvolles zurückgesandt. Man mußte, um Gold zu gewinnen, neue Adern aufspüren, Tunnels und Schächte ausgraben und Felsen sprengen. Die Menschen mußten mit hartem Werkzeug ausgestattet werden, um in die Berge eindringen zu können. Zum Glück hatte die Flutlawine auch etwas Gutes gebracht: Die Flüsse waren wieder mit Schwemmgold gefüllt. Nur war diese Quelle bald erschöpft. Die wahre Quelle des Goldes befand sich auf der anderen Seite der Erde. Dort, längs der Bergketten am Stillen Ozean, hatte die Natur unermeßliche Goldmengen vorrätig, man brauchte es nur abzubauen. Aber die Schwierigkeit für die Anunnaki bestand darin, das Gold zu verschiffen. So standen die Dinge, als der große Anu mit seiner Gemahlin Antu zum zweitenmal auf einen Staatsbesuch zur Erde kam. Was war dadurch erreicht worden, daß man den Menschen die beiden göttlichen Metalle *anna* und *anbar* gegeben hatte, aus denen hartes Werkzeug hergestellt werden konnte? Was war erreicht worden, seit man die Operationen auf die andere Seite der Erde verlegt hatte? Waren die Lagerräume, wie es geheißen hatte, mit Gold gefüllt, bereit für die Beförderung zum Nibiru?

»Nachdem die Flut die Erde überschwemmt hatte, als das Königtum vom Himmel auf die Erde gebracht wurde, war das erste Königtum in Kisch.« So beginnt in den sumerischen Königslisten die Aufzählung der verschiedenen Dynastien und Hauptstädte der ersten nahöstlichen Zivilisationen. Die Archäologen haben sie für richtig befunden. Von den dreiundzwanzig Herrschern hatte einer einen Beinamen, dem zu entnehmen ist, daß er ein Metallurg war: Es ist der zweiundzwanzigste, der Enmenbaragsi genannt wurde, das bedeutet »Der die gegossene Waffe von Elam mitnahm«. Elam gehörte tatsächlich zu den Orten im Hochland östlich und südöstlich von Sumer, wo die Metallurgie zuerst eingeführt worden war, und die Erwähnung einer erbeuteten gegossenen Waffe bestätigt die Ansicht der Archäologen, daß es im Nahen Osten kurz nach dem Jahr 4000 v. Chr. eine vollentwickelte Metallurgie gegeben hat.

Aber Kisch wurde vielleicht von denselben Elamiten »heimgesucht«, deren Land überfallen worden war, denn die Hauptstadt, das Königtum, wurde in die neue Stadt Uruk (in der Bibel Erech) verlegt. Von den dortigen zwölf Königen ist Gilgamesch der bekannteste. Sein Name bedeutet »Auf Gibil, den Gott des Schmelzens/Gießens«. Metallbearbeitung lag den Herrschern von Uruk offenbar sehr am Herzen. Bereits der erste, dessen Regierungszeit begann, als Uruk nichts weiter als ein heiliger Bezirk war, trug den Beinamen *mes* (Gießmeister). Seine Eintragung lautet:

»Mes-kiag-gasher, Sohn des göttlichen Utu,
wurde sowohl Hoherpriester als auch König von Eanna...
Meskiaggasher ging über das Westmeer
und gelangte zu den Bergen.«

Abgesehen davon, daß dies eine ungewöhnlich lange Beschreibung ist, da sonst immer nur der Name und die Regierungszeit aufgeführt wurden, ist es eine wichtige Auskunft, die auf etwas Bedeutendes hinweist. Welches Meer der Gießmeister Meskiaggasher überquerte und zu welchen Bergen er gelangte, läßt sich nicht mit Sicherheit ermitteln; aber die Beschreibung scheint zu besagen, daß er sich auf die andere Seite der Erde begab.

Es ist verständlich, daß man es als dringlich erachtet hat, die Metallurgie in Uruk zu vervollkommnen: Das hing mit Anus bevorstehendem Staatsbesuch zusammen. Vielleicht wollte man den Eindruck erwecken, daß gerade in dieser Stadt alles in Ordnung war. Uruk war ja zu Ehren Anus erbaut worden, und mit der Metallbearbeitung konnte man prahlen. Inmitten des heiligen Bezirks stand ein vielstufiger Tempel, dessen Ecken aus gegossenem Metall waren. Sein Name *eanna* soll »das Haus von Anu« bedeuten, aber er könnte ebensogut »Haus aus Zinn« bedeuten. Die Texte, die das Protokoll und das Programm des Staatsbesuchs beschreiben, schildern einen von Gold strotzenden Ort.

Die Tontafeln, die in den Archiven von Uruk gefunden worden sind, waren laut einer Anmerkung des Schreibers Kopien von früheren sumerischen Texten; man kann sie nur von einem Mittelpunkt aus lesen. Anu und Antu sitzen bereits im Tempelhof und sehen sich eine Prozession von Göttern an, die das goldene Zepter hereintragen. Währenddessen richten Göttinnen die Schlafzimmer der Gäste im Enir (Helles Haus) her, das »bedeckt war mit Goldzierat aus der Unterwelt«. Als es dunkelt, steigt ein Priester zur obersten

Stufe der Zikkurat hinauf, um den Aufgang des Nibirus, »Anus großen Planeten«, zu beobachten. Nach einem zeremoniellen Gesang waschen sich alle die Hände in goldenen Schüsseln, bevor den Besuchern ein Mahl auf goldenen Platten aufgetragen und Wein aus goldenen Kannen eingeschenkt wird. Nach dem Essen erschallt die Hymne auf den »Planet des Schöpfers, den Planet, der des Himmels Held ist«, worauf eine Prozession von fackeltragenden Göttern die Besucher zu ihrer »goldenen Einfriedung« für die Nacht geleitet.
Am Morgen füllen Priester goldene Gefäße mit Weihrauch, und den Göttern wird ein Frühstück aus goldenen Schüsseln angeboten. Als es Zeit für den Abschied wird, werden die Gäste von einer Prozession singender Priester zum Kai geführt, wo ein Boot vertäut ist. Sie verlassen die Stadt durch das »Erhabene Tor« und über den »Weg der Götter« und verabschieden sich am Kai mit einem Händedruck.
Wenn die Anunnaki bereits zur Zeit dieses Staatsbesuchs in der Neuen Welt Gold gefunden hätten, wären Anu und Antu dann nicht auch dorthin gereist? Hätten sich die Anunnaki auf der Erde so bemüht, ihnen mit ihren Leistungen zu imponieren und den Eindruck zu erwecken, sie könnten den Nibiru mit ausreichenden Mengen dieses lebenswichtigen Metalls versorgen, und zwar für immer?
Das ist anzunehmen, denn es würde vieles erklären, in erster Linie Tiahuanacus Existenz. Denn wenn in Sumer eine Stadt mit heiligem Bezirk, mit goldener Einfriedung, einem Weg der Götter und einem heiligen Kai extra für den Staatsbesuch geschaffen wurde, dann ist zu vermuten, daß man auch in der Neuen Welt so vorgegangen wäre. Wie in Uruk müßte ein Observatorium vorhanden sein, von dem aus der Aufgang des Nibirus am Nachthimmel zu beobachten war. Nur eine solche Parallelität erklärt die Notwendigkeit, das Observatorium Kalasasaya zu erbauen, seine Genauigkeit und die Zeit seiner Entstehung: ungefähr 4000 v. Chr. Nur ein solcher Staatsbesuch erklärt die erlesene Architektur

von Puma-Punku, die fürstlichen Anlagen und die goldene Einfriedung. Denn genau das haben die Archäologen in Puma-Punku gefunden: den unwiderlegbaren Beweis, daß nicht nur Tore (wie das Sonnentor in Tiahuanacu) teilweise mit goldenen Platten bedeckt waren, sondern auch ganze Mauern, Eingänge und Brüstungen. Posnansky entdeckte in vielen behauenen Steinen kleine runde Löcher, »die dazu dienten, goldene Platten mit goldenen Nägeln festzuhalten«. Als er im April 1943 vor der Geographischen Gesellschaft darüber einen Vortrag hielt, zeigte er die Fotografie eines solchen Steinblocks, in dem immer noch fünf goldene Nägel steckten (die übrigen hatten Goldsucher beim Entfernen der goldenen Platten herausgezogen).

Die Möglichkeit, daß in Puma-Punku in frühester Zeit ein ebenso goldbedecktes Gebäude wie der Enir in Uruk errichtet worden ist, gewinnt noch an Bedeutung, wenn wir feststellen, daß sowohl die Flachreliefs, mit denen die zeremoniellen Tore in Puma-Punku geschmückt wurden, als auch die gigantischen Statuen des Großgottes in Tiahuanacu mit Gold eingelegt waren. Posnansky entdeckte und fotografierte die Befestigungslöcher rund um die Reliefs. Ein besonderes Tor in Puma-Punku, das er Mondtor nannte, zeigte ein Relief von Viracocha; das Gesicht des Gottes und der Mäanderstreifen darunter »waren mit Gold eingelegt, so daß die wichtigen Glyphen glänzend hervortraten«.

Nicht weniger bedeutend ist Posnanskys Entdeckung, daß bei vielen Figuren die Augen des Gottes mit eingelegtem Gold abgebildet waren und angenagelte runde Türkisplättchen die Pupillen darstellten. Da die Gesichter der riesigen Götterstatuen in Tiahuanacu Löcher aufwiesen, vermutete er, daß auch sie ursprünglich eingelegtes Gold und Türkise gehabt hatten.

Seine Entdeckung ist deshalb so bemerkenswert, weil in ganz Südamerika keine Türkise vorkommen. Man nimmt an, daß die früheste Gewinnung dieses Edelsteins am Ende des fünften Jahrtausends auf der Halbinsel Sinai stattgefunden hat. Überhaupt stammt die Technik der Einlegearbeiten aus dem Nahen Osten.

Bei fast allen Götterstatuen in Tiahuanacu quellen drei Tränen aus jedem Auge. Sie sind aus Gold eingelegt, wie man bei den im Museo del Oro in La Paz ausgestellten Standbildern sehen kann. Eine berühmte, drei Meter große Statue, die El Fraile (Mönch) genannt wird, besteht — wie auch andere in Tiahuanacu — aus Sandstein, was darauf schließen läßt, daß sie alle der frühesten Periode angehören (Abb. 131 a). In der rechten Hand hält der Gott ein Schneidewerkzeug. Die drei stilisierten Tränen an jedem Auge, die zweifellos aus eingelegtem Gold waren, sind auf der Zeichnung (Abb. 131 b) deutlich zu sehen. Ähnliche drei Tränen erkennt man auf dem Gesicht, das der Gigantenkopf genannt wird (Abb. 131 c). Diesen Kopf haben Schatzsucher von einer riesigen Statue abgerissen, weil das Gerücht kursierte, die Erbauer von Tiahuanacu hätten über die geheime Fähigkeit verfügt, Steine so zusammenzusetzen, daß das Innere mit Metall ausgegossen werden konnte; auf diese Weise hätten sie in den Statuen Gold versteckt.

Dieses Gerücht dürfte von den eingelegten Goldtränen herrühren. Sie sind sicher der Grund, warum die Anden-Völker, zum Beispiel die Azteken, Goldkörner als »Tränen der Götter« bezeichneten. Da alle diese Statuen dieselbe Gottheit darstellen wie die auf dem Abbild am Sonnentor, wird sie »der weinende Gott« genannt; ich spreche lieber vom »Gott mit goldenen Tränen«. Ein großer behauener Monolith, der auf dem Ausgrabungsfeld Wancai gefunden worden ist, stellt die Gottheit mit einem konischen und gehörnten Kopfschmuck — dem typischen Kopfschmuck der mesopotamischen Götter — dar; statt der Tränen kommen aus seinen Augen Blitze, was ihn fraglos als Sturmgott kennzeichnet (Abb. 132).

Einer der goldbelegten Steinblöcke in Puma-Punku wies merkwürdige Einbuchtungen und einen tiefen Einschnitt auf; Posnansky hielt ihn für ein Teil eines Opferaltars. Aber

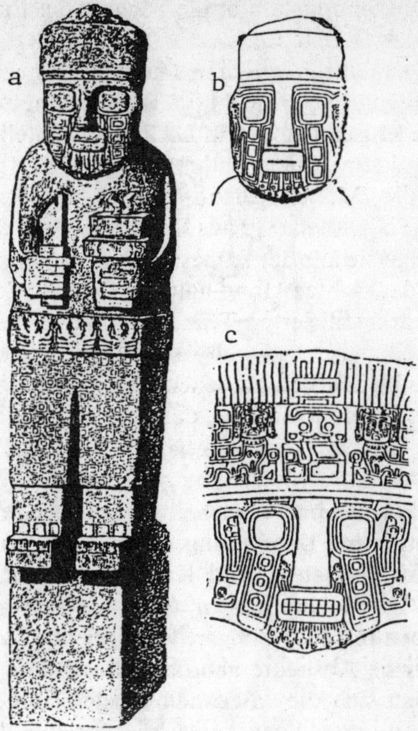

Abb. 131 a, b und c

eine der vielen Ausgrabungsstätten in der Nähe von Tiahuanacu, wo goldene Gegenstände gefunden worden sind, heißt in der Aymara-Sprache *chuqui-pajcha*, und da das »Wo flüssiges Gold gegossen wird« bedeutet, ist anzunehmen, daß diese ausgehöhlten Steine eher Gußformen gewesen sind.

Daß es in Tiahuanacu und Umgebung Gold in Hülle und Fülle gab, geht nicht nur aus den Sagen und Ortsnamen hervor, sondern davon zeugen auch die archäologischen Funde. Die Gelehrten sprechen vom klassischen Tiahua-

Abb. 132

nacu, weil Formen und Verarbeitung der vergoldeten Gegenstände — stilisierte Darstellungen von Göttern mit goldenen Tränen, Treppenhäuser und Kreuze — einen bestimmten Stil haben. Die Ausgrabungen, auch auf den nahegelegenen Inseln, haben in den dreißiger, vierziger und fünfziger Jahren eine reiche Ausbeute gebracht. Besonders verdient gemacht haben sich die folgenden Förderer archäologischer Expeditionen: das Amerikanische Museum für Naturgeschichte (unter William C. Bennett), das Peabody-Museum für amerikanische Archäologie und Ethnologie (unter Alfred Kidder II.) und das schwedische Ethnologische Museum (unter Stig Rydén, zusammen mit Max Portugal, dem damaligen Kurator des Archäologischen Museums in La Paz).

Die Sammlung umfaßte Becher, Vasen, Scheiben, Röhren und Nadeln (eine zehn Zentimeter lange Nadel hatte einen Kopf in Form einer dreifächrigen Feder). Goldene Gegenstände, die man bei früheren Ausgrabungen auf den beiden heiligen Inseln Titicaca (Sonneninsel) und Coati (Mondinsel) gefunden hat, sind von Posnansky in seinem Führer für Tiahuanacu und Umgebung und von A. F. Bandelier in seiner Abhandlung über die Inseln Titicaca und Coati beschrieben worden. Die Funde auf Titicaca stammen größtenteils aus den noch nicht identifizierten Ruinen in der Nähe des heiligen Felsens; die Gelehrten sind sich nicht einig, ob sie den frühen Perioden von Tiahuanacu oder aber der Inka-Zeit angehören, denn man weiß, daß die Inkas auf diese Inseln kamen und hier Schreine errichteten, und zwar in der Zeit, wo Mayta Capac, der vierte Inka-Herrscher, regierte.

Die goldenen und bronzenen Gegenstände in und um Tiahuanacu lassen keinen Zweifel daran, daß Gold in diesem Gebiet der Bronze (das heißt dem Zinn) vorausging. Posnansky wies die Bronze nachdrücklich der dritten Tiahuanacu-Periode zu und bezog sich dabei auf Gegenstände, bei denen man Bronzeklammern für Bauten aus der Goldperiode benutzt hat. Da die Minen in den nahegelegenen Bergen deutlich beweisen, daß an denselben Stellen Zinn und Gold gewonnen wurde, ist anzunehmen, daß erst die Entdeckung des Goldes dazu führte, auch nach Zinn zu schürfen. Es begann ja alles mit dem Schwemmgold, und beim Waschen entdeckte man wahrscheinlich zufällig das Zinn. Beide Metalle finden sich gleichzeitig in der Schwemme der Flüsse. In bezug auf den Tipuani und den Fluß, der auf dem Illampu entspringt, heißt es in einem offiziellen bolivianischen Bericht (*Bolivia and the Opening of the Panama Canal*, 1912): »Beide Flüsse sind berühmt dafür, daß ihr Bett ungeheure Goldmengen enthält. Das Verhältnis des Goldes nimmt mit der Tiefe des Bettes zu.« In dem Bericht wird betont, daß das Tipuani-Gold zweiundzwanzig bis dreiundzwanzig Karat beträgt, also fast reines Gold ist. Die Liste der bolivianischen Goldvorkommen ist nahezu unerschöpflich, selbst nach jahrhundertelanger Ausbeutung seit der Eroberung. Allein die Spanier holten sich zwischen 1540 und 1750 in Bolivien etwa hundert Millionen Unzen Gold.

Bevor das heute Bolivien genannte Land im neunzehnten Jahrhundert unabhängig wurde, kannte man es unter dem Namen Oberperu als Teil der peruanischen Domäne der Spanier. Und es wurde bereits beschrieben, welche Reichtümer an Gold, Silber und Kupfer die Spanier in Peru fanden, und daß man in Europa glaubte, der »Mutterboden« allen Goldes in Amerika sei in den peruanischen Anden.

Ein Blick auf die Landkarte von Südamerika gibt ein klares Bild. Drei verschieden breite Gold-, Silber- und Kupferbänder ziehen sich an den Anden entlang, den Weg von Kolumbien im Norden bis nach Chile und Argentinien im Süden. Dieser Weg ist gesprenkelt mit den berühmtesten Mineralressourcen der Welt, berühmt nicht zuletzt wegen der fast vollkommenen Reinheit der Metalle. Die Kraft der Natur und zweifellos auch die Wassermassen der Sintflut haben die Metalle aus dem Felsgestein herausgespült und die Berghänge hinab bis in die Flußbetten getragen. Da die größten südamerikanischen Flüsse ihren Lauf nach Osten nehmen, über die weiten brasilianischen Ebenen bis zum Atlantischen Ozean, ist es nicht verwunderlich, daß auch auf dieser Seite des Erdteils Gold und Kupfer zu finden sind.

Es gibt aber auch innerhalb der Andenketten die genannten Metalle und sogar noch seltenere Elemente wie Platin, Wismut, Mangan, Wolfram, Eisen, Quecksilber, Schwefel, Antimon, Asbest, Kobalt, Arsen, Blei, Zink und — sehr wichtig für alte und moderne Raffination — Kohle und Erdöl.

Einige der reichsten Goldlager befinden sich in der Cordillera Real östlich und nördlich vom Titicaca-See. Hier verläuft ein Zinnband vom Nordosten zum Südosten, dann westwärts am Becken von Tiahuanacu entlang und südwärts fast parallel zum Fluß Desaguandero. In der Nähe von Oruro und vom Poopo-See vereinigt es sich mit den drei anderen Mineralienbändern.

Als Anu und Antu in dieses Land kamen, um all diese Reichtümer zu begutachten, waren der heilige Bezirk von Tiahuanacu, die goldene Einfriedung und der Hafen bereits vor-

handen. Von wem hatten die Anunnaki all das um 4000 v. Chr. erbauen lassen? Zu dieser Zeit hatten die Völker im Hochland in der Nähe von Sumer ihre überlieferten, lückenhaften Kenntnisse in Metallurgie und Steinbearbeitung, aber sie könnten von den anderen Arbeitern herübergebracht worden sein. Denn die wahre Hüttenkunde, die Technik des Gießens, den Bau von Gebäuden und das Arbeiten nach architektonischen Plänen und astrologischen Ausrichtungen, all das beherrschten die Sumerer.
Die Zentralfigur in der halbunterirdischen, heiligen Einfriedung trägt einen Bart, ebenso zahlreiche Steinköpfe an der Mauer, die unbekannte Würdenträger darstellen. Viele tragen, wie es bei sumerischen Würdenträgern üblich war, auf dem Kopf einen Turban (Abb. 133).

Abb. 133

Man fragt sich, wie es gekommen sein mag, daß bei den Inkas dieselben Regeln der Erbnachfolge herrschten wie bei den alten Ägyptern, die sie von den Sumerern (und damit von den Anunnaki) übernommen hatten. Warum riefen die Inka-Priester bei ihren Beschwörungen den Himmel mit dem Wort *zi-ana* und die Erde mit *zi-ki-a* an, mit Wörtern, die weder in Quechua noch in Aymara eine Bedeutung haben, aber im Sumerischen »Himmlisches Leben« und »Leben auf der Erde und im Wasser« bedeuten. Und woher hatten die Inkas die Bezeichnung *anta* für Metalle im allgemeinen und Kupfer im besonderen, wenn man bedenkt, daß dieses Wort im Sumerischen Zinn bedeutete?

Die sprachliche Verwandtschaft wird durch die Entdeckung sumerischer Schriftzeichen unterstützt. Deutsche Archäologen unter Führung von A. Bastian fanden sie auf Felsen am Ufer des Manizales im zentralen kolumbianischen Goldgebiet (Abb. 134 a), und eine französische Expedition unter E. André, die der Erforschung der Flußbetten im östlichen Gebiet galt, entdeckte sie an den Felswänden künstlich vergrößerter Höhlen (Abb. 134 b). Viele Petroglyphen beziehen sich auf die Goldgewinnung, sind Wegweiser oder geben Ortsnamen an. So erscheint das Wort *uru* als Bestandteil eines Namens. Unter den Petroglyphen nordwestlich vom Titicaca-See sind Zeichen, die der sumerischen Keil- oder Bilderschrift ähneln, etwa das strahlende Kreuz (Abb. 134 c), mit dem die Sumerer den Planeten Nibiru darzustellen pflegten.

Es ist möglich, daß die Nachkommen der Sumerer, die zum Titicaca-See versetzt worden sind, noch heute hier leben. Es sind nur ein paar hundert Menschen, die auf den Inseln leben und den See mit Binsenbooten befahren. Die Aymara- und Kholla-Stämme, die heute den Hauptteil der Einwohner ausmachen, betrachten diese Nachkommen der frühesten Bewohner als Fremde aus einem anderen Land und nennen sie *uru*. Der Name bedeutet »die Alten«; aber hat man ihnen diesen Namen gegeben, weil sie aus der sumerischen Hauptstadt Ur stammen?

Laut Posnansky kannten die Urus fünf Gottheiten: Pacani-Malku (Alter oder Großer Herr), Malku (Herr) sowie den Erd-, den Wasser- und den Sonnengott. Das Wort *malku* stammt aus dem Nahen Osten, wo es »König« bedeutet hat (was im Hebräischen und Arabischen noch immer der Fall ist). Es gibt nur wenige Studien über die Urus; in einer davon (*American Anthropologist*, Bd. 43) schreibt der

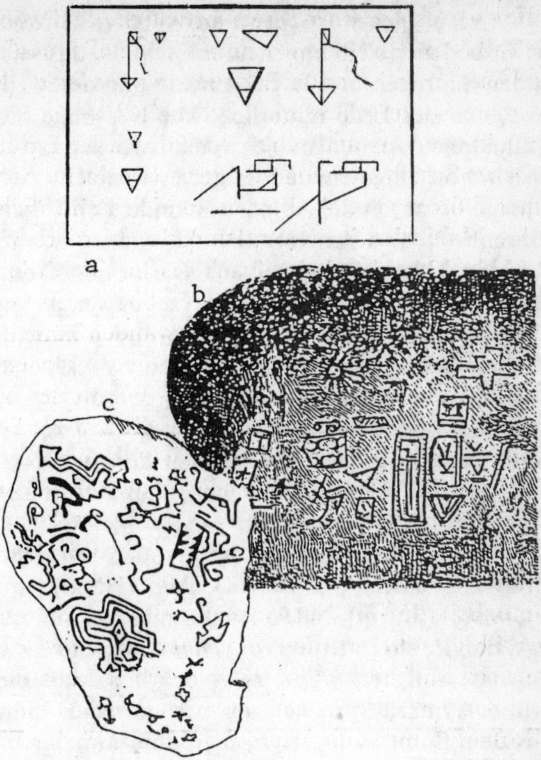

Abb. 134 a, b und c

Verfasser W. La Barre, daß ein »Mythos« der Urus folgendermaßen lautet: »Wir, das Volk vom See, sind das älteste der Erde. Seit langer Zeit sind wir hier, seit der Zeit, wo die Sonne verborgen war. Ehe die Sonne sich versteckte, waren wir schon hier. Dann kamen die Kollas ... Sie benutzten unsere Körper als Opfer, wenn sie das Fundament ihrer Tempel legten ... Tiahuanacu wurde vor der Zeit der Dunkelheit erbaut.«
Es wurde bereits gesagt, daß der Tag der Dunkelheit, »als

die Sonne verborgen war«, etwa auf 1400 v. Chr. zu datieren ist. Er bedeutete ein ungeheures Ereignis, das seine Spuren in den Schriften und in der Erinnerung der Völker auf beiden Seiten der Erde hinterließ. Die Uru-Sage bestätigt, daß Tiahuanacu vor jenem Tag erbaut worden ist und daß die Urus schon lange zuvor hier gewesen sind.

Noch heute befahren die Aymara-Stämme den Titicaca-See mit Binsenbooten, deren Herstellung, wie sie selbst sagen, sie von den Urus gelernt haben. Die Ähnlichkeit dieser Boote mit den Schiffen der Sumerer bewog Thor Heyerdahl dazu, ein solches Boot nachzubauen und mit dem Floßschiff »Kon-Tiki« (ein Beiname Viracochas) Überseefahrten zu unternehmen, womit er bewies, daß die alten Sumerer imstande waren, die Weltmeere zu überqueren.

Noch ein Beweis für die Anwesenheit der Sumerer in den Anden ist in der Tatsache zu sehen, daß *uru* in allen Anden-Sprachen »Tag« bedeutet, genau wie in Mesopotamien, wo es Tageslicht bedeutet hat. Andere Ausdrücke wie *uma/mayu* (Wasser), *khun* (rot), *kap* (Hand), *enu/ienu* (Auge), *makai* (Sturm) sind so fraglos mesopotamischen Ursprungs, daß Pablo Patron (*Nouvelles études sur les langues americaines*) folgerte: »Das zeigt deutlich, daß die Quechua- und Aymara-Sprachen der peruanischen Eingeborenen aus dem Sumerisch-Assyrischen abstammen.«

Das Wort *uru* ist Bestandteil vieler geographischer Bezeichnungen in Bolivien und Peru, zum Beispiel bei dem wichtigen Bergwerkszentrum Oruru, bei dem heiligen Inka-Tal Urubamba und seinem berühmten Fluß. In diesem Tal leben in Höhlen immer noch die Nachfahren eines Stammes, die sich selbst als Abkömmlinge der Urus vom Titicaca-See betrachten; sie weigern sich, ihre Höhlen zu verlassen und in Häuser umzuziehen, weil sie glauben, die Höhlen würden zusammenbrechen, wenn sie sie verließen, und den Weltuntergang verursachen.

Es gibt noch mehr Verbindungen zwischen der mesopotamischen Kultur und der in den Anden. Wie will man zum

Beispiel die Tatsache erklären, daß die sumerische Hauptstadt Ur genau wie Tiahuanacu von Wasser umgeben war, nämlich von einem Kanal, der einen nördlichen und einen südwestlichen Hafen hatte und zum Euphrat und noch weiter führte? Und wie ist die goldene Einfriedung des Haupttempels von Cuzco zu erklären, deren Mauern von Goldplatten bedeckt waren, genau wie in Puma-Punku und in Uruk? Und die »Bibel in Bildern« in der Coricancha, die den Nibiru und seinen Umlauf zeigt?

Dann gab es die vielen Bräuche, die bewirkten, daß die Spanier die Indianer als Ankömmlinge der zehn israelitischen Stämme betrachteten. Es existierten die Küstenstädte mit ihren Tempeln, die die Altertumsforscher an die sumerischen Zikkurate erinnerten. Und wie soll man sich erklären, daß die unglaublichen ornamentalen Webstoffe der Völker am Titicaca-See in ganz Amerika nicht ihresgleichen haben, aber in bezug auf Muster und Farben den berühmten sumerischen Textilien, insbesondere denen in Ur, ähneln? Warum wurden die Götter mit konischem Kopfschmuck und eine Göttin mit Nintis Nabelschnurzerschneider dargestellt? Warum ein Kalender genau wie in Mesopotamien mit Tierkreiszeichen, Präzession und zwölf Häusern?

Es ist nicht nötig, alle bereits geschilderten Hinweise zu wiederholen; denn alle Teile des Puzzles fügen sich zusammen, wenn wir zugeben, daß das menschliche Leben in den Anden mit der Anwesenheit der Anunnaki und der Sumerer (allein oder mit Nachbarn) ungefähr im Jahr 4000 v. Chr. begonnen hat. Die Sage von der Himmelfahrt des Schöpfers und seiner beiden Söhne (Sonne und Mond) vom heiligen Felsen auf der Sonneninsel Titicaca aus beruht sicher auf der Erinnerung an die Abreise von Anu, seinem Enkel Sin und Sins Sohn Schamasch, die von Puma-Punku aus eine kurze Bootsfahrt zu dem wartenden Raumschiff der Anunnaki gemacht haben.

In jener denkwürdigen Nacht in Uruk zündeten die Priester, sobald sie den Nibiru gesichtet hatten, Fackeln an, und das

war das Signal für die Dörfer ringsum. Freudenfeuer wurden angezündet, wiederum als Signal für die benachbarten Niederlassungen, und bald entflammte das ganze Land Sumer: Man feierte die Gäste Anu und Antu sowie den Anblick des Planeten der Götter.
Es bleibe dahingestellt, ob die Menschen damals wußten, daß sie ein Himmelsereignis feierten, das nur alle dreitausendsechshundert Jahre stattfindet; aber bestimmt waren sie sich darüber im klaren, daß dieses Phänomen in ihrem Leben einmalig war. Die Menschheit hatte nicht aufgehört, die Rückkehr dieses Planeten herbeizusehnen, und mit Recht denkt sie daran als an ein goldenes Zeitalter zurück; denn damals erlebte sie den Höhepunkt einer friedlichen Periode und eines unvergleichlichen Fortschritts.
Aber kaum waren Anu und Antu zum Nibiru zurückgekehrt, da wurde die friedliche Aufteilung der Erde unter den Anunnaki gestört. Es war nach meiner Berechnung ungefähr im Jahr 3450 v. Chr., als der Turmbau zu Babel stattfand — ein Versuch von Marduk/Ra, die Alleinherrschaft über die Stadt Babylon zu erlangen. Obwohl Enlil und Ninurta verhinderten, daß die Menschen eine riesige Startrampe bauten, beschlossen die Götter, sie zu bestrafen, indem sie die Menschen zerstreuten und ihre Sprache verwirrten. Die Zivilisation spaltete sich mitsamt der Sprache auf, und nach einer chaotischen Periode, die dreihundertfünfzig Jahre dauerte, entwickelte sich am Nil eine neue Zivilisation mit eigener Sprache und Schrift. Das geschah nach Meinung der Ägyptologen ungefähr 3100 v. Chr.
Nachdem Marduk/Ra im zivilisierten Sumer ausgespielt hatte, ging er nach Ägypten, riß dort die Herrschaft an sich und zivilisierte das Land. Sein Bruder Thoth, der bis dahin in diesem Land geherrscht hatte, sah sich nun als ein Gott ohne Volk. Meiner Ansicht nach wählte er, begleitet von einigen treuen Anhängern, als Sitz die neuen Gebiete in Mesoamerika.
Ich bin auch der Meinung, daß dies nicht »um ungefähr

3100 v. Chr.« geschehen war, sondern genau im Jahr 3113 v. Chr., das heißt an dem Tag, an dem die Mesoamerikaner mit ihrer Zeitrechnung, dem Long Count, begannen.

Es ist keineswegs ungewöhnlich, den Zeitablauf so zu messen, daß man den Beginn des Kalenders auf ein bedeutungsvolles Ereignis legt. Der westliche christliche Kalender beginnt mit der Geburt Jesu Christi. Der moslemische Kalender beginnt mit der Hedschra, das heißt mit der Auswanderung Mohammeds von Mekka nach Medina, die nach unserer Zeitrechnung am 20. Juni 622 (am vierten Tage des ersten Rabîa) stattfand. Von weiteren Beispielen sei hier nur noch der jüdische Kalender erwähnt, der in Wirklichkeit nichts anderes ist als der uralte (und erste) Kalender von Nippur, jener Stadt, die die Sumerer dem Gott Enlil geweiht haben. Im Gegensatz zu der allgemeinen Annahme, die Juden hätten die Jahre vom »Anfang der Welt« an gezählt (5748 entspricht zum Beispiel unserem Jahr 1988), ist dies der Beginn des nippurischen Kalenders im Jahr 3760 v. Chr.; das dürfte das Jahr gewesen sein, in dem Anu seinen Staatsbesuch auf der Erde gemacht hat.

Nichts spricht gegen meine Annahme, daß Quetzalcoatls Ankunft in seinem neuen Reich der gegebene Anlaß war, mit der Langzeitberechnung des mesoamerikanischen Kalenders zu beginnen, zumal gerade dieser Gott, die gefiederte Schlange, den Kalender in diesen Ländern eingeführt hat.

Da Thoth, in den sumerischen Texten Ningischzidda (Herr des Lebensbaumes) genannt, von seinem eigenen Bruder entthront worden war, ist es verständlich, daß er ein natürlicher Verbündeter der Gegner seines Bruders wurde, nämlich der enlilitischen Götter und ihres großen Kriegers Ninurta. Es steht geschrieben, daß Ninurta ihm zu Ehren in Gudea einen Zikkurat-Tempel bauen lassen wollte, und daß Ningischzidda/Thoth den Bauplan selbst entwarf; vielleicht lieferte er das Rohmaterial und beteiligte sich auch an dessen Beschaffung. Als Freund der Enliliten stand er

wohl auf gutem Fuße mit Ischkur/Adad und dürfte im Titicaca-Gebiet, das ihm ja unterstellt war, ein gerngesehener Gast gewesen sein.
Es gibt sogar Beweise dafür, daß ein Schlangengott und seine afrikanischen Anhänger bei der Entwicklung der Metallarbeiten rings um Tiahuanacu mitgeholfen haben. Stelen und Skulpturen aus der Zeit zwischen der ersten und der zweiten Tiahuanacu-Periode sind mit Schlangensymbolen geschmückt, einem dort seltenen Symbol, und sowohl die Porträts, die man in der Nähe gefunden hat (Abb. 135), als auch zwei Kolossalbüsten, die von Eingeborenen entfernt und vor der Dorfkirche von Tiahuanacu aufgestellt worden sind (Abb. 136), lassen trotz ihrer Verwitterung negroide Züge erkennen.
Posnansky ärgerte die Kritik an seiner »phantastischen« Altersbestimmung so sehr, daß er nicht einmal mehr den Versuch machte, den Übergang von der ersten Periode, in der Sandstein als Bau- und Steinmetzmaterial benutzt

Abb. 135

Abb. 136

wurde, zur zweiten, in der harter Andesit verwendet und differenzierter gearbeitet wurde, zu datieren. Aber die Tatsache, daß sich zur selben Zeit die Bedeutung von Gold auf Zinn verlagerte, läßt darauf schließen, daß sich die Veränderung um 2500 v. Chr. vollzog. Wenn die enlilitischen Götter, nämlich Adad und Ninurta, denen das Hochland im Nahen Osten unterstand, zu dieser Zeit im neuen Reich damit beschäftigt waren, eine Stadt für die Zinngewinnung zu errichten, dann haben wir die Erklärung, wie es Inanna/Istar möglich war, die Macht im Nahen Osten an sich zu reißen und einen blutigen Krieg gegen Marduk/Ra zu führen, um den Tod ihres geliebten Gatten Dumuzi zu rächen, an dem ihres Erachtens Marduk schuld war.

In dieser Zeit beschlossen die beteiligten Götter, wahrscheinlich wegen der unsicheren Situation im Nahen Osten, in weiter Ferne eine neue Zivilisation zu erschaffen — in den Anden. Tiahuanacu konnte Zinn liefern, und Gold gab es in den Anden-Bergen in Hülle und Fülle. Man mußte nur den Einwohnern die notwendigen Kenntnisse vermitteln und ihnen Werkzeug zur Goldgewinnung geben.

So geschah es, daß um 2400 v. Chr. — genau wie Montesinos gefolgert hat — Manco Capac in Titicaca den goldenen Zauberstab erhielt und in die Goldregion von Cuzco geschickt wurde.

Wie sah dieser Zauberstab aus, und welchem Zweck sollte er dienen? Eine der gründlichsten Studien über dieses Thema ist die *Corona Incaica* von Juan Larrea. Nachdem er Gebrauchsgegenstände, überlieferte Sagen und Abbildungen der Inka-Herrscher analysiert hatte, gelangte er zu dem Schluß, daß es ein Beil war, das *yuari* hieß und bei der Übergabe an Manco Capac als *tupa-yuari* (»königliches Beil«) bezeichnet wurde (Abb. 137 a). Aber war das Beil eine Waffe oder ein Werkzeug?

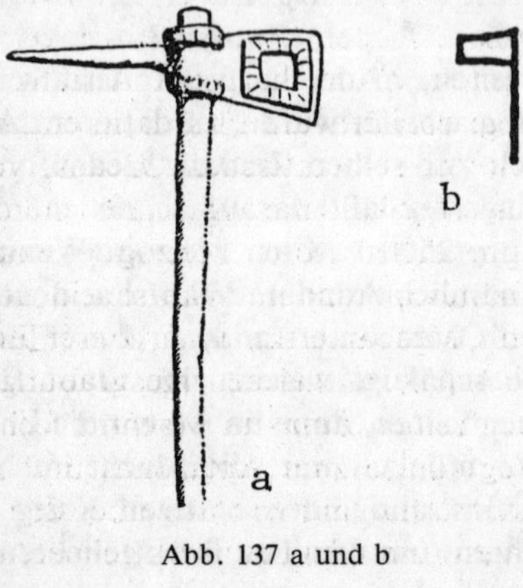

Abb. 137 a und b

Um diese Frage beantworten zu können, müssen wir uns wieder einmal dem alten Ägypten zuwenden. Das ägyptische Wort für Götter lautet *Neteru* (»Wächter«). Genauso wurde Sumer (eigentlich Schumer) genannt: »Land der Wächter«, und in frühen Übertragungen der biblischen und pseudobiblischen Texte ins Griechische wurde das Wort *Nefilim* mit »Wächter« übersetzt. Die betreffende Hieroglyphe ist ein Beil (Abb. 137 b).

E. A. Wallis Budge (*The Gods of the Egyptians*) schreibt in einem besonderen Kapitel »Das Beil als Symbol Gottes«, es habe aus Metall bestanden. Er erwähnt auch, daß das Symbol (wie das Wort *neter*) wahrscheinlich von den Sumerern übernommen worden ist. Das ist übrigens aus Abbildung 133 zu ersehen.

So wurde die Anden-Zivilisation ins Leben gerufen: Man gab dem Menschen ein Beil, mit dem er das Gold der Götter gewinnen konnte.

Die Geschichten von Manco Capac und den Brüdern Ayar kennzeichnen wahrscheinlich das Ende der Goldphase in Mesopotamien und in Tiahuanacu. Dann gab es eine Übergangszeit, die andauerte, bis der Ort als Zinnhauptstadt der Welt wieder zum Leben erwachte. Die Zinnsucher kamen und brachten das Zinn oder fertige Bronze quer über den Stillen Ozean. Andere Routen entwickelten sich. Niederlassungen mit erstaunlich großer Anzahl von Bronzen zeigen den Weg: ostwärts am Fluß Beni entlang zur brasilianischen Küste des Atlantischen Ozeans, von da weiter mit Hilfe der Meeresströmungen bis zum Arabischen Meer, dem ägyptischen Roten Meer oder vom Persischen Gold aus nach Mesopotamien. Wahrscheinlich gab es auch einen Weg von Mesoamerika und vom Fluß Urubamba aus, wie aus den megalithischen Ausgrabungsfeldern und einem Klumpen reinen Zinns in Machu Picchu zu ersehen ist. Dieser Weg führte zum Amazonas und zur Nordostspitze von Südamerika und von hier über den Atlantischen Ozean nach Westafrika und zum Mittelmeer.

Als Mesoamerika die städtische Kultur entwickelt hatte, eröffnete sich ein dritter und schnellerer Weg durch die schmale Landenge, die eine richtiggehende Landbrücke zwischen Pazifischem Ozean und Atlantik via Karibisches Meer bot. Dieser Route folgten die spanischen Eroberer. Sie muß zur Zeit der olmekischen Kultur nach 2000 v. Chr. bevorzugt befahren worden sein, wie die Anwesenheit der Menschen vom Mittelmeerraum beweist; denn im Jahr 2024 v. Chr. zerstörten die Anunnaki, angeführt von Ninurta, den Flughafen auf der Halbinsel Sinai mit Kernwaffen, weil sie befürchteten, Marduks Anhänger würden ihn in Besitz nehmen.

Unaufhaltsam zog die tödliche Nuklearwolke nach Südmesopotamien und verwüstete Sumer samt seiner letzten Hauptstadt Ur. Als hätte das Schicksal es so beschlossen, zog die Wolke südwärts, so daß Babylon verschont blieb, und ohne Zeit zu verlieren, rückte Marduk mit einem Heer von kanaanitischen und amoritischen Anhängern ein und erklärte Babylonien zum Königreich.

Zu dieser Zeit wurde meiner Meinung nach die Entscheidung gefällt, den afrikanischen Anhängern von Thoth/Quetzalcoatl in seinem mesoamerikanischen Gebiet die Entwicklung der Zivilisation zu gewähren.

Zu den wenigen wissenschaftlichen Studien, die zugeben, daß die Olmeken negroide Afrikaner waren, gehört die Abhandlung *Africa and the Discovery of America* von Leo Wiener, Professor für slawische und andere Sprachen an der Universität Harvard. Aus den Rassenmerkmalen und vor allem aus linguistischen Analysen schloß er, daß die olmekische Sprache mit der Familie der Mande-Sprache verwandt ist, die in Westafrika zwischen Niger und Kongo gesprochen wird. Aber da er seine Abhandlung 1920 veröffentlichte, also zu einer Zeit, wo man das wahre Alter der Olmeken noch nicht kannte, schrieb er ihre Anwesenheit in Mesoamerika den arabischen Seefahrern und Sklavenhändlern im Mittelalter zu.

Über ein halbes Jahrhundert verging, ehe Alexander von

Wuthenau in der Schrift *Unexpected Faces in Ancient America* das Problem aufgriff. Aufgrund zahlreicher Aufnahmen von semitischen und negroiden Porträts aus den Kunstschätzen Mesoamerikas stellte er fest, daß die erste Verbindung zwischen der Alten und der Neuen Welt während der Regierungszeit des Pharaos Ramses III. (12. Jahrhundert v. Chr.) entstand, und daß die Olmeken Kuschiten aus Nubien, der wichtigsten Goldquelle Ägyptens, waren. Noch andere schwarze Afrikaner könnten, wie er meinte, zwischen 500 v. Chr. und 200 n. Chr. auf phönizischen und jüdischen Schiffen herübergekommen sein. Ivan van Sertima, dessen Studie *They Came Before Columbus* die fünfhundertjährige Lücke zwischen den beiden genannten Schriften ausfüllt, hält die »kuschitische Lösung« für die richtige: Als die schwarzen Könige von Kusch im achten Jahrhundert vor Christus als fünfundzwanzigste Dynastie auf dem Thron von Ägypten saßen, blühte der Silber- und Bronzehandel, und wahrscheinlich seien die Kuschiten infolge von Schiffbrüchen auch nach Mesoamerika gelangt.

Diese Schlußfolgerung erhärten die riesigen Olmekenköpfe, die aus dieser Zeit stammen; aber da wir jetzt wissen, daß die Olmeken ums Jahr 2000 v. Chr. in Mesoamerika aufgetaucht sind, stellt sich die Frage: Wer also waren diese Afrikaner?

Halten wir fest, daß Leo Wieners linguistische Forschung zutrifft, aber nicht seine zeitliche Bestimmung. Wenn wir die Gesichtszüge der olmekischen Kolossalköpfe (Abb. 138 a) mit denen der Westafrikaner vergleichen, etwa mit dem des nigerianischen Generals I. B. Banagida (Abb. 138 b), sehen wir, daß der zeitliche Abstand von Jahrtausenden durch eine auffallende Ähnlichkeit überbrückt wird. Aus diesem Teil von Afrika hätte Thoth seine in Metallurgie erfahrenen Anhänger mitbringen können, denn dort, im heutigen Nigeria, gab es *Gold und Zinn* sowie Kupfer für Bronzelegierungen in Hülle und Fülle. Nigeria ist be-

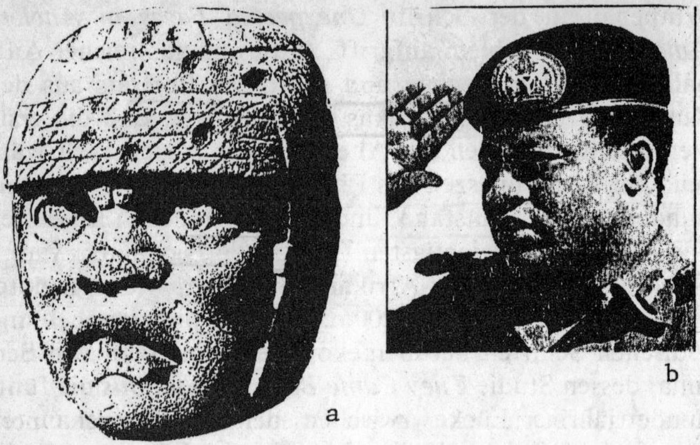

a b

Abb. 138 a und b

rühmt für seine Bronzefigurinen, die im Bossier-Wachsverfahren hergestellt worden sind; mittels der Radiocarbonmethode hat man kürzlich festgestellt, daß die Ausgrabungsstätten, wo man die ältesten Figurinen gefunden hat, aus dem Jahr 2100 v. Chr. stammen.
Hier, in Westafrika, trug das Land, das heute Ghana heißt, jahrhundertelang den Namen Goldküste, denn das war es wirklich — eine Goldquelle, die bereits die Phönizier gekannt haben. Es ist zudem das Gebiet der Aschantis, eines kunstfertigen westafrikanischen Negerstammes, der die Goldschmiedekunst kultivierte; unter den Gegenständen, die sie herstellten, befinden sich Goldgewichte in Form kleiner Stufenpyramiden (Abb. 139) — und das in einem Land, wo es derartige Gebäude nicht gibt.
Vermutlich geschah es in der Zeit, wo in der Alten Welt einschneidende Umwälzungen stattfanden, daß Thoth die Aufgabe übernahm, seine künstlerisch begabten Anhänger in ein neues Land zu bringen, um ein neues Leben zu beginnen, eine neue Kultur zu schaffen, in neuen Minen Metalle abzubauen.

Abb. 139

Mit der Zeit wurden, wie wir gesehen haben, diese Operationen und mit ihnen die Olmeken nach Süden verlegt, zuerst an die mexikanischen Küsten des Stillen Ozeans, dann über den Isthmus ins nördliche Südamerika. Ihr letzter Bestimmungsort war das Chavín-Gebiet; hier trafen sie mit Adads Goldsuchern, den Leuten mit dem goldenen Zauberstab, zusammen.
Das goldene Zeitalter der Neuen Reiche dauerte nicht ewig. Die olmekischen Niederlassungen in Mexiko fielen der Zerstörung anheim; die Olmeken selbst und ihre bärtigen Gefährten fanden ein brutales Ende. Auf der Mochica-Keramik sind versklavte Riesen und geflügelte Götter mit Metallklingen abgebildet. Die Neue Welt erlebte Stammeskämpfe und Überfälle. Im Hochland von Titicaca erzählen die Aymara-Sagen von Eindringlingen, die von der Meeresküste her in die Berge kamen und die Weißen töteten, die sich noch dort befanden.
Handelten diese Erinnerungen von den Konflikten unter den Anunnaki, in die die Menschheit immer mehr mit einbezogen wurde? Oder geschah das alles erst, als die Götter wieder gegangen waren — fortgefahren übers Meer und zum Himmel aufgestiegen?
Wie es sich auch zugetragen haben mag, fest steht, daß die Verbindung zwischen der Alten und der Neuen Welt ab-

brach. In der Alten Welt wurde Amerika eine dunkle Erinnerung — Andeutungen von klassischen Schriftstellern, Geschichten von Atlantis aus dem Munde ägyptischer Priester, rätselhafte Landkarten von unbekannten Erdteilen. War das alles ein Mythos, oder gab es wirklich Goldländer jenseits der Säulen des Herakles? Im Laufe der Zeit wurden aus den Neuen Reichen vergessene Reiche, soweit es die Völker im Abendland betraf.

In der Neuen Welt selbst wurde die »goldene Vergangenheit« immer mehr eine legendäre Erinnerung, während die Jahrhunderte vergingen. Aber die Erinnerung wollte nicht sterben, und auch die Geschichten blieben erhalten — wie und wo alles begonnen hatte, von Quetzalcoatl und Viracocha, und daß die Götter eines Tages zurückkehren würden.

Wenn wir heute Kolossalköpfe, megalithische Mauern, verlassene Stätten, ein einsames Tor mit einem weinenden Gott betrachten, müssen wir uns doch fragen: Haben die

Abb. 140

Völker Mesoamerikas recht, wenn sie sagen, diese Götter seien unter ihnen gewesen und hätten versprochen, zurückzukehren?
Bis jetzt haben die Weißen, die wiedergekommen sind, bloß Verderben und Zerstörung gebracht, und die Menschen in den Anden, wo alles begonnen hat, können nur wider alle Vernunft hoffen, daß sie ihren geflügelten Gott mit den goldenen Tränen wiedersehen werden.

Bibliographie

Zusätzlich zu den im Text erwähnten Quellen habe ich folgende Materialien herangezogen:

I. Abhandlungen, Artikel und Berichte aus folgenden Zeitschriften und wissenschaftlichen Reihen

Academia Colombiana de Historia: Biblioteca de Antropologia (Bogotá)
Acta Antropologica (Mexico City)
American Anthropological Association, Memoirs (Menasha, Wisc.)
American Antiquity (Salt Lake City)
American Journal of Anthropology (Baltimore)
American Museum of Natural History: Anthropological Papers (New York)
American Philosophical Society: Transactions (Philadelphia)
Anales del Instituto Nacional de Antropologia e Historia (Mexico City)
Anales del Museo Nacional de Arqueologia, Historia y Etnologia (Mexico City)
Annals of the New York Academy of Sciences (New York)
Anthropological Journal of Canada (Ottawa)
Anthropology (Berkeley)
Archaeoastronomy (College Park)
Archaeology (New York)
Arqueologia Mexicana (Mexico City)
Arqueologicas (Lima)
Atlantis (Berlin und Zürich)

Baessler Archiv (Berlin und Leipzig)
Biblical Archaeology Review (Washington, D.C.)
Biblioteca Boliviana (La Paz)
Bureau of American Ethnology: Bulletin (Washington, D.C.)

California University, Archaeological Research Facility: Contributions (Berkeley)
Carnegie Institution of Washington, Publications: Contributions to American Archaeology (Washington, D.C.)

Carnegie Institution of Washington, Department of Archaeology: Notes on Middle American Archaeology and Ethnology (Cambridge, Mass.)
Connecticut Academy of Arts and Sciences: Memoirs (New Haven)
Cuardernos Americanos (Mexico City)
Cuzco (Cuzco)

El Mexico Antiguo (Mexico City)
Ethnographical Museum of Sweden: Monograph Series (Stockholm)

Harvard University, Peabody Museum of American Archaeology and Ethnology: Memoirs and *Papers* (Cambridge, Mass.)

Inca (Lima)
Instituto Nacional de Antropologia e Historia: Memorias and *Boletin* (Mexico City)
International Congresses of Americanists: Proceedings (Various cities)

Journal of the Ethnological Society of London (London)
Journal of the Manchester Egyptian and Oriental Society (Manchester)
Journal of the Royal Anthropological Institute (London)

Liverpool University Centre for Latin American Studies: Monograph Series (Liverpool)

Museum für Völkerkunde in Hamburg: Mitteilungen (Hamburg)
Museum of the American Indian, Heye Foundation: Contributions and *Leaflets* and *Indian Notes* and *Monographs* (New York)

National Geographic Magazine (Washington, D.C.)
National Geographic Society, Technical Papers: Mexican Archaeology Series (Washington, D.C.)
Natural History (New York)
New World Archaeological Roundation: Papers (Provo)

Revista del Museo de La Plata (Buenos Aires)
Revista del Museo Nacional (Lima)
Revista do Instituto Historico e Geografico Brasiliero (Rio de Janeiro)
Revista Historica (Lima)
Revista Mexicana de Estudios Antropologicos (Mexico City)
Revista Mexicana de Estudios Historicos (Mexico City)
Revista Universitaria (Lima)
Revue Anthropologique (Paris)
Revue d'Ethnographie (Paris)

Scientific American (New York)
Smithsonian Institution, Bureau of American Ethnology: Bulletin (Washington, D.C.)
Studies in Pre-Columbian Art and Archaeology (Dumbarton Oaks)

University of California Anthropological Records (Berkeley)
University of California: Publications in American Archaeology and Ethnology (Berkeley)
University of Pennsylvania, the University Museum: The Museum Journal (Philadelphia)

Wira-Kocha (Lima)

II. Sekundärliteratur

Allen, G.: *Gold!* 1964.
America Pintoresca: Descripcion de viajes al Nuevo Continente. 1884.
Anders, F.: *Das Pantheon der Maya.* 1963.
Andree, R.: *Die Metalle bei den Naturvölkern.* 1884.
Antiguo Peru: espacio y tiempo. 1960.
Anton, F.: *Alt-Peru und seine Kunst.* 1962.
Arnold, J. R. und W. F. Libby: *Radiocarbon Dates.* 1950.
Arte Prehispanico de Mexico. 1933.
Aveni, A. F. (Hrsg.): *Archaeoastronomy in Pre-Columbian America.* 1975.
— (Hrsg.): *Native American Astronomy.* 1977.
— (Hrsg.): *Archaeoastronomy in the New World.* 1982.

Batres, L.: *Teotihuacan o la Ciudad Sagrada de los Toltecas.* 1889.
—: *Civilizacion Prehistorica (Estado de Veracruz).* 1908.
Baudin, L.: *La Vie Quotidienne au Temps des Derniers Incas.* 1955.
Baudin, L., C. Troll und C. D. Gibson: *Los origines del Indio-Americano.* 1937.
Belli, P. L.: *La Civilizacion Nazca.* 1960.
Beltran-Kropp, M.: *Cuzco — Window on Peru.* 1956, 1970.
Bennett, W. C.: *Excavations at Tiahuanaco.* 1934.
—: *Excavations in Bolivia.* 1936.
—: *The Ancient Arts of the Andes.* 1954.
Bennett, W. C. und J. B. Bird: *Andean Culture History.* 1964.
Benson, E. P.: *The Maya World.* 1967.
— (Hrsg.): *The Dumbarton Oaks Conference on the Olmecs.* 1968.
Bernal, I.: *Ancient Mexico in Color.* 1968.
—: *El Mundo Olmeca.* 1968.
—: *Stone Reliefs in the Dainzu Area.* 1973.

Bernal, I., R. Piña-Chan und F. Camara Barbachano: *3000 Years of Art and Life in Mexico*. 1968.
Bird, J.: *Paracas Fabrics and Nazca Needlework*. 1954.
Bird, J. (Hrsg.): *Art and Life in Old Peru*. 1962.
Blom, F. und O. La Farge: *Tribes and Temples*. 1926.
Bollaert, W.: *Antiquarian, Ethnological and Other Researches in New Granada, Equador, Peru and Chile*. 1860.
Braessler, A.: *Ancient Peruvian Art*. 1902/1903.
—: *Altperuanische Metallgeräte*. 1906.
Brinton, D. G.: *The Books of Chilam Balam*. 1892.
British Academy, The: *The Place of Astronomy in the Ancient World*. 1974.
Buck, F.: *El Calendario Maya en la Cultura Tiahuanacu*. 1937.
Burland, C. A.: *Peoples of the Sun*. 1976.
Buse, H.: *Huaras y Chavin*. 1957.
—: *Guia Arqueologica de Lima*. 1960.
—: *Machu Picchu*. 1961.
—: *Peru 10000 años*. 1962.
Bushnell, G. H. S.: *Peru*. 1957.
—: *Ancient Arts of the Americas*. 1965.

Cabello de Balboa, M.: *Historia del Peru*. 1920.
Carnero Albarran, N.: *Minas e Indios del Peru*. 1981.
Caso, A.: *La religion de los Aztecas*. 1936.
—: *Thirteen Masterpieces of Mexican Archaeology*. 1936.
—: *El Complejo Arquelogico de Tula*. 1941.
—: *Calendario y Escritura de las Antiguas Culturas de Monte Alban*. 1947.
—: *The Aztecs — People of the Sun*. 1958.
—: *Los Calendarios Prehispanicos*. 1967.
—: *Reyes y reinos de la Mixteca*. 1977.
Centro de Investigaciones Antropologias de Mexico: *Esplendor del Mexico Antiguo*. 1959.
Capman, W.: *The Search for El Dorado*. 1967.
—: *The Golden Dream*. 1967.
Coe, M. D.: *Mexico*. 1962.
—: *The Maya*. 1966.
Coe, M. D. und R. Diehl: *In the Land of the Olmec*. 1980.
Cornell, J.: *The First Stargazers*. 1981.
Corson, C.: *Maya Anthropomorphic Figurines from Jaina Island*. 1976.
Cottrell, A. (Hrsg.): *The Encyclopedia of Ancient Civilizations*. 1980.
Crequi-Montfort, G. de: *Fouilles de la mission scientifique française à Tiahuanaco*. 1906.

D'Amato, J. und J. H. del Mazo: *Machu Picchu.* 1975.
Dennis, W. H.: *Metallurgy in the Service of Man.* 1961.
Diccionario Porrua de Historia, Biografia y Geografia de Mexico. 1971.
Dihl, R. A.: *Tula — The Capital of Ancient Mexico.* 1983.
Disseldorf, E. P.: *Kunst und Religion der Maya-Völker.* 1926, 1931.
Disselhoff, H. D.: *Gott muß Peruaner sein.* 1956.
—: *Kinder der Erdgöttin.* 1960.
—: *Les Grandes Civilizations de l'Amerique Ancienne.* 1963.
—: *Geschichte der altamerikanischen Kulturen.* 1967.
—: *Oasenstädte und Zaubersteine im Land der Inka.* 1968.
—: *El Imperio de los Incas.* 1973.
—: *Incaica.* 1982.
Doering, H.: *Old Peruvian Art.* 1926.
Dubelaar, C. N.: *The Petroglyphs in the Guianas and Adjacent Areas of Brazil and Venezuela.* 1986.
Duran, Fray D.: *Historia de las Indias de Nueva España.* 1867. (Englische Übersetzung von D. Heyden und F. Horacasitas, 1964)

Emmerich, A.: *Sweat of the Sun and Tears of the Moon.* 1965.
—: *Gods and Men in Precolumbian Art.* 1967.
Engel, F.: *Elementos de Prehistoria Peruana.* 1962.
—: *Le Monde Précolumbien des Andes.* 1972.

Fage, J. D.: *A History of West Africa.* 1969.
Falb, R.: *Das Land der Inca.* 1883.
Fernandez, A.: *Pre-Hispanic Gods of Mexico.* 1984.
Festschrift Eduard Seler. 1922.
Fisher, J. R.: *Silver Mines and Silver Miners in Colonial Peru.* 1977.
Flornoy, B.: *Découverte des Sources des Andes a la Forêt Amazonienne.* 1946.
—: *The World of the Inca.* 1956.
—: *Amazone — Terres et Hommes.* 1969.
Forbes, D.: *On the Aymara Indians of Bolivia and Peru.* 1870.
Forbes, R. J.: *Metallurgy in Antiquity.* 1950.
Furst, J. L. und P. T. Furst: *Pre-Columbian Art of Mexico.* 1980.
Furst, P. T.: *Gold Before Columbus.* 1964.

Garcia Rosell, C.: *Los Monumentos Arqueologicos del Peru.* 1942.
Garcilaso de la Vega, el Inca: *Royal Commentaries of the Incas.* (übertragen ins Englische von H. V. Livermore) 1966.
Gates, W.: *An Outline Dictionary of Maya Glyphs.* 1931.
Giesecke, A. A.: *Guide to Cuzco.* 1924.
Gonzalez de la Rosa, M.: *Les deux Tiahuanacos.* 1910.
Gordon, G. B.: *Prehistoric Ruins of Copan, Honduras.* 1896.

Haberland, W.: *Die Kulturen Meso- und Zentralamerikas.* 1969.
Harlow, W. T. (Hrsg.): *Voyages of Great Pioneers.* 1929.
Hawkins, G. S.: *Beyond Stonehenge.* 1973.
Hedges, E. S.: *Tin and Its Alloys.* 1959.
Heggie, D. C. (Hrsg.): *Archaeoastronomy in the Old World.* 1982.
Heim, A.: *Wunderland Peru.* 1948.
Heizer, R. E., P. Drucker und J. A. Graham: *Investigations at La Venta.* 1968.
Helfritz, H.: *Mexican Cities of the Gods.* 1970.
Heyerdahl, T.: *The Kon-Tiki Expedition.* 1951.
—: *The Ra Expeditions.* 1971.
Homenaje al Professor Paul Rivet. 1955.

Ibarra Grasso, D. E.: *Tiahuanaco.* 1956.
—: *Prehistoria de Bolivia.* 1965.
—: *Cosmogonia y Mitologia Indigena Americana.* 1980.
—: *Ciencia en Tihuanaku y el Incario.* 1982.
—: *Ciencia Astronomica y Sociologia.* 1984.
—: *Pueblos Indigenos de Bolivia.* 1985.
Illescas Cook, G.: *El Candelabro de Paracas y la Cruz del Sur.* 1981.
Inwards, R.: *The Temple of the Andes.* 1884.
Ixtlilxochitl, F. de Alva: *Historia Chichimeca* (übersetzt und herausgegeben von H. G. Bonte: *Das Buch der Könige von Tezuco.* 1930).

Jenness, D. (Hrsg.): *The American Aborigines and Their Origin and Antiquity.* 1933.
Joyce, T. A.: *South American Archaeology.* 1912.
—: *The Weeping God.* 1913.
—: *Mexican Archaeology.* 1920.
—: *Maya and Mexican Art.* 1927.

Katz, F.: *The Ancient American Civilizations.* 1972.
Kaufmann-Doig, F.: *Arqueologia Peruana.* 1971.
—: *Tiahuanaco a la luz de la Arqueologia.* 1965.
Keating, R. W. (Hrsg.): *Peruvian Prehistory.* 1986.
Krickberg, W.: *Altmexikanische Kulturen.* 1956.
—: *Felsplastik und Felsbilder bei den Kulturvölkern Altamerikas.* 1969.
Krickberg, W., H. Trimborn, W. Müller und O. Zerris: *Pre-Columbian American Religions.* 1968.
Kroeber, A. L.: *Archaeological Explorations in Peru.* 1926 und 1931.
Krupp, E. C.: *Echoes of Ancient Skies: The Astronomies of Lost Civilizations.* 1983.
— (Hrsg.): *In Search of Ancient Astronomies.* 1978.
— (Hrsg.): *Archaeoastronomy and the Roots of Science.* 1983.

Kubler, G.: *The Art and Archaeology of Ancient America.* 1962.
Kutscher, G.: *Chimu, eine altindische Hochkultur.* 1950.

Lafone Quevedo, S. A.: *Tres Relaciones de Antiquedades Peruanas.* 1950.
Landa, Diego de: *Relacion de las cosas de Yucatan.* 1956.
Larrea, J.: *Del Surrealismo a Machupicchu.* 1967.
Lathrap, D. W.: *The Upper Amazon.* 1970.
Lawrence, A. W. und J. Young (Hrsg.): *Narratives of the Discovery of America.* 1931.
Leicht, H.: *Pre-Inca Art and Culture.* 1960.
Lehmann, W.: *Einige Probleme des zentralamerikanischen Kalenders.* 1912.
—: *The History of Ancient Mexican Archaeology.* 1922.
Lehmann, W. und H. Doering: *Kunstgeschichte des alten Peru.* 1924.
Leon-Portilla, M.: *Pre-Columbian Literature of Mexico.* 1969.
Lothrop, S. K.: *Zacaulpa: A Study of Ancient Quiche Artifacts.* 1936.
—: *Metals from the Cenote of Sacrifice, Chichen Itza, Yucatan.* 1952.
—: *Treasures of Ancient America.* 1964.
Lothrop, S. K., W. F. Foshag und J. Mahler: *Pre-Columbian Art: The Robert Woods Bliss Collection.* 1957.
Ludendorff, H.: *Über die Entstehung der Tzolkin-Periode im Kalender der Maya.* 1930.
—: *Das Mondalter in den Inschriften der Maya.* 1931.

Maguina, J. E.: *Lima Guide Book.* 1957.
Maler, T.: *Explorations in the Department of Peten, Guatemala.* 1911.
Mantell, C. L.: *Tin, Its Mining, Production, Technology and Application.* 1929.
Markham, C. R.: *Peru.* 1880.
—: *Narratives of the Rites and Laws of the Yncas.* 1883.
—: *The Travels of Pedro de Cieza de Leon.* 1884.
—: *The Incas of Peru.* 1912.
Marquina, I.: *Arquitectura Prehispanica.* 1951.
Martinez Hernandez, J.: *La creacion del mundo segun los Mayas.* 1912.
Mason, J. A.: *The Ancient Civilizations of Peru.* 1957, 1968.
Maspero, G.: *Popular Stories of Ancient Egypt.* 1915.
Maudsley, A. P.: *Explorations in Guatemala.* 1883.
—: *Archaeology.* 1889—1902.
Mead, C.: *Prehistoric Bronzes in South America.* 1915.
Means, P. A.: *Ancient Civilizations of the Andes.* 1931.
Meggers, B. J.: *Ecuador.* 1966.
Metropolitan Museum of Art, New York: The Iconographie of Middle American Sculpture. 1973.
Meyer, C. und C. Gallenkamp: *The Mystery of the Ancient Maya.* 1985.

Middendorf, E. W.: *Wörterbuch des Runa Simi oder der Keshua-Sprache.* 1890.
—: *Las Civilizaciones Aborigines del Peru.* 1959.
Miller, M. E.: *The Arts of Mesoamerica.* 1986.
Mitre, B.: *Las Ruinas de Tiahuanaco.* 1955.
Montell, G.: *Dress and Ornaments in Ancient Peru.* 1929.
Morley, S. G.: *The Inscriptions at Copan.* 1920.
—: *The Inscriptions of Peten.* 1937—1938.
Morris, A. A.: *Digging in Yucatan.* 1931.
Morris, C. und D. E. Thompson: *Huanaco Pampa.* 1985.
Morris, E. H., J. Charlot und A. A. Morris.: *The Temple of the Warriors at Chichen Itza.* 1931.
Mosley, M. E.: *The Maritime Foundations of Andean Civilization.* 1975.
Myers, B. S.: *Art and Civilization.* 1967.

Neruda, P.: *Alturas de Machu Picchu.* 1972.

O'Neil, W. M.: *Time and the Calendars.* 1975.

Pardo, L. A.: *La Metropoli de los Incas.* 1937.
—: *Los Grandes Monolitos de Sayhuiti.* 1945.
—: *Ruinas del Santurio de Huiracocha.* 1946.
—: *Historia y Arqueologia del Cuzco.* 1957.
Paredes, R.: *Tiahuanaco y la Provincia de Ingavi.* 1956.
—: *Mitos y supersticiones de Bolivia.* 1963.
Patron, P.: *Nouvelles Etudes sur les Langues Américaines.* 1907.
Piña-Chan, R.: *El Pueblo del jaguar.* 1964.
—: *Jaina, La casa en el agua.* 1968.
—: *Chichen-Itza.* 1980.
Ponce Sangines, C.: *Ceramica Tiwanacota.* 1948.
—: *Tunupa y Ekako.* 1969.
—: *Tiwanaku: Espacio, Tiempo y Cultura.* 1977.
—: *La cultura nativa en Bolivia.* 1979.
Portugal, M. und D. Ibarra Grasso: *Copacabana.* 1957.
Posnansky, A.: *Guia para el Visitante de los Monumentos Prehistoricos de Tihuanacu e Islas del Sol y la Luna.* 1910.
—: *El Clima del Altiplano y la Extension del Lage Titicaca.* 1911.
—: *Tihuanacu y la civilizacion prehispanica en el Altiplano Andino.* 1911.
—: *Templos y Viviendes prehispanicas.* 1921.
Prescott, W. H.: *History of the Conquest of Mexico.* 1843.
—: *History of the Conquest of Peru.* 1847.
Prieto, C.: *Mining in the New World.* 1973.
Proskouriakoff, T.: *An Album of Maya Architecture.* 1946.
—: *A Study of Classical Maya Sculpture.* 1950.

Raimondi, A.: *El Peru.* 1874.
—: *Minerales del Peru.* 1878.
Ravines, R. und J. J. Alvarez Sauri: *Fechas Radiocarbonicas Para el Peru.* 1967.
Reiss, W. und A. Stübel: *Das Totenfeld von Ancon in Peru.* 1880—1887.
Rice, C.: *La Civilizacion Preincaica y el Problema Sumerologico.* 1926.
Rivet, P.: *Los origines del hombre Americano.* 1943.
Roeder, G.: *Altägyptische Erzählungen und Märchen.* 1927.
Romero, E.: *Geografia Economica del Peru.* 1961.
Roys, R. L.: *The Book of Chilam Balam of Chumayel.* 1967.
Rozas, E. A.: *Cuzco.* 1954.
Ruppert, K.: *The Caracol at Chichen Itza.* 1933.
Ruz-Lhuillier, A.: *Campeche en la arqueologia Maya.* 1945.
—: *Guia arqueologica de Tula.* 1945.
Rydén, S.: *Archaeological Researches in the Highlands of Bolivia.* 1947.
—: *Andean Excavations.* Vol. I 1957, vol. II 1959.

Saville, M. H.: *Contributions to South American Archaeology.* 1907.
Schulten de D'Ebneth, M: *Chavin de Huantar.* 1980.
Schmidt, M.: *Kunst und Kultur von Peru.* 1929.
Seler, E.: *Peruanische Alterthümer.* 1893.
—: *Gesammelte Abhandlungen zur amerikanischen Sprach- und Alterthumskunde.* 1902—03
Shook, E. M.: *Explorations in the Ruins of Oxkintok, Yukatan.* 1940
Shook, E. M. und T. Proskouriakoff: *Yucatan.* 1951.
Sivirichi, A.: *Pre-Historia Peruana.* 1930.
—: *Historia de la Cultura Peruana.* 1953.
Smith, A. L.: *Archaeological Reconnaissance in Central Guatemala.* 1955.
Smith, G. E.: *Ships as Evidence of the Migrations of Early Cultures.* 1917.
Spinden, H. J.: *A Study of Maya Art.* 1913.
—: *The Reduction of Maya Dates.* 1924.
—: *New World Correlations.* 1926.
—: *Origin of Civilizations in Central America and Mexico.* 1933.
Squier, E. G.: *The Primeval Monuments of Peru.* 1853, 1879.
—: *Tiahuanaco — Baalbek del Nuevo Mundo.* 1909.
Steward, J. H. (Hrsg.): *Handbook of South American Indians.* 1946.
Stirling, M.: *An Initial Series from Tres Zapotes, Veracruz, Mexico.* 1939.
—: *Stone Monuments of Southern Mexico.* 1943.
Stoepel, K. T.: *Südamerikanische prähistorische Tempel und Gottheiten.* 1912.
—: *Discoveries in Ecuador and Southern Colombia.* 1912.
Strebel, H.: *Alt-Mexico.* 1885—1889.

Tello, J. C.: *Antiguo Peru: Primera epoca.* 1929.
—: *Arte Antiguo Peruana.* 1938.

—: *Origen y Desarrollo de las Civilizaciones Prehistoricas Andinas.* 1942.
—: *Paracas.* 1959.
Temple, J. E.: *Maya Astronomy.* 1930.
Thompson, J. E. S.: *Maya Hieroglyphic Writing.* 1950.
—: *A Catalog of Maya Hieroglyphs.* 1962.
—: *The Rise and Fall of Maya Civilization.* 1964.
—: *Maya History and Religion.* 1970.
Tozzer, A. M.: *Chichen Itza and its Cenote of Sacrifices.* 1957.
Tres Relaciones de Antiguedades Peruanas. 1879, 1950.
Trimborn, H.: *Das alte Amerika.* 1959.
—: *Die indianischen Hochkulturen des alten Amerika.* 1963.
—: *Alte Hochkulturen Südamerikas.* 1964.
Tylecote, R. F.: *A History of Metallurgy.* 1976.

Ubbelohde-Doering, H.: *Old Peruvian Art.* 1936.
—: *The Art of Ancient Peru.* 1952.
—: *Altmexikanische und peruanische Malerei.* 1959.
Uhle, M.: *Kultur und Industrie südamerikanischer Völker.* 1889.
—: *Pachacamac.* 1903.
—: *The Nazca Pottery of Ancient Peru.* 1912.
—: *Wesen und Ordnung der altperuanischen Kulturen.* 1959.
Uzielli, G.: *Toscanelli, Colombo e Vespucci.* 1902.

Valcarcel, L. E.: *Arte antiguo Peruana.* 1932.
—: *The Latest Archaeological Discoveries in Peru.* 1938.
—: *Muestrari de Arte Peruana Precolombino.* 1938.
—: *Etnohistoria del Peru.* 1959.
—: *Machu Picchu.* 1964.
Vargas, V. A.: *Machu Picchu — enigmatica ciudad Inca.* 1972.
von Hagen, V. F.: *The Ancient Sun Kingdoms of the Americas.* 1963.
—: *The Desert Kingdoms of Peru.* 1964.
von Tschudi, J. J.: *Die Kechua-Sprache.* 1853.

Westheim, P.: *The Sculpture of Ancient Mexico.* 1963.
—: *The Art of Ancient Mexico.* 1965.
Willard, T. A.: *The City of the Sacred Well.* 1926.
—: *The Lost Empires of the Itzaes and Maya.* 1933.
Willey, G. R.: *An Introduction to American Archaeology.* 1966.
Willey, G. R. (Hrsg.): *Archaeology of Southern Mesoamerica.* 1965.
Williamson, R. A. (Hrsg.): *Archaeoastronomy in the Americas.* 1978.
Wiener, C.: *Pérou et Bolivie.* 1880.
—: *Viaje al Yucatan.* 1884.

Zahm, J. A.: *The Quest of El Dorado.* 1917.

Namenregister

Sachregister

A

B

C

D

E